中等职业教育精品教材

就业指导与创业教育

主　编　李　波　林玩君　池成龙

副主编　汪伟丹　黄　胜

参　编　张敏仪　吴彦娴　刘积权　王丽萍
许　健　吴艳珍　龙飞容　罗炯彪
陈欢丽

中国人民大学出版社

·北京·

图书在版编目（CIP）数据

就业指导与创业教育 / 李波，林玩君，池成龙主编. -- 北京：中国人民大学出版社，2023.8
中等职业教育精品教材
ISBN 978-7-300-32131-8

Ⅰ. ①就… Ⅱ. ①李… ②林… ③池… Ⅲ. ①职业选择－中等专业学校－教材 Ⅳ. ①G717.38

中国国家版本馆 CIP 数据核字（2023）第 156748 号

中等职业教育精品教材
就业指导与创业教育
主　编　李　波　林玩君　池成龙
副主编　汪伟丹　黄　胜
参　编　张敏仪　吴彦娴　刘积权　王丽萍
　　　　许　健　吴艳珍　龙飞容　罗炯彪
　　　　陈欢丽
Jiuye Zhidao yu Chuangye Jiaoyu

出版发行	中国人民大学出版社		
社　　址	北京中关村大街 31 号	**邮政编码**	100080
电　　话	010－62511242（总编室）		010－62511770（质管部）
	010－82501766（邮购部）		010－62514148（门市部）
	010－62515195（发行公司）		010－62515275（盗版举报）
网　　址	http://www.crup.com.cn		
经　　销	新华书店		
印　　刷	天津中印联印务有限公司		
开　　本	787 mm×1092 mm　1/16	**版　　次**	2023 年 8 月第 1 版
印　　张	12.5	**印　　次**	2023 年 8 月第 1 次印刷
字　　数	255 000	**定　　价**	39.80 元

前言 PREFACE

党的二十大报告指出：就业是最基本的民生。习近平总书记多次就强化就业优先政策，健全就业促进机制，促进高质量充分就业作出重要指示。做好毕业生就业工作至关重要，特别是在当前社会就业形势保持总体稳定的背景下，做好这一工作意义重大。

本书依据职业院校学生身心发展的特点、需求来编写，为学生熟悉国家就业政策，了解社会职业信息，认清就业形势，转变择业观念，科学定位个人发展方向，掌握求职择业技巧，提升职场竞争力与主动适应社会的能力提供帮助，同时培养学生的创新思维，鼓励学生大胆创新，为成功创业奠定基础。

本书分为七章，内容涵盖就业市场、职业定位、就业心理、就业技能、就业权益、职场适应、创业教育等。本书坚持案例教学，强调理论和实践相结合，结构新颖独特，每章设置知识拓展，并穿插内容鲜活、与时俱进的课堂分享等栏目，适合职业院校学生使用。

本书在编写过程中，参考了相关的文献资料及网络资源，在此对原作者表示感谢。由于编者知识水平有限，书中错误和不当之处在所难免，敬请广大师生和读者批评指正并提出宝贵意见。

编　者

目录 CONTENTS

第一章　就业市场

学习目标

知识目标

了解当前就业制度；

熟悉当前就业方针；

归纳当前就业政策。

能力目标

掌握毕业生就业流程；

整理毕业生人才市场需求信息。

素质目标

培养信息收集与整理的能力；

树立正确的劳动观、职业观。

第一节　谁与问东流——了解就业制度与政策

一、了解就业制度

案例

五个“着力”构建“网格化”　全员促就业机制

在经济结构转型背景下，广东轻工职业技术学院党委高度重视，坚决贯彻党中央“六稳”“六保”决策部署，通过“五个着力”推动学校就业工作整体性治理，构建学校、二级学院、就业班级多层面、网格化就业工作体系，形成“全员参与、产教协同、全程指导、精准帮扶、专业联动”的“广轻”就业工作模式。2020届毕业生就业率达98.47%，建档立卡毕业生100%就业。

一、着力强保证，构建全员参与工作格局

落实“一把手”工程，学校党委定期开展就业风险研判，党委书记、校长亲自部署，分管领导靠前指挥，校长办公会议审议就业工作路线图和时间表，跟进、督办就业工作事项。建立健全就业部门统筹协调，相关职能部门分工负责，校、院、专业协同推进，干部和教师全员参与的就业工作格局，按照不同时间节点、预期目标、工作任务，逐层逐单元落实目标责任主体，通畅信息，责任到人，落实有力。

二、着力促融合，产教协同拓宽就业渠道

依托学校牵头成立的广东轻工职教集团、广东省产教融合促进会、政校行企协同创新联盟，通过内部资源协同，外部资源整合，建成汇集4 000多家用人单位的轻工行业技术技能人才需求信息平台，将就业信息在学校就业官网、“智慧3.0”就业系统和公众号实时精准推送，开发就业系统线上面试和空中宣讲等功能，解决疫情期间学生求职面试困难。

三、着力转动能，搭建就业指导服务体系

构建一二三课堂“理论＋实践”就业指导体系，加强第一课堂（职业生涯规划、职业核心能力培养、就业指导、创新创业教育、毕业教育）、第二课堂（职业生涯规划大赛、企业导师进校园、就业心理咨询）、第三课堂（企业见习、社会实践、顶岗实习）有机衔接，提高就业指导课程育人实效。充分发挥学校社区思政协同育人作用，聘请知名企业家、大国工匠、名企资深HR、杰出校友等50余名职业发展导师进校园，帮助学生培养职业意识，树立职业精神。一二三课堂联动，引导学生建立健康积极的就业观念。

四、着力破难点，帮扶少数就业困难学生

学校就业指导中心牵头，成立由班主任、辅导员、心理指导教师参与的“就业指导工作微网格”，坚持实行就业困难毕业生半月报（1～3月）、每周报（4～6月）与实时报（7～9月）制度，逐个摸清就业困难学生情况，建立电子档案，根据困难毕业生具体情况，发挥党员教师先锋模范作用，安排专人“一生一策”通过线上线下结合的方式，全天候开展就业补贴申领、就业心理辅导、就业技能提升、就业岗位推荐、择业期跟踪等精准服务。

五、着力优结构，建立就业专业联动机制

面对新经济、新业态、新岗位、新变化，学校紧密对接产业用人需求，将毕业生就业质量与专业招生、专业调整、人才培养模式与质量评价改革联动，建立就业质量评价、分析与整改机制，纳入各二级学院、专业教研室的专题教研活动和年度工作考核，发挥就业评价指挥棒作用，形成专业动态调整预警机制，实现学生就业与专业调整联

动，为实现专业高质量发展打好基础。

（一）就业制度概述

就业制度是指直接或间接与劳动者就业相联系的规则、程序的总称。广义的就业制度包括雇用解雇制度、用工制度、就业培训制度及就业服务制度等；狭义的就业制度主要指雇用解雇制度和用工制度。一般意义上的就业制度指狭义的就业制度。

改革开放以来，随着我国从计划经济转向市场经济，大中专院校学生的就业制度经历了不同的历史发展阶段，从“统招统分”的就业模式过渡到“供需见面”“双向选择”的就业模式，现在基本是“双向选择、自主择业”的就业模式。

（二）我国现行的就业制度

1. 人才聘用制度

我国目前的人才聘用制度是指国家党政机关、企事业单位进行人员选拔、聘任聘用的一系列规章制度的总称。我国用人单位的基本用人制度包括三个方面：一是国家党政机关和国有企事业单位领导干部的委任制度。二是国家机关政务类公务员的招考制度。三是企事业单位人员的聘用制。前两种制度如果落实到中职学校毕业生身上，地域更偏向于偏远落后地区，第三种企事业人员的聘用又可分为国有企业人员聘用和事业单位人员聘用，这一制度全国普遍通用。

2. 人事代理制度

人事代理是指由政府人事部门所属的人才服务中心，按照国家有关人事政策法规要求，接受单位或个人委托，在其服务项目范围内，为多种所有制经济尤其是非公有制经济单位及各类人才提供人事档案管理、职称评定、社会养老保险金收缴、出国政审等全方位服务，是实现人员使用与人事关系管理、分离的一项人事改革的新举措。

人事代理和合同工有区别。人事代理是指一般的劳务合同，是由专门的代理公司与员工签约后再由代理公司派驻其他用人单位。人事代理的方式有三种：一是委托人事代理，可由单位委托，也可由个人委托；二是多项委托，将人事关系、工资关系、人事档案、养老保险社会统筹、住房公积金等委托区人才服务中心管理；三是单项委托，将人事档案委托区人才服务中心管理。人事代理是一项有偿服务，凡是注册的企业（股份制企业、合资企业、私营企业等）无主管部门、不具备人事管理权的用人单位都需要办理人事代理，代理期间连续计算工龄，毕业生重新就业后的工龄与之前工作的工龄合并计算。

人事代理制度的实施，为毕业生“双向选择、自主择业”就业制度的执行提供了保障，特别是为毕业生在选择非公有制单位就业时，避免了后顾之忧。

3. 就业准入制度

就业准入制度是指根据《中华人民共和国劳动法》（以下简称《劳动法》）和《中

华人民共和国职业教育法》的有关规定，对从事技术复杂、通用性广、涉及国家财产和人民生命安全及消费者利益的职业（工种）的劳动者，必须经过培训，并取得职业资格证书后，方可就业上岗的制度。

实行就业准入制度，一是可以规范劳动力市场建设，为劳动者就业创造平等的竞争就业环境；二是可以实现劳动力资源的合理开发和配置，并使其进入良性发展；三是可以促进劳动者主动提高自身的业务素质，使我国的就业从安置型就业转为素质型就业，达到使劳动者尽快就业和稳定就业的目的。

党的二十大报告提出，就业是最基本的民生。要贯彻劳动者自主就业、市场调节就业、政府促进就业和鼓励创业的方针，实施就业优先战略和更加积极的就业政策。在转变经济发展方式、保持经济稳步发展的同时，应优先选择有利于扩大就业的经济社会发展战略，将更好解决就业问题作为经济社会发展战略和政策制定的前提。在保持经济健康快速发展的基础上，应通过调整和优化产业结构、着力发展吸纳就业能力强的第三产业，实现经济增长和扩大就业的良性互动发展，把人力资源开发过程变成拉动就业能力不断提高的过程，使人力资源成为未来我国经济发展的核心动力之一，促进经济的长期健康可持续发展。

课堂分享

依据《中华人民共和国职业分类大典》（以下简称《职业分类大典》），国家规定实行就业准入的职业项目共有车工、铣工、磨工、焊工、镗工、管工、铸造工、锻造工、涂装工、砌筑工、钢筋工、架子工、防水工、推销员、调酒师、美容师、美发师、摄影师、装配钳工、工具钳工、机修钳工、维修电工、手工木工、精细木工、混凝土工、冷作钣金工、汽车修理工、装饰装修工、汽车驾驶员、音响调音员、沼气生产工、中药购销员、中式面点师、中式烹调师、西式面点师、西式烹调师、保健按摩师、职业指导员、物业管理员、锅炉操作工、眼镜定配工、眼镜验光员、钟表维修工、鉴定估价师、金属热处理工、摩托车维修工、计算机操作员、办公设备维修工、加工中心操作工、锅炉设备安装工、电气设备安装工、纺织纤维检验工、动物疫病防治员、动物检疫检验员、医药商品购销员、组合机床操作工、电子计算机维修工、土石方机械操作工、起重装卸机械操作工、家用电子产品维修工、家用电器产品维修工、用户通信终端维修员、贵金属首饰手工制作工、贵金属首饰钻石宝玉石检验员等职业。

【讨论】

1. 你未来想从事何种职业？该职业是否实行就业准入？

2. 为了更顺利地入职，我们应该如何做准备？

知识拓展

中职生的就业管理

中职学校所归属的管理部门可分为三大类，即上级行政管理部门主要对本地区的中职学校的就业进行管理；中职学校主要负责本校中职生的就业工作；用人单位主要负责接收、安排中职生。

1. 上级行政管理部门对本地区的中职学校的就业进行管理

上级行政管理部门根据国家的有关政策方针，提出与区域有关的中职毕业生就业的具体工作意见。有的行政管理部门负责本地区毕业生的资源统计工作，收集本地区毕业生的需求信息，为毕业生组织安排“供需见面”和“双向选择”活动，负责毕业生的调配派遣和接收工作。对毕业生进行教育、就业指导，监督本地区用人单位和中职院校负责毕业生就业的工作，开展毕业生就业制度改革的研究和宣传工作。

2. 中职学校负责本校毕业生的就业工作

根据国家的就业方针、政策和规定以及学校主管部门的工作意见，中职学校制订本校的工作细则；负责本校毕业生的资格审查工作，及时向主管部门和地方调配部门报送毕业生资源情况；收集需求信息，开展毕业生就业供需见面和双向选择活动，负责毕业生的推荐工作；按照主管部门的要求提出毕业、就业的建议计划；开展毕业生教育和就业指导工作；负责办理毕业生的离校手续；开展与毕业生就业有关的调查研究工作；完成主管部门交办的其他工作。

3. 用人单位主要负责接收、安排中职生

用人单位负责接收、安排毕业生，向上级主管部门报送毕业生需求计划，向中职学校提供需求信息，参加供需见面会和双向选择活动，如实介绍本单位的情况，积极招聘毕业生。同时，按照国家下达的就业计划接收、安排毕业生，在毕业生见习期间负责管理工作，并向有关部门和学校反馈毕业生的适用情况。

二、了解职业院校毕业生就业方针与政策

案例

小李毕业于某中等职业技术学校的会计专业，在毕业就职之际，他屡次向用人单位投递简历，但是均被拒绝，原因是他没有工作经验。其对话如下。

用人单位：我们需要的是有工作经验的员工，应届毕业生暂时不招收。

小李：能告诉我为什么吗？

用人单位：没有经验的应届生，对很多操作软件都不熟悉，需要有经验的员工教

导，必要的时候企业还要对应届生进行培训。在还没有为公司创造效益的前提下，聘用应届生会对公司造成一定的财力、物力、精力资源的浪费。而且应届生的价值观也不稳定，容易“跳槽”，公司不希望自己培养出来的有技术经验的员工跳槽到别的公司。

小李：并不是每一个应届毕业生学习了技能、拥有了工作经验后就跳槽的。

用人单位：我们企业不想冒这样的风险。

（一）我国的就业方针

国家在经济和社会发展的不同时期，根据当时的经济发展和就业形势，为充分利用劳动力资源而制定的关于就业的总的指导原则称为就业方针。我国现行的就业方针是劳动者自主择业、市场调节就业、政府促进就业和鼓励创业的方针。

1. 劳动者自主择业

劳动者自主择业指的是充分调动劳动者就业的主动性和积极性，促使其发挥就业的潜能和提高自身的职业技能，依靠自身的努力，自谋职业和自主创业，以尽快实现就业。自主择业是劳动者依法享有平等就业和自主择业的权利，劳动者可以选择到国家机关、事业单位工作，也可以选择到非国有企业和外资企业去工作，这些都可以根据自己的兴趣、爱好、专业特长来选择。

2. 市场调节就业

市场调节就业是指以市场机制配置劳动力资源，充分发挥人力资源市场在促进就业中的基础性作用，实现用人单位和劳动者的双向选择。市场调节反映了现代社会生产力充分发展的客观要求。市场调节对劳动者而言，有利于提高自身素质。市场调节的主要目标是用人单位自主用人，劳动者自主就业，促进劳动者和用人单位相互选择，实现劳动力的合理流动。市场调节的主要渠道有学校推荐就业、劳动主管部门帮助就业、职业介绍机构介绍就业、毕业生自主择业或创业等。

3. 政府促进就业

政府促进就业是指政府通过宏观经济与就业协调发展的政策，采取必要措施，增加就业岗位，并健全和发展就业服务体系，帮助劳动者就业。党的二十大报告提出：“健全就业公共服务体系，完善重点群体就业支持体系，加强困难群体就业兜底帮扶。”政府促进就业指明了三个目标：第一，政府促进宏观经济与就业的协调发展，通过发展经济，增加就业岗位；第二，通过制定积极的就业政策，健全和发展就业服务体系；第三，通过采取必要措施，帮助下岗、失业人员和其他特殊群体实现再就业。

4. 鼓励创业

党的二十大报告提出，完善促进创业带动就业的保障制度，支持和规范发展新就业形态。这要求引导就业者转变就业观念，鼓励多渠道、多形式的就业，以创业带动就业。新的就业方针进一步明确劳动者、市场、政府在促进就业中各自应发挥的作用。自主就业体现劳动者在就业中的主体地位和自主选择就业的权利；市场机制在人力资源配置中发挥基础性作用，是调节就业的基础平台；政府通过制定就业扶持政策、提供公共就业服务，发挥促进就业的作用。

（二）我国的就业政策

1. 就业政策的概念

就业政策是指政府和社会群体为了解决现实社会中劳动者就业问题而制定和推行的一系列方案及采取的措施。就业政策是使失业人员和新生劳动力就业的根本手段和政策手段。

2. 国家宏观就业政策

（1）四大原则。

面对新的形势，国家确立了“市场导向，政府宏观调控，学校推荐，毕业生与用人单位双向选择”的就业制度。毕业生按照“公开、公正、择优、自愿”的原则进入社会就业。

（2）五大支柱。

1）经济拉动。提高经济增长对就业的拉动能力，保持较高的经济增长速度，调整产业结构、所有制结构、企业结构等，扩大就业总量。

2）政策扶持。运用优惠政策杠杆，将所创造的岗位优先用于吸纳中职毕业生就业和下岗失业人员再就业。

3）市场服务。实现劳动力供求的合理匹配，通过强化就业服务和职业培训，使劳动者了解需求信息，提高就业能力。

4）政府调控。尽量减少失业，通过严格规范企业减员、建立预警制度等措施，减轻社会的失业压力。

5）社会保障。有效地保障下岗失业人员的基本生活，积极促进下岗失业人员再就业。通过完善社会保障体系，消除下岗失业人员的后顾之忧。

（3）六个领域。

1）中小企业。调整企业结构，发展有市场需求的中小企业。

2）第三产业。调整产业结构，大力发展第三产业，尤其是积极开发社区服务和旅游业的就业岗位，积极发展商贸、餐饮等传统服务业。

3）多种所有制经济。调整所有制结构，鼓励发展就业容量大的集体、私营、外商投资与合作等多种所有制经济。

4）劳动密集。充分发挥劳动力资源优势，积极发展具有优势和市场需求的劳动密集型产业和企业。

5）灵活就业。适应企业用工需求和就业方式的变化，鼓励下岗和失业人员从事临时性、季节性、弹性工作等灵活多样的工作。

6）劳务输出。面向国内、国外两个市场，对内鼓励跨地区劳务协作，对外实施

"走出去"战略。

知识拓展

政府鼓励就业的十项措施

1. 税费减免

凡下岗、失业人员从事个体经营的，三年内免征城市维护建设税、教育费附加和所得税等。

2. 小额贷款

帮助自谋职业和自主创业的下岗人员解决创业起步的资金问题。

3. 社保补贴

在社区开发公益性岗位安排原国有企业的大龄就业困难对象就业，给予社会保险补贴。

4. 就业援助

对有劳动能力和就业愿望的下岗失业人员给予多种帮助，实行岗位援助、社保和岗位补贴。

5. 主辅分离

鼓励国有大中型企业将辅业分离出来，分流安置富余人员以减轻社会失业带来的压力。

6. 就业服务

建立健全公共就业服务体系，实行免费的就业服务，推广"一站式"就业服务，推行"政府购买培训成果"。

7. 财政投入

各级财政增加投入以促进就业，中央财政加大对中西部地区和老工业基地的支持。

8. 社会保障

保障下岗、失业人员的基本生活、再就业后的社保关系接续，实行灵活就业的劳动关系形式、工资支付方式和社会保险办法。

9. 企业裁员

破产或将关闭的企业必须落实职工安置方案，国有大型企业一次性裁员超过一定比例的要事前向当地政府报告。

10. 社区平台

在10万个社区建立劳动保障管理服务工作平台。

（三）毕业生就业政策

职校生是我国社会劳动者中的一支生力军，为我国经济建设和社会发展做出了重要的贡献。基于职业教育备受关注，国家也出台了一系列就业政策。

1. 职业院校毕业生与普通高校毕业生享受同等落户、就业待遇

2019 年 2 月，国务院发布《国家职业教育改革实施方案》（国发〔2019〕4 号），明确表示要积极推动职业院校毕业生在落户、就业、参加机关和企事业单位招聘、职称评审、职级晋升等方面与普通高校毕业生享受同等待遇，机关和企事业单位招用人员不得歧视职业院校的毕业生。

2. 鼓励大中专毕业生到城乡基层和边远地区就业

基层就业就是到城乡基层工作。一般来讲，“基层”既包括广大农村，也包括城市街道社区；既包括县级以下的党政机关、企事业单位，也包括社会团体、非公有制组织和中小企业；既包括单位就业，也包括自主创业、自谋职业。国家鼓励毕业生到基层就业，其主要优惠政策如下：

（1）完善工资待遇进一步向基层倾斜的办法，健全毕业生到基层工作的服务保障机制，鼓励毕业生到乡镇特别是困难乡镇机关事业单位工作。

（2）对毕业生到中西部地区、艰苦边远地区和老工业基地县以下基层单位就业、履行一定服务期限的，按照规定给予学费补偿和国家助学贷款代偿。

（3）结合政府购买服务工作的推进，在基层特别是街道（乡镇）、社区（村）购买一批公共管理和社会服务岗位，优先用于吸纳毕业生就业。

（4）落实完善见习补贴政策，对见习期满留用率达到 50%以上的见习单位，适当提高见习补贴标准。

（5）将求职补贴调整为求职创业补贴，对象范围扩展到已获得国家助学贷款的毕业年度高校毕业生。

（6）放宽贫困地区对基层机关人员的招聘要求，学历最低可以放宽到高中、中专（含技工学校），年龄放宽到 40 周岁以下，根据岗位需要也可适当放宽专业要求。贫困地区的事业单位招聘毕业生时，可适当降低开考比例。

（7）国家规定，对于原籍在中、东部的中职毕业生到西部工作，实行来去自由的原则，放宽专业技术资格、职称评定标准，适当提高工资标准。

（8）大中专毕业生到南疆三地州和国定、区定贫困县及边境县农村乡（镇）、村社会管理和公共服务岗位就业的，生活补贴标准可提高到当地最低工资标准（不含“三险一金”）的 2 倍，期限不超过 3 年。所需资金从当地就业专项资金中解决。

3. 鼓励毕业生到非公有制企业见习就业

大中专毕业生到各类企业就业，公安机关要放宽建立集体户口的审批条件，及时办

理落户手续，用人单位要按照国家有关规定与毕业生签订劳动合同，并为其办理社会保险，保障其合法权益。

4. 取消对毕业生就业的不合理收费

为了使毕业生能够顺利就业、满意就业，国家取消对毕业生收取的城市增容费、出省（自治区、直辖市）费、出系统费等不合理的收费，真正实现人才的自由流动、合理流动。

5. 鼓励大中专毕业生自主创业实现就业

对于毕业两年以内的大中专毕业生从事个体经营的，自工商部门批准其经营之日起3年内免收登记类和管理类的各项行政事业性收费。有条件的地区由地方政府确定，为大中专毕业生提供创业小额度贷款或担保，并依据不同地区实行税收优惠政策。

案例分析

温云飞是某职业学校魔术表演专业的学生。自从学习魔术之后，他苦练技术，并跟随老师参加了许多场演出，表演经验非常丰富。因为痴迷和热爱，温云飞对于魔术的钻研也日益加深，立志成为魔术大家。温云飞清楚地认识到，必须要有自己的优势。于是他想到了开办一家魔术工作室，这样自己也就从打工者变成了创业者，而离个人的目标也就更接近了。很快，温云飞将想法变成了现实，他的“魔幻奇迹主题馆”诞生了。温云飞的创业思路非常清晰，即围绕自己的魔术表演进行一系列的商业运作。魔术表演是温云飞这个主题馆的基础，在此之上是对魔术道具的制作和销售，紧接着是开设魔术培训班，温云飞想要达到的目标则是对新魔术和魔术道具的研发，从而形成一个产业链，达到开办“魔幻奇迹主题馆”的最终目的。目前，温云飞处于商业演出的阶段，并根据自己的表演穿插进行魔术道具的销售，其创业成果已经初步显现，温云飞不走寻常路，选择不同以往的创业思路，赢得了众人关注的目光，也成功开启了他魔力人生的大门。

【思考】

1. 温云飞为什么可以取得成功?
2. 中职生创业有哪些优势?

6. 户口办理政策

大中专毕业生的户籍可以在学校保留两年。根据规定，对毕业离校时未落实工作的毕业生，档案管理机构对保管其档案免收服务费：学校可根据本人的意愿，将其户口转至入学前户口所在地，或两年内继续保留在原就读院校，待落实工作单位后，将户口迁至工作单位所在地。对于超过两年仍未落实工作单位的毕业生，学校和档案管理机构将其在校户口和档案迁回其入学前户籍所在地。

全面放开全日制学校毕业生、技术工人落户限制。具备全日制普通中专学历，初级专业技术职称或职业资格，并且有合法稳定职业或合法稳定住所（含租赁）的本人及其配偶、父母、子女，可选择在工作地或实际居住地申请落户，各地区依据地区情况对大中专毕业生实施落户。

知识拓展

见习期、实习期、试用期的区别

见习期——是对应届毕业生进行业务适应及考核的一种制度，不是劳动合同制度下的概念，而是人事制度下的做法。

实习期——实习，是指学生在校期间，到单位的具体岗位上参与实践工作的过程，其针对的是在校学生。在校生利用业余时间勤工助学，不视为就业，未建立劳动关系，可以不签订劳动合同。

试用期——指包括在劳动合同期限内，用人单位对劳动者是否合格进行考核，劳动者对用人单位是否符合自己要求也进行考核的期限，是一种双方双向选择的表现。

三、掌握职业院校毕业生就业程序和企业招聘程序

（一）毕业生就业流程

1. 签订就业协议书

与单位签订《就业协议书》（又称“三方协议”），该协议具有法律效力，违约要赔偿，签订劳动合同后失效。

2. 签订劳动合同

报到后与公司签订劳动合同，三方协议失效。如果需要迁户口，报到时要拿《户口迁移证》。

小贴士

问题1：报到时单位拒收怎么办？

解决途径：主动向单位说明情况，并及时联系学校分清责任，按相关规定处理。

问题2：签了三方协议之后又不想去该公司了怎么办？

解决途径：提供如下资料，学校不做违规处理：

（1）签约单位出具的同意解除就业协议书的书面证明；

（2）继续攻读学位或已考取公务员持录取通知书的原件或复印件；

（3）本人申请报告并附学校意见。

问题 3：三方协议备注栏写什么？

解决途径：与用人单位另行约定各自的权利或义务，如社会保险、休假福利等需在备注栏说明，以防用人单位出尔反尔。

问题 4：什么时候签订劳动合同？

解决途径：建立劳动关系的一个月内，公司应找你签订劳动合同；超出一个月未满 1 年未订立劳动合同的，公司需向你支付双倍工资。

（二）企业招聘程序

企业招聘业务流程如图 1－1 所示。

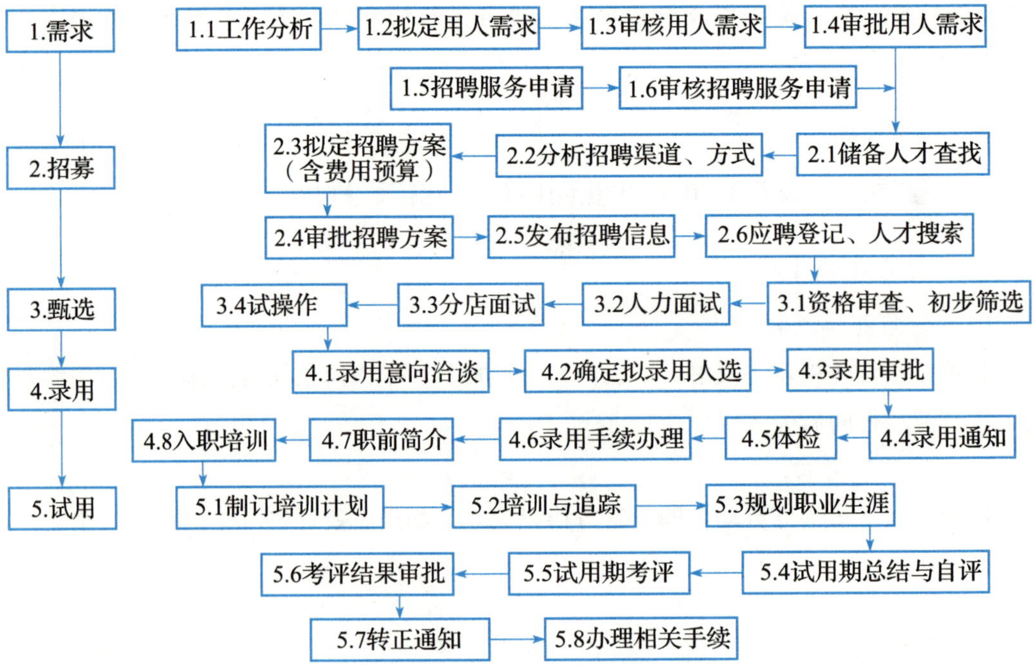

图 1－1　企业招聘业务流程

1. 企业招聘原则

（1）双向选择原则。

用人单位根据自身发展和岗位的要求自主地挑选员工，劳动者根据自身能力和意愿，结合劳动力市场供求状况自主选择职业，即企业自主选人，劳动者自主择业。双向选择原则一方面能使企业不断提高效益，改善自身形象，增强自身吸引力；另一方面，还能使劳动者为了获得理想的职业，努力提高自身的知识水平和职业素养，在招聘竞争中取胜。

（2）效率优先原则。

效率优先在招聘中的体现就是根据不同的招聘要求，灵活选用适当的招聘形式和方法，在保证招聘质量的基础上，尽可能降低招聘成本。一个好的招聘系统，能够保证企业用最少的雇佣成本获得适合职位要求的最佳人选；或者说，以尽可能低的招聘成本录用到同样素质的人员，即体现效率优先原则。

（3）发展潜力原则。

发展潜力，又称“人的潜力”，指人的生理、心理可能具有但尚未实现的能力。发展潜力原则即组织所招聘的员工，不仅要看其综合素质与现时职位的符合程度，更重要的是要重视其具备的可持续发展、可开发的潜力。

（4）按需招聘原则。

按需招聘原则是指招聘一定要根据组织工作的实际需要和未来的实际需要制定招聘政策。企业根据工作需要确定需要招聘的具体工作岗位、招聘员工的数量及详细的要求等，并设计出招聘海报，进行线上及线下的发布。

（5）确保质量原则。

一般来讲，选聘人员时应尽可能选择素质高、业务好的人才。不能一味强调高水平，而应是人尽其才、用其所长，并保证整个企业人力资本布局的合理化。要求员工队伍内部保持最高的相容度，使群体成员之间心理素质差别得以互补，形成群体优势。

（6）公平公正原则。

人员招聘必须遵循国家的法律、法规和政策，面向全社会公开招聘条件；将招聘单位、种类、数量、报考的资格、条件，考试的科目、方法、时间和地点，均以登报、上网或其他方式向社会公布，公开进行。必须对应聘者进行全面考核，公开考核结果；应该根据考核结果择优录用。这种公平公正的原则是保证企业招聘到高素质人员和实现招聘活动高效率的基础，是招聘的一项基本原则。

2. 企业招聘方式

（1）外聘。

外聘包括内部员工推荐、面向社会招聘、到学校招聘、参加人才交流会、现场招聘会、委托专业猎头公司及行业协会、网络招聘、与专业培训机构合作等形式。

（2）内聘。

公司内部员工都可以根据所需岗位要求并结合自身能力参与竞聘，但需要参与公司组织的面试和考核。

课堂活动

分小组演练，小组成员分别扮演企业方和应聘方，将企业招聘过程以及中职生的就业过程以短剧的形式表演出来。

知识拓展

企业规范的招聘渠道

1. 现场招聘

(1) 与人才服务机构合作。

①与人才服务机构长期合作或者参与其组织的大中型招聘会。由企业统一组织，各单位参与，委托人才服务机构宣传并发布招聘信息。

②各单位根据用人需求可自行组织参与现场招聘会。

(2) 企业自行组织。

企业自行组织的专场招聘会由企业人力资源部门组织策划，各单位参与。

2. 网络招聘

(1) 各单位可在网上发布招聘信息，并查阅应聘人员简历，但不得擅自修改除本单位招聘信息以外的其他内容。

(2) 各单位自行开设的专业网站由各单位自行管理。

3. 寻聘

(1) 适用对象：新项目专业技术人才、中高级人才、市场稀缺的其他人才。

(2) 用人部门与人力资源部门组成寻聘小组实施寻聘。

4. 猎聘

(1) 适用对象：中高级人才或市场稀缺的其他人才。

(2) 各单位及时提出需求，企业人力资源部门归口与猎头公司洽谈合作事宜。

5. 校园招聘

各单位每年10月初提交大中专应届毕业生的需求计划，企业统一组织招聘为主、各单位自行招聘为辅实施招聘。

6. 内部招聘

由企业人力资源部门发布招聘信息，收集应聘登记表，组织甄选。

7. 内部举荐

鼓励员工为集团举荐人才、有突出表现者，由所在单位记优良记录或给予其他奖励。凡内部举荐的，应由举荐人提供举荐信，并对举荐情况的真实性负责。

8. 宣传吸引

企业统一设计宣传资料或者宣传广告，吸引人才来企业应聘。

知行合一

对中职学生的发展再出新举措

新《职业教育法》规定，职业教育与普通教育学生享有平等升学就业机会。教育部表示要调整中职定位，从单纯的“以就业为导向”转变为“就业与升学并重”，抓好符合职业教育特点的升学教育，在保障学生技术技能培养质量的基础上，加强文化基础教育，扩大贯通培养规模，打开中职学生的成长空间，让中职学生就业有能力、升学有优势、发展有通道。同时，新《职业教育法》还规定：用人单位不得设置妨碍职业学校毕业生平等就业、公平竞争的报考、录用、聘用条件。机关、事业单位、国有企业在招录、招聘技术技能岗位人员时，应当明确技术技能要求，将技术技能水平作为录用、聘用的重要条件，对有职业技能等级要求的岗位可适当降低学历要求。给中职生营造公平的就业环境，破除就业“门槛”。

【课后任务】

1. 走访当地企业和人才市场，了解本行业对求职者的要求；

2. 结合就业政策分组讨论：我国现行的就业制度对中职生提供的机遇和面临的挑战。

第二节　来往预期程——明确就业形势与职业趋势

一、学会一分为二看待毕业生就业形势

近几年，在就业形势日益严峻的情况下，社会上流传着这样一句话：本科生就业不如高职生，高职生就业不如中职生。近几年我国大学毕业生的一次性就业率始终在75%徘徊，而中等职业学校毕业生的一次性就业率早已突破95%。中职毕业生之所以深受用人单位欢迎，其中主要原因是中职毕业生大多能吃苦耐劳，敬业精神强，能把所学的专业知识随时应用于工作实践，针对性强。中职学校针对企业生产一线培养的技术技能“蓝领”成为就业新宠，有些学校的毕业生供不应求。

随着供给侧改革的深入，学生就业问题不可避免地受到社会经济发展的影响，下岗失业人员面临再就业，城镇新增劳动力就业和农村富余劳动力转移就业，导致就业与再就业压力越来越大，这是对职业学校的一次挑战，也是一次难得的机遇。在复杂的经济条件下，政府不断地加大就业工作力度，就业形势总体保持稳定，但相关就业形势的波动更加明显，学生就业在产业、行业和区域等各方面将进一步分化，创业带动就业成为重要动力。

课堂分享

曾经的职校生，如今成了就业市场的“新宠”。据统计，我国中职毕业生初次就业率连续9年超过95%，高职毕业生半年后就业率连续3年超过90%。从就业率来看，职校生是比普通高校毕业生更加抢手的热门人才。职校毕业生就业率稳中有升，月收入持续增长，专业相关度保持稳定，就业现状满意度连续上升。职业院校已经成为培养中高级技术技能人才的主阵地，并凭借其在就业上的优势为自己打出了一张响亮的名片。现在，越来越多的人意识到，职业教育是一条通过动手实践、了解社会，激发兴趣，提供多种发展渠道，最终引导他们找到适合自己发展的人生通途。

【讨论】

中职生就业的优势在哪里？存在哪些劣势？

二、学会分析当前毕业生就业现状与发展趋势

案例

2022年5月24日，在教育部召开的第三场“教育这十年”“1+1”系列新闻发布会上，广东省教育厅介绍了广东职业教育10年的发展成效。

据介绍，目前全省共有625所职业院校，在校生280.5万人。高等职业教育发展迅速，现有93所专科层次职业学校，在校生125.4万，分别比2011年增长了19.2%和83.1%；本科层次职业学校从无到有，2所学校在校生1.9万人。高等职业教育占高等教育半壁江山，在校生占比50.1%。

另外，广东省持续加大对职业教育的投入力度，10年来职业教育累计投入4 486.63亿元。2021年，高职总投入328.07亿元，生均一般公共预算教育经费20 173.91元，分别比2011年增长了208%和82%；省属公办高职院校生均综合定额拨款标准比2011年增长了203%。中职总投入324.29亿元，生均一般公共预算教育经费20 668.13元，分别比2011年增长了95%和280%；省属公办中职学校生均综合定额拨款标准比2011年增长了186%。职业院校受资助学生人数和资助金额分别比2011年增长了31%和149%。

10年来，广东省通过整合资源、优化布局等方式，加大学位供给。近3年，新增12.6万高职学位，新建8所高职院校，历史性地实现了21个地市高职院校全覆盖。历时10年谋划建设的省职教城，总规划用地约50平方公里，已投入94亿元，完成二期工程建设，10所学校已入驻学生约11万人，广东省将被打造成为教科产一体化且融合发展的新范本。

数据显示，2019—2021年高职扩招42万人，帮助26万退役军人、下岗或失业人

员、农民工和新型职业农民实现了大学梦，报到率高达92%，发挥了职业教育稳就业、保民生的重要作用。每年开办劳模工匠本科班，实施产业工人“求学圆梦”计划，2011年以来支持近11万产业工人提升学历，赋能新时代产业工人成长成才。10年间为社会输送了约769万名技能精英，毕业生就业率连续多年保持在95%以上。

（一）毕业生就业现状

1. 就业结构不合理

近年来，有些学校追求短时效应，不顾本校实力，盲目开办一些热门专业，造成人才供求过剩；另外，有的院校则市场灵敏性不够，对一些冷门专业、社会需求少的专业不做及时调整，也没有及时调整招生人数，课程内容、教学过程、教学方式改革滞后，导致学生毕业即失业。一些紧缺人才如机械工程师等人才紧缺，即使企业出高薪也难招聘到合适的毕业生，反而有些专业却出现人才过剩现象，如计算机应用类专业，难以找到本专业相应的岗位工作，有时不得不改行或是失业。另外，还存在地区结构之间的矛盾，经济相对较发达的地区，就业形势好，人才多，就业渠道相对畅通；而西部欠发达地区，就业情况不理想，导致这些地方既缺乏人才，又留不住人才，经济转型缓慢、发展乏力。

2. 就业质量不容乐观

毕业生还存在就业质量不高这一问题。突出表现为工资福利待遇低、职业流动性大、稳定性差，甚至出现部分企业“常年招人，常年缺人”的现象。毕业生就业质量不高，与人们特别是与贫困家庭对教育的回报预期相去甚远，给家长和社会公众带来负面印象，从而影响职业教育的社会声誉和自身发展。就业率是职业教育的生命线，就业质量同样是职业教育的生命线。就业质量不高不仅导致经济发展质量难以提高，经济增长方式转变缓慢，也压制了劳动者的生产积极性，使得劳动生产率低下。

3. 创业水平低

教育发达国家的经验告诉我们，毕业生自主创业也是促进就业的一条有效途径。党的二十大报告指出，完善促进创业带动就业的保障制度，支持和规范发展新就业形态。健全劳动法律法规，完善劳动关系协商协调机制，完善劳动者权益保障制度，加强灵活就业和新就业形态劳动者权益保障。

课堂分享

毕业生小刘学习成绩和其他方面条件都不错，在就业的初期满怀信心。但由于专业冷门等原因，小刘找工作面试了几家单位都碰了壁，结果产生了自卑感，在后来的择业过程中表现越来越差，陷入恶性循环的境地而不能自拔，以至于到了新的用人单位那里，他只能被动地问人家：“学某某专业的要不要？”其他什么话都不敢讲，最终也没有找到合适的单位。

【讨论】

1. 为什么小刘没有顺利地找到满意的工作？

2. 结合所学的专业，谈谈本专业的就业前景如何？

（二）毕业生就业现状原因分析

1. 在时间结构上有待纾解

毕业生供给增长在短期内超出了需求的增长，劳动力市场还需要时间逐步调整。近年来，我国经济一直快速增长，特别是经济结构的升级速度加快，带动了对人力资本存量的毕业生的强劲需求，从而促进了高等教育迅速发展。此外，我国从业人口中具有各类大专以上学历的人员仅占5%，而工业发达国家则为25%～30%，因此，加快提升国民素质的需要也极大地推动了高等教育的迅速发展。毕业生供给增长的速度远高于经济增长的速度，劳动力市场需要一定的时间逐步消化毕业生在短期内的超量供给。

2. 在能力结构上有待优化

毕业生的就业能力并不是基于职业路径的需求进行建构与培养的，难以满足人力资源市场的需求。随着我国经济体制改革的深入和劳动力市场的结构性变化，用人单位的需求模式发生了显著的变化。对个人而言，就业能力取决于他们所拥有的知识、技能与态度等因素，取决于他们使用、配置这些因素的方式，取决于他们寻找工作的特定环境。与此同时，学生自身存在着一些影响就业的心理矛盾，主要表现在：择业目标与社会需求形成很大反差；择业目标不稳定，如有的人酷爱自己的专业，然而又怕过艰苦的生活，择业时茫然无措；有的人趋向于大城市、大机关、高薪水、高地位、高层次的工作，不愿意去基层和条件艰苦、待遇低的工作岗位；有的人意识到艰苦行业需要人才，最能锻炼自己，但又怕基层条件差，埋没了自己的才能，择业时举棋不定；还有的人把待遇高、福利好作为择业的主要目标，同时又想实现自己的人生价值，在择业时犹豫不决。

3. 在传递知识上有待加强

在教育体系中，知识教育仍然占据非常大的比重，理论功底及其相应的分析解决问题能力的构建相对薄弱，同时，持续的扩招进一步稀释了学校既有的教育资源。此外，对于从学生角色到职业人角色的转换，学校缺乏系统的职业指导与服务规划，导致学生或许有专业能力，但是缺乏“市场能力”——获取职业信息、展示专业能力、适应实际工作以及应对职业转换等。

4. 在就业信息的传播上有待强化

由于毕业生就业市场不够完善，缺乏科学系统的人才需求预测。目前社会对毕业生的需求信息存在一定程度的“失真、失控、失责”现象。社会上的毕业生供需信息交流不足，供需信息渠道不畅通，信息不对称等问题仍然存在。

（三）毕业生就业前景

1. 技术密集型行业

中职教育是职业技能培养的重要途径，因此在技术密集型行业，如电子信息、机械制造、建筑工程等领域，中职毕业生有着广泛的就业机会。

2. 公共服务行业

中职毕业生在公共服务行业也有着较为广泛的就业机会，如教育、医疗、文化、体育等领域，中职毕业生可以被安排在一些技术辅助或管理助理岗位，或者进一步深造，通过自考或升学提升自己的职业水平。

3. 小微企业

党的二十大报告明确提出，支持中小微企业发展。在小微企业中，中职毕业生也有着广泛的就业机会，可以被安排在一些生产管理、技术服务、销售等岗位。虽然这些岗位的薪酬待遇相对较低，但是对于刚刚步入职场的中职毕业生来说，是一个较好的就业起点。

（四）毕业生就业发展趋势

1. 职业晋升

中职毕业生在职场上的竞争力较强，有着广阔的职业发展前景。随着社会经济的快速发展和企业的不断壮大，中职毕业生可以通过不断学习和努力工作，逐步向更高级别的职位发展。

2. 自主创业

随着“双创”政策的不断推进，中职毕业生也有了更多自主创业的机会。中职毕业生可以通过技术创新和服务创新，开创自己的创业之路，实现自己的职业梦想。

3. 进一步深造

中职毕业生可以通过自考、升学等方式进一步深造，提升自己的职业素质和能力水平。这不仅可以提高自身的职业竞争力，也可以为个人的职业发展打下更加坚实的基础。

三、确立科学的就业观念与方法

科学就业观是一种科学的就业理念，旨在实现就业的社会公平、经济效益和道德教育。确立科学的就业观念与方法，有利于提高就业率和就业质量，为将来的职业发展打下重要的基础。主要可从如下几个方面进行努力。

（一）加强职业生涯教育

随着知识的增加、阅历的增长，学生的人生观、世界观、价值观也会发展变化，如果对这种变化能够及时加以引导，则会事半功倍。因此，职业生涯规划课程在时间上要贯穿学生学习生涯，在内容上也不仅仅局限于职业生涯规划理论，而是随着学业的成长要与职业、专业、思想道德教育等结合起来，形成一个系统的、全程跟踪的学科，真正对学生的职业认识、职业规划、职业发展有所帮助。

（二）加强自我定位教育

对学生就业来说，定位是个难题，是一切择业和从业的前提与基础，这个定位包括自我定位、职业定位、价值定位等。所谓定位，就是在了解客观条件与自身条件之后，对自己做出的准确评价和判断，这两者往往是相辅相成的。学生往往对自己了解得不够，对客观现实理解得不足，他们表现出来的“清高”“自傲”实质就是对自我和现实社会没有完全认知的外在表现。可以通过创造相应的环境，如在班干部竞选、评优、分组管理等方面，让学生在思想和行为上形成一种竞争向上、团结合作的习惯。

（三）加强思想道德教育

如果一个人具有了良好的道德素质，他必然能很好地适应社会，在单位立足；相反，如果一个人道德败坏，他的才能越大，危害社会的可能性也就越大。道德素质最基本的要求就是遵守社会公德、职业道德、家庭美德，每一个人都应自觉加强思想道德的教育。

（四）加强社会实践教育

实践是最好的老师。学校要重视实践在学生学习和成长中的重要作用，在节假日期间鼓励学生出去兼职实习，并提供相关的便利条件，经过这些社会实践，学生能够增加对社会的认识，更好地促进自身成长，为树立科学的就业观打下坚实的基础。

案例分析

刚毕业的张超辉在校期间做过各种各样的工作，用他自己的话说就是“学生做的兼职，我几乎没有啥没做过的。”中职 3 年，大专 3 年，在 6 年的时间里，张超辉摆过地摊、卖过电脑，但就读于播音主持专业的他，更多的兼职工作是与自己特长和专业相关的商演、婚庆主持、培训老师等。

张超辉做的工作也不局限于自己的专业。中职毕业后的暑假，他在数码城从事电脑维修和销售，“这份兼职让我学到了不少技能，现在谁的电脑出了问题，我基本上都能独立维修，不仅让自己的生活多了很多便利，也能帮助身边的同学和朋友。”

张超辉相信，每一份付出都有回报，“不同的工作让我接触到了不同的人，不同的人给我不同的人生阅历和经验。”因此，他觉得，在校期间，只要不虚度光阴，不论做什么，都是对自己的成长有益处的。张超辉认为“万事开头难，克服自己内心的胆怯，利用学习的空闲时间，积累一些社会经验，在求职的过程中就会占有很大优势。”“职场亮剑”风采展示大赛结束后，已经有四五家企业与张超辉取得联系，希望他到自己的公司工作，经过考虑之后，他选择了一份满意的工作。

【思考】

1. 张超辉为成功就业做了哪些准备？

2. 你是否有过社会实践的经历，为自己拟定一份社会实践计划并分享给同学。

（五）树立多元就业观

多元就业观是指每个人以正确的思想态度，根据自身个性、能力选择自己的就业方向。许多学生就业选择面十分狭窄，只局限于本专业或者事业单位，因此，建立多元就业观成为当务之急。树立多元就业观很重要的一点是要突破地理上、思想上、感情上的局限性，培养学生的独立性。

（六）树立“大就业观”

“大就业观”就是把学生就业的诸多外部条件、学校内部的各个环节、各种因素以及学生整个受教育的过程等用联系、发展的观念加以分析考虑并发挥其整体作用的理念体系。不仅仅是学校对毕业生给予就业指导，还应当积极联系当地就业部门以及用人单位，扩大就业渠道，同时要加强学生的知识教育、技能教育、思想教育以及养成教育，提高学生的就业能力。另外，要与家长联系，确认学生的就业意向与就业目标是否可行，如不适合则立刻调整。在此过程中，要及时了解国家政策导向、就业变化形势以及用人单位的各项需求等，并针对这些情况及时调整培养方案，从各方面使学生能成为社会需要的人才。

知行合一

党的二十大报告首提“新就业形态”

党的二十大报告指出：实施就业优先战略，强化就业优先政策，健全就业公共服务体系，加强困难群体就业兜底帮扶，消除影响平等就业的不合理限制和就业歧视，使人人都有通过勤奋劳动实现自身发展的机会。

“强化就业优先政策”意味着未来在制定各项政策，包括财政政策、货币政策、产业政策的时候，都需要考虑政策与就业的关系及其带来的影响。随着互联网数字技术的进步，新就业形态也在蓬勃发展，灵活就业已经成为就业市场的一大趋势。

近年来，新就业形态在城镇、乡村都创造了大量就业岗位，尤其是云客服、人工智能标注师等新岗位。据国家统计局相关数据，截至 2021 年底，中国灵活就业人员已经达到 2 亿人。

【课后任务】

1. 查找资料，了解学校所在地区的总体就业形势。

2. 采访本校的招生就业部门，了解本专业近几年毕业生的就业状况。

第三节　好雨知时节——熟知就业市场与人才需求

案例

校企联合拓展岗位新空间，需求导向探索服务新模式
——山东打造职教就业新引擎

山东是人口大省、教育大省，全省有高职院校 80 余所，中职学校近 400 所。面对严峻的就业形势，山东职业院校坚持供需两端发力、创新创业并举、校企一体推进，千方百计促进毕业生尽早就业、充分就业，职业院校毕业生就业率一直保持在 90%以上。

淄博职业学院及时调查企业用工需求，召开首届网络招聘会，组织齐鲁石化、新华制药等 428 家企业参会，提供岗位 21 114 个，2 477 名毕业生与用人单位达成就业意向。此外，山东省各职业院校还积极搭建就业平台，开通就业微信公众号，及时向毕业生推送企业招聘信息；建立就业 QQ 群，借助山东高校毕业生求职招聘云平台，面向毕业生推送就业创业指导课程、求职招聘信息，及时了解毕业生困难，安排专人群内解答毕业生困惑，力争为毕业生提供优质高效的服务。

山东畜牧兽医职业学院历来高度重视校企融合，先后与国家级、省级龙头企业等合作建立了 6 个合资合作企业，与国内大型龙头企业合作共建了 6 个具有混合所有制特征的二级学院，建立了校企融合招工招生一体化、培养就业一体化的人才培养模式。目前，该校已与全国 600 多家企业建立了学生就业供需合作关系，建立实践实训基地 290 余处，达成校企合作联合招生与人才培养项目 16 个，为学生扩展了学习就业一体化发展空间。

订单培养、冠名培养学生作为校企深度合作培养人才的有效渠道，同时也为促进职业院校毕业生高质量就业提供了有力保障。山东职业学院扩大订单培养规模，推进招生方式改革，实施企业参与招生选拔与订单培养融合方式，将轨道交通类专业由 2016 年的 8 个扩充至 2018 年的 14 个，招生计划比例由 37.85%提升至 65.58%。该校与济南青岛地铁实行的订单培养联合招生模式，通过“订单预选”的方式，保障了绝大多数学生的高质量就业。

根据山东省教育厅最新统计，山东高职院校现有 5 095 家校企合作企业，订单培养、冠名培养的学生总数达到 12 万余人，拟接收就业学生近 11 万人；中职学校现有 2 335 家校企合作企业，订单培养、冠名培养的学生总数近 8 万人，拟接收就业学生近 7 万人。

一、了解职业院校毕业生人才市场现状与变化

（一）近年国内人力资源需求规模

据统计，2021 年末全国就业人员 74 652 万人，其中城镇就业人员 46 773 万人，占全国就业人员比重为 62.7%，比 2020 年年末上升了 1.1 个百分点。全年城镇新增就业 1 269 万人，比 2020 年多增 83 万人（见图 1－2）。全年全国城镇调查失业率平均值为 5.1%。城镇登记失业率为 3.96%。全国农民工总量 29 251 万人，比 2020 年增长了 2.4%。其中，外出农民工 17 172 万人，增长了 1.3%；本地农民工 12 079 万人，增长了 4.1%。

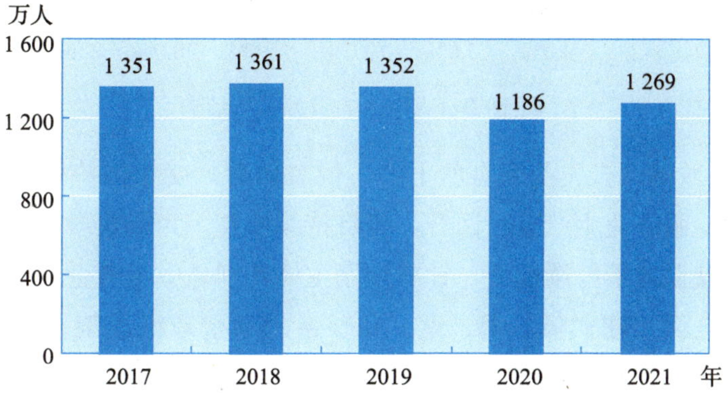

图 1－2　2017—2021 年城镇新增就业人数

根据国内经济社会发展与就业状况，2022 年以来，就业形势出现一些波动。全国城镇调查失业率：2022 年一季度，前 2 个月就业形势总体稳定，3 月份升至 5.8%；二季度，4 月份升高至 6.1%，5 月份以后有所好转，一系列稳经济稳就业政策措施落地显效，失业率开始回落，6 月份降至 5.5%；进入三季度，7 月、8 月份失业率继续下降，7 月份为 5.4%，8 月份为 5.3%，9 月份有所上升。前三季度，城镇调查失业率均值为 5.6%，其中，三季度均值为 5.4%，比二季度下降了 0.4 个百分点。从就业的主体人群看，25～59 岁劳动力失业率三季度均值为 4.4%，明显低于一季度 4.9%和二季度 5.0%的均值水平。总体来看，2022 年三季度就业形势好于一季度和二季度。

（二）近年国内人力资源岗位需求结构

从行业需求看，近两年，86.6%的企业用人需求集中在制造业（33.2%）、批发和零售业（12.8%）、住宿和餐饮业（10.0%）、居民服务和其他服务业（9.4%）、租赁和商务服务业（3.8%）、信息传输计算机服务和软件业（5.0%）、房地产业（3.8%）、建筑业（3.5%）等行业，如图 1－3 所示。

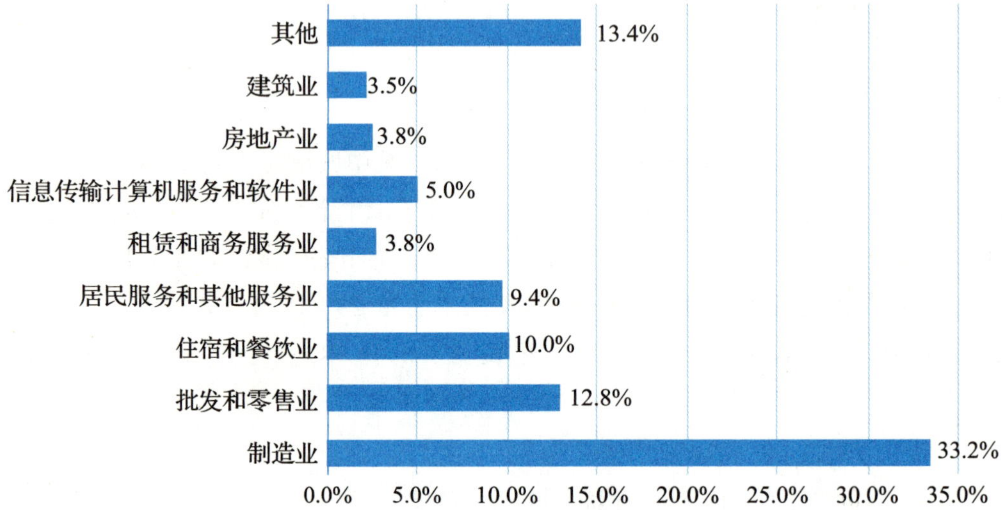

图 1-3　我国人力资源需求结构

尽管 2022 年城镇调查失业率有所上升，但总体看，就业保持稳定有较好的基础和条件。一是工业、服务业生产企稳回升，经济持续恢复，为就业形势稳定提供了有力保障；二是各项稳就业政策持续加力，针对市场主体特别是中小微企业、个体工商户和制造业困难大户，全面实施“降、缓、返、补”系列助企纾困政策，有力促进了就业稳定；三是随着创新驱动发展战略的深入实施，新产业新动能继续增长，新岗位新职业不断涌现。修订后的《职业分类大典》（2022 年版）净增 158 个新职业，首次标注 97 个数字职业，新职业新工种的出现创造了更多的就业机会，为劳动者提供了更广阔的职业发展空间。

（三）国内人力资源需求变化趋势

从需求端看，经济增速放缓，就业增长会下降，但就业规模仍会不断扩大。改革开放以来，我国经济呈现很长一段时期的高速增长，经济总量每增长一个百分点所创造的就业规模并不相同，经济总量越大，每个百分点带动的就业规模就越大。因此，我国经济增长速度虽然放缓，并不意味着就业就会出现大规模下降，由于我国经济存量、市场规模不断扩大，经济产业结构具有多样性，未来我国就业岗位需求规模仍将不断扩大。

我国目前仍处于工业化中后期阶段，不少部门还处于产业链的中低端，市场中增加的岗位大部分是一线普通工人和服务人员，行业也多分布在制造业、服务业等劳动密集型行业。但是，近年来我国人工智能、互联网和自动化技术快速发展，一些企业加快推进“机器换人”，一些重复性、流程性和安全风险高的岗位开始大规模自动化，对低技能劳动力的需求多转向普通操作工、一线客服、物流快递等对受教育和技能要求相对较低的岗位。随着我国产业加速向中高端迈进，生产性服务业、互联网经济等领域中的一些新岗位会成为吸纳就业的主力。

在实体经济领域，2019 年我国工业企业用工下降，制造业城镇单位就业人员不断减少，从业人员在行业间的分布出现了新变化，逐渐由传统的原材料制造、高耗能行业向先进制造业转移，反映了制造业转型升级、结构调整取得成效。与此同时，以网络经济、平台经济等为代表的新兴服务业创造了大量新就业岗位，吸纳了大量劳动力。

技术进步是影响我国就业的重要变量。历次产业革命经验表明，技术进步会对就业产生“替代效应”，通过淘汰旧的生产方式，在短期内会对就业产生明显的破坏。同时，广义的技术进步也会带来就业的“创造效应”，随着新技术的大规模应用，将带来生产率的提高和新产品及中间产品的扩张，会创造新的就业岗位。综合来看，只要生产扩张带来的就业“创造效应”大于技术进步带来的“替代效应”，就不会出现大规模失业问题。

劳动力需求作为派生需求主要受经济增长、资本及技术禀赋以及产业结构等因素的影响。从趋势上看，第一产业劳动力需求量将不断下降，从 2020 年的 1.87 亿下降到 2030 年的 1.09 亿；第二产业从 2 亿下降到 1.6 亿；第三产业劳动力需求不断增加，从 3.8 亿增加到 4.9 亿。综合三次产业估值，到 2030 年劳动力需求总量约为 7.6 亿。

课堂分享

智能化时代的挑战

根据智联招聘大数据，中职群体的就业景气（CIER）指数目前是高于全国平均水平的。2019 年春季，中国整体 CIER 指数为 1.68，即一个求职者对应 1.68 个工作机会，而中等职业教育人才 CIER 指数为 2.3，意味着他们在求职市场中拥有的机会更多，找工作相对容易。与社会普遍认知不同，大数据显示，2019 年一季度在中职人才 CIER 指数较高的 10 个行业中，不乏金融投资、银行等高薪领域，平均月薪都超过 7 500 元；互联网、通信等行业中职人才的 CIER 指数也都在 1 以上，职业选择日益多元化。对于进入就业市场较早且求职相对容易，薪酬也比较可观的中职群体，他们比大学毕业“准白领”们的短期教育投资回报要高。

虽然短期来看中职人才面对的是形势一片大好，但在 PK 知识水平的新经济时代，人工智能带来的自动化趋势也将率先威胁到这一群体。智联招聘发布的《智联招聘新型雇佣关系趋势调研报告》显示，人力、行政、客服、财务等岗位都是未来最担心被人工智能取代的职业，而这些职业也是中职人才的主要就业方向。智能化趋势带来的新劳动环境，在未来会给中职群体带来非常巨大的转型压力。

【讨论】

面临人工智能对就业的影响，中职生应该如何应对？

二、了解产业结构变迁中的人才需求

案例

2021 年济南电子机械工程学校毕业生就业信息

1. 总体就业情况

2021 年，济南电子机械工程学校毕业学生数为 491 人，其中直接就业学生数为 34 人，升学学生数 457 人（其中三二连读 436 人，春考、单招升学 21 人），就业率为 100%，对口率 95%以上。就业单位以济南市企业为主。

2. 专业大类就业情况

从专业分类看，学校加工制造类和信息技术类专业就业情况良好，包括机电技术应用、数控技术应用、计算机技术应用和电子商务方向专业，对口率 95%以上；从毕业生数量看，加工制造类 221 人，信息技术类 270 人，信息技术类毕业生人数略超过加工制造类毕业生。

3. 就业工作措施

为了保证就业工作顺利进行，学校成立了以校长为组长，分管校长为副组长，相关部门负责人为成员的学生就业实习工作领导小组。建立了单位确定、岗前培训、过程管理、跟踪回访、考核总结的运行机制。学校建立健全就业实习规章制度和管理机制，制定相关管理制度。为落实好各项管理制度，学生就业实习前，由政教处和招生就业指导办公室联合对学生进行岗前教育，对学生进行礼仪、职业道德、心理指导、法律法规、安全生产、企业文化等方面的教育，让学生充分了解在就业实习过程中应注意的事项，熟悉各种管理规定，从思想上做到高度重视。就业实习过程中，学校配合企业根据双方职责强化对学生的管理，定期对就业实习工作进行总结，肯定成绩，指出问题，不断强化学生的规范意识、岗位意识和安全责任意识，基本实现了学生与企业零距离接触，增强了职业认同感，提高了职业能力，为学生尽快适应工作岗位打下坚实基础。

随着产业升级速度的加快，技术结构的高度化和柔性化不仅改变着人才需求的结构，而且也对人才的类型、规格和层次提出了多样化的要求。产业结构与人才需求结构之间存在着相互依存、相互促进的关系，产业结构的发展状况决定了人才需求的分布、类型、规格、数量和质量。人才的需求与一定时期的社会经济发展水平相联系，并处于不断的变化之中。

面对竞争激烈的就业市场，许多学生显得无所适从，这是缺乏职业意识和职业规划的表现。反映在就业市场上，比较突出的矛盾有：传统就业观念与当今社会就业形势不相适应的矛盾；社会对人才的高要求与毕业生自身实力不足的矛盾；过高的就业期望值与一定层次社会需求的矛盾。毕业生要想在众多的应聘者中脱颖而出，就应当有充分的就业准备，学习职业理论，充实职业知识，增强职业意识，制订职业生涯规划，在努力增强自身实力的基础上，根据自身特长准确定位，为成功就业创造有利条件。

【自我提升】

在了解就业形势和社会人才需求结构的变化以后，你有新的想法吗？在表 1－1 中列出你的想法。

表 1－1　学习前后的就业观

	学习之前的想法	学习之后的想法
我的就业观		

小贴士

英国经济学家亚当·斯密认为，分工和专业化的发展是经济增长的源泉，分工的好处在于能够获得分工经济与专业化经济，从而得到生产效率的提高。随着产业结构的升级、社会分工专业化程度的提高，人才需求的类型和规格得以多样化，新的专业技术性岗位不断产生。据统计，目前我国每年新增专业性岗位四五十个，如智能开发师、城市规划师等，多种技术岗位的产生使人才需求的类型和规格发生着变化，人才需求的类型和规格随着社会专业分工的发展呈现多样化的趋势。

三、学会应对就业市场的变化

作为一名准备步入职场的学生，应该做好以下几个方面的就业准备。

（一）根据自己的兴趣和爱好，选择适合自己的专业，努力学好专业课

要使学生能在当今竞争激烈的人才市场与众多的大专生、本科生竞争，就必须突出中职生的特点，既要有扎实的专业知识，又要有熟练的操作技能。中职生必须学好本专业的课程，熟练掌握操作技能，有条件的要考取本专业的职业资格证书，并根据自己的需要，考取其他专业上岗证，掌握多门技术，为将来就业创造更多条件。

（二）正确定位自己，转变择业观念

从入学第一天起，就应该给自己准确定位：中职生是技能型人才而非高学历人才。

虽然文化知识可能不比高中生好，专业水平可能不比高职生强，劳动技能可能不比技校生多，但中职生具有综合能力、独立处事能力和理解创造能力较强的特长。因此，在择业过程中应正确定位自己，切忌过于理想化。

课堂辩论

全班同学分成两队，同学们自由组队；以15分钟为限，根据各自的观点展开课堂辩论。

正方观点：先就业，再择业。

反方观点：先择业，再就业。

（三）注重个人素养的培养

中职生就业需要一技之长，但更需要个人素养，如纪律观念、合作观念、责任意识、诚信意识、吃苦精神、创新意识、礼仪举止等。一个中职生能否受用人单位欢迎，能否受同事欢迎，能否得到提升加薪，除专业技能之外，关键在于是否具备这些个人素养。

（四）学会处理社会人际关系

要重视人际交往，懂得与人团结合作。现代社会的发展注重人与人之间的合作，讲究团队精神，要以全局为重，处事要考虑到别人。要学会控制自己的情绪，学会宽容与忍耐，摒弃自私自利与霸气。在处理人与人之间的关系方面，应采取谦和、谦让的态度，消除偏激，避免将矛盾激化。要培养良好的道德品质，学会尊重别人，讲究礼仪，从小事做起，养成文明交往的良好习惯。中职生不要妄自尊大，也不能妄自菲薄。

当前正是中小企业、个人私营企业发展的黄金时期，是青年创业的黄金时期。学生应掌握实用技术，要有市场意识、务实踏实的精神。在国家大力推行职业教育的前提下，相信今后的就业形势会更好，职业生涯之路也会更宽广。

总之，毕业生从学校走向社会，从普通学子到社会主义的劳动者，这是人生的一个转变，也是实现人生价值的开始，而劳动就业则是其具体的承载形式。在要求毕业生认清当前就业形势、树立正确的劳动就业观念的同时，也需要社会各界共同努力，为学生群体的劳动就业创造一个更加宽松的环境和良好的平台，以期让他们更好地实现人生价值、更好地报效国家和社会。

知行合一

数数你的“不适应”

一、实践目的

帮助同学们探索自己曾经有过的不适应的经历，以更好地面对步入职场引发的不适应问题。

时间：30～45 分钟

地点：普通教室

二、实践步骤

第一步：老师引导大家回顾自己生活、学习中的 3 个不适应的经历。例如，到一个陌生环境，与一个陌生人交往，处理一件比较棘手的事情等。可以放音乐请大家闭上眼睛进行回顾，也可以请大家在空白纸上画下自己的生命曲线。

第二步：老师进一步引导大家写下以下问题的答案，与小组同学进行交流讨论，一起学习面对不适应时该如何应对。

三、实践思考

(1) 你的不适应的经历是什么？

(2) 最终的结果如何？

(3) 这次经历给你留下的印象是什么？

(4) 从中你学到了什么？

素养之窗

为了推动职业教育高质量发展，提高劳动者素质和技术技能水平，促进就业创业，建设教育强国、人力资源强国和技能型社会，推进社会主义现代化建设，根据宪法，制定《中华人民共和国职业教育法》，旨在培养高素质技术技能人才，使受教育者具备从事某种职业或者实现职业发展所需要的职业道德、科学文化与专业知识、技术技能等职业综合素质和行动能力而实施的教育，包括职业学校教育和职业培训。

第二章 职业定位

学习目标

知识目标

了解自身的优劣势；

了解就业定位原则及其方法。

能力目标

能够运用 SWOT 分析法帮助决策；

学会编制职业发展路径。

素质目标

能够选择未来职业发展方向；

清楚自己的时代使命，树立职业荣誉感。

第一节 用箭当用长——个人优劣分析

一、 SWOT 分析法

SWOT 是“优势（Strengths）、劣势（Weaknesses）、机遇（Opportunities）、威胁（Threats）”4 个英文单词第一个字母的组合。从整体上看，利用这种方法可以从中找出对自己有利的、值得发扬的因素，以及对自己不利的、要避开的东西，发现存在的问题，找出解决办法，并明确以后的发展方向。根据这个分析，可以将问题按轻重缓急分类，明确哪些是急需解决的问题，哪些是可以稍微拖后一点儿的事情，哪些属于战略目标上的障碍，哪些属于战术上的问题，并将这些研究对象列举出来，依照矩阵形式排列，然后用系统分析的思维，把各种因素相互匹配起来加以分析，从中得出一系列相应的结论。结论通常带有一定的决策性，有利于领导者和管理者做出较正确的决策和规划。

深刻剖析自身，灵敏感知外部，才可以发挥出SWOT的特点。在掌握了这个分析方法的基础上，对应四个象限进行理性分析，每个象限分别采用不同的措施（见图2-1）。

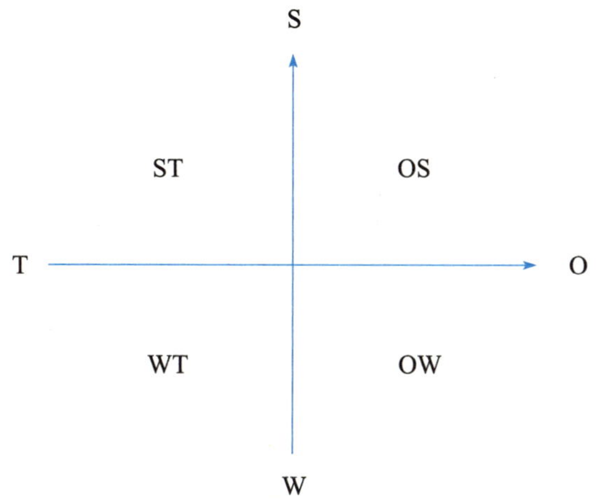

图2-1 SWOT分析法

（1）机会/优势（OS）：外部机会正好是自身优势，需要抓紧利用；

（2）机会/劣势（OW）：外部机会不幸是自身劣势，需要努力改进；

（3）优势/威胁（ST）：虽然自身有优势，但外部危机重重，需要时刻关注，保持警惕；

（4）劣势/威胁（WT）：既是自身威胁，也是自身劣势，需要及时进行改进，努力解决问题。

小贴士

5W分析法

（1）Who am I?（我是谁?）面对自己，真实地写出每一个想到的答案，并按重要性排序，比如自己的专业、家庭情况、年龄、性别、性格、动手能力、思考能力等。

（2）What will I do?（我想做什么?）可以从小时候回忆，将自己喜欢做的事情写下来。

（3）What can I do?（我会做什么？）可以把自己有能力做的、通过潜能开发能够做的事写下来。

（4）What does the situational low me to do?（环境支持或允许我做什么？）将自己所处的家庭、单位、学校、社会关系等各种环境因素考虑进去。

（5）What is the plan of my career and life?（我的职业与生活规划是什么？）

二、学会根据个人实际定位未来职业

（一）主动适应社会

当一个人走出校门开始工作时，即相当于开始驾驶着自己的职业之舟在社会的海洋中航行或者漂泊。航行和漂泊的区别在于：航行有方向、有目标，漂泊没有方向、没有目标。你的职业之舟不能总在海上漂荡，不能换一个工作又换一个工作，要给自己准确的就业定位。就业定位，是一个人在职业生涯实践中通过内外部条件、因素的比较，自觉主动选择能最有利于自身发展的职业方向。充分了解生活环境，全面认识社会发展，是准确进行就业定位的第一步。

1. 充分了解生活环境

（1）家庭环境与学校。

家庭对毕业生的就业选择有很大影响，家长的职业对其有潜移默化的影响，导致学生毕业时也会选择或不选择与家长相同的职业，如家长都是医院职工，那么他在上学时就很可能选择与医学相关的专业，毕业时所从事的职业也就与医院有关。由此可见，家长在毕业生的职业选择过程中，往往起着十分重要的作用。

学校通过教育也影响着学生的就业选择，这种影响主要是通过班主任、任课教师等人员发生作用。学生在就业选择的过程中，其职业兴趣和就业选择也容易受班主任、任课教师等人员的兴趣、爱好及其对社会职业了解程度的影响。

综合各种情况来看，自主择业和市场化的就业模式给家长、老师和毕业生都带来了挑战。当前，不少毕业生自身的职业观念在很多方面都与其家长、老师的观念存在偏差。随着时代的进步和社会经济的发展，毕业生既要尊重家长、老师的建议，同时也需要学会独立思考，与时俱进，根据就业形势和自身个性进行适合自己的职业选择。

（2）经济收入与福利。

经济收入往往是就业选择的基础因素，毕业生渴望真正自立，挣钱也就成了当务之急。有了一定的经济基础，才能建立家庭，回报父母和社会。所以，毕业生在就业定位时，经济待遇是需要考虑的一项重要因素。一般情况下，人们都喜欢高薪的职业，但重要的一点是经济上的回报应该与所付出的劳动和效益相适应，脱离这一点，片面追求高的经济收入则会适得其反。毕业生要以岗位的收入空间为就业定位依据，而不能仅仅以岗位工资作为标准。一个岗位的收入具体来源包括岗位本身的工资、公司的福利、业绩的提成、岗位在公司的上升空间等内容，这些因素的综合才是岗位的收入空间。因为有的公司岗位工资很少，但岗位补贴、公司福利、业绩的提成等很多。所以，毕业生在就业定位时需多考虑一下岗位的收入空间和发展空间。

2. 全面认识社会发展

（1）企业需求与地域。

用人单位对毕业生的需求是动态变化的，而企业的发展和需求影响着毕业生的就业定位。国民经济发展整体形势、行业发展形势好，用人单位对人才的需求就多；社会经济形势不景气或者出现经济危机，用人单位对人才的需求就少。另外，有的用人单位重视对人力资源开发和利用，如果毕业生供给多、质量高，用人单位会提前对人才进行储备。

我国的地区经济发展很不平衡，城乡之间还存在较大的差距，这就导致职业发展、就业环境存在差异性。一般来说，大城市尤其是省会级以上的城市，由于学习条件较好、深造机会较多，成为众多毕业生择业时的首选。而偏远和经济不发达地区，由于条件艰苦，虽然毕业生也可以从中成长成才，但却较少有人问津。但是，根据人才供求规律，在一个地方不受欢迎的人到另一个地方可能会成为“宝贝”。例如，在北京等大城市的大单位，博士、硕士毕业生比比皆是，大大增加了毕业生的就业难度。党的二十大报告提出：全面推进乡村振兴，这意味着未来乡村将迎来更多的发展机会。如果这些毕业生转移到省一级、市县一级等单位后，他们在工作中充分发挥作用的机会则大大增加，并且他们的职业岗位价值、待遇条件等也会得到提高。

（2）社会声望与观念。

在现实社会中，各种职业的社会声望并不是相同的，有些职业的社会声望高，具有较强的吸引力，有的则吸引力不强。造成这种情况的原因是多方面的，除了传统的职业偏见的影响以及个人兴趣爱好外，还有劳动的报酬、工作强度、工作环境等方面的原因。

社会声望与观念影响人们的就业定位，人们渴望从事声望较高的职业，这是可以理解的，但毕业生一定要对就业形势有一个清醒的认识和全面了解，主动适应市场对人才的需求，找准自己的位置。在选择职业时对择业单位的社会声望要做具体分析，树立职业平等观，期望值不要不切实际，只有这样，才能为将来的发展及寻求更理想的职业奠定良好的基础。只要主动顺应社会发展的需要，学好本领，不断进取，就能成为行业的“状元”。

（二）明确就业方向

面对严峻的就业形势，毕业生必须加强对自身的认识与了解，找出自己感兴趣的领域，确定自己能够实现的工作目标，明确切入社会的起点，把握就业定位，使职业理想可操作化，为进入社会提供明确方向。

1. 客观认识自己，扬长避短

（1）职业兴趣与性格。

一个人的个性会影响职业定位，当个性与他所从事的职业相匹配时，其才能就可以充分发挥。从某种意义上说，这种兴趣、性格就是一个人的职业个性，它是个人在就业时必须考虑的因素。职业兴趣发展可以分为有趣、乐趣、志趣 3 个阶段。从有趣开始，逐渐产生乐趣，在与奋斗目标相结合的过程中发展为志趣，表现出方向性和意志性的特点，使人坚定地追求某种职业，并为之尽心竭力。毕业生在就业定位时，要充分考虑自身的性格因素，性格活泼的人，适合有挑战性的工作，性格内向的人，适合比较稳定的工作。有的人适合与物打交道，有的则擅长与人打交道。一个人从事符合自己性格、感兴趣的工作，有利于发挥工作积极性，最大限度地挖掘自身的潜力，努力将工作做好，而且可以从工作中得到满足，感到内心的愉悦。人的个性与职业的匹配是形成职业成就感的基础。不同的个性适合于不同的工作，不同的工作需要不同个性的人。

（2）职业素养。

企业认为，员工职业素养的高低决定企业的未来发展，也决定员工自身未来的发展。一个员工是否具备职业化的意识、道德、态度和职业化的技能、知识与行为，直接决定了企业和员工自身发展的潜力和成功的可能。如果一个人基本的职业素养不够，比如说忠诚度不够，那么技能越高的人，其隐含的危险就越大。俗话说，有德有才是精品，有德无才是次品，有才无德是毒品，无才无德是废品。

作为中职生，要认清个人的职业素养现状，有意识地培养职业道德、职业态度、职业作风等方面的素养。核心职业素养体现在很多方面，如责任心、敬业精神、团队意识、职业操守等。事实表明，很多中职生在这些方面存在不足。针对个人的不足，要制订计划，有步骤地去提升个人的职业素养水平。

2. 从基层一线做起，求真务实

（1）具备吃苦精神，艰苦创业。

毕业生在就业定位时，应以有利于自己成才的意识来选择职业岗位。每个人都希望自己走上社会后，能够有所作为，成为社会的栋梁之材。要成才，就要奋斗。毕业生要敢于到基层一线就业创业，基层一线有较为广阔的就业空间，是助力成长成才的重要渠道。虽然基层的条件和环境往往非常艰苦，但这恰恰是锻炼自己、缩短适应期、成长发展的重要途径。艰苦奋斗正是创业者、成才者必不可缺的精神支柱。实践证明，凡是有成就的人，一般都到最需要人才的基层、生产一线寻找自己的发展空间，都有过艰苦奋斗的经历。因而，每个渴望自己能够成为社会有用之才的毕业生，都要有到艰苦环境中锻炼的勇气和精神准备。

（2）立足自身基础，脚踏实地。

在就业定位过程中，有一部分毕业生存在“高不成、低不就”的问题。主要是不能正确地估量自己，把自己看得太高、太重，没有充分地认识到用人单位不仅要看你的知识水平是否符合岗位要求，更要看你能否胜任工作岗位，能为本单位创造多少利润。在市场经济条件下，就业首先是社会的选择，企业的选择。另外，毕业生在寻找选择就业单位时，往往拿自己身边同学的择业标准来定位自己的就业标准。在这种心理作用下，即使某单位非常适合自身发展，但因某个方面比不上同学选择的就业单位，就彷徨放弃，事后却后悔不已。因此，必须着眼现实，清除不切合实际的“理想主义”，把自身的估量与用人单位的要求结合起来，低调应聘；打牢根基，求真务实，扎扎实实地做好每一项工作，一步一个脚印地前进，力戒浮躁，远离“光环”。

（三）选择就业机会

1. 善于发现机遇

（1）关注社会发展，捕捉机会。

机遇本身具有可遇不可求的特点。面对纷乱繁多的信息，毕业生务必随时做好各方面的准备，全面掌握信息，并对信息进行认真细致的分析。首先要做社会大环境的分析，包括当前社会、政治、经济发展趋势、社会热点职业门类分布及需求状况、所学专业在社会上的需求形势等。对这些社会发展大趋势问题的认识，有助于自我把握职业社会需求，使自己的就业定位紧跟时代脚步。虽然机遇对每个人都是平等的，但是机遇总是垂青那些有准备的人、行动快的人。谁的准备做得充分，谁的行动主动积极，谁就更有机会捕捉机遇和利用机遇。一旦出现与自己的基本条件、职业希望相契合的单位和岗位，就要有勇气、有信心，善于适时把握机遇。

（2）制订职业目标，规划未来。

毕业生在进入职业学校的时候，要对职业有一个清晰的定位，确定自己的发展方向，然后再围绕这个方向做出自己的规划，这样就可以避免在职业学校阶段陷入迷茫状态。制订职业目标，需要考虑在多少年之内达到什么目标，然后再一步步地制订实现目标所需要做出的阶段性的业绩与成就。尽早定出自己的职业目标，可以避免在职业发展过程中走弯路。在工作过程中，职业目标的制订一定要切合实际，量力而为，并且随着自身的成长要善于总结、反省，不断修正职业目标以适应环境变化。每个人要不仅仅着眼于初次就业，更要从长期发展的角度来看待自己的职业。

课堂分享

《中国青年创业发展报告（2022）》认为，中国创新创业呈现高质量发展态势，创业数量可观、创投活跃度高、创服机构同步跟进，整体创业环境优良。该《报告》指出，青年创业呈现年轻化、高学历、启动资金规模小的特征。创业主力军学历以本科和大专为主，集中在农林牧渔、批发零售和教育文化等行业。近七成的创业青年启动资金规模在 10 万元以下。超半数青年创业者盈亏存在波动，七成青年创业者在 3 年内开始盈利。54%的大学生创业者参加过创业大赛，62%的新兴科技青年创业者认为创业园区、孵化器等创新创业平台对其创业成功帮助大，56.2%的返乡创业者是大学生。

2023 届全国高校毕业生达到 1 158 万人，是继 2022 年高校毕业生规模首次突破千万大关后，又一个高校毕业生超千万规模的就业年。对原本就压力颇大的就业市场来说，其产生的压力比正常情况更大。此外，2022 年还有一些离校未就业的毕业生，也给就业市场带来不小的压力和挑战。

【讨论】

在新时代，我们应该先就业还是先创业？

2. 善于抓住机遇

（1）先就业，再择业。

就业、择业是不同的概念，具有不同的含义，更是客观地反映毕业生毕业后谋求职业的阶段性特点。有的人在就业定位过程中，存在一蹴而就、急于求成的思想，认为既然找工作就要干一辈子，看不到社会需求的变化和职业发展的趋势对自己就业岗位的影响，没有把就业、择业看成一个循序渐进、不断发展的过程。事实上，招聘会上许许多多有名气的用人单位都提出有两年以上实践经验的要求，需求的是熟练技术员工。所以，首次就业不会是一职定终生。建议树立“先就业、再择业”的就业理念，特别是职业学校与相关专业的企业、行业形成合作伙伴关系，学校推荐的岗位大部分与专业相关，初入工作岗位的第一年不要轻易调换工作，在就业难的现实条件下，要珍视已到手的就业机会，学会承受一定的压力，为自己的职业生涯发展积累经验。

（2）先谋生，后发展。

职业是人的谋生之道。毕业生在学习过程中的生活来源主要是由国家和家庭提供的，没有经济上的后顾之忧。但是一旦跨出校园，走向社会，需要依靠自己的力量来生活的时候，摆在毕业生面前的第一个问题就是怎样自己养活自己。所以，在毕业时要抢抓机遇，乘势而上，先解决生存问题，再积累经验，选择理想的岗位。当前，大多数用人单位招聘人才的标准是：注重应聘者的个人能力和综合素质，既重视智商也重视情商，至于专业是否完全对口，并不过分计较。现代社会分工越来越细，在校期间所学专业知识与现实需要难以完全吻合。求职过程中如果过分强求专业对口，则难以找到合适的职业，当就业目标与现实需求之间发生矛盾时，不妨先改变一下目标，争取及时就业。一个具有开拓思维的毕业生，应看重该行业的发展前景，并不断调整自己的择业方向，勇于进入与自己的所学专业相近或相关的职业。只有具备优良的素质，才有可能在新的领域里闯出一片新天地。

知行合一

霍兰德职业兴趣测试

一、注意事项

(1) 请根据第一印象作答，并以最快速度回答每个问题；没有“对”与“错”之分。

(2) 请选择更接近于你平时感受或行为的那项，选择你是怎样做的，而不要选择你想要怎样、以为会怎样或者认为哪样更好。

(3) 根据与你本人实际情况相符合的程度来判断。对于有些你没有机会从事的工作，可以在假设的情形下做出判断。

(4) 记分规则：与本人实际情况相符合的记 2 分，不符合的记 0 分，难以回答的记 1 分，并将分数填写在题目序号后的括号内。

二、测试题

▲现实型问题：

1. 你曾经将某个生活用具拆散加以清洗并能独立地将它装起来吗？ (　　)
2. 你在中学喜欢做实验吗？ (　　)
3. 你对一些动手较多的技术工种（如电工、修钟表、维修机械等）很感兴趣吗？ (　　)
4. 当你家里有些东西需要小修小补时，常常是由你来做吗？ (　　)
5. 你常常偷偷地摆弄不让你摆弄的机器或机械（诸如电脑、自行车、电视、空调等）吗？ (　　)
6. 你喜欢将一件事做完后再做另一件事吗？ (　　)
7. 在做事情时，你经常因害怕出错而对工作安排反复检查吗？ (　　)
8. 你喜欢亲自动手制作一些东西从中得到乐趣吗？ (　　)
9. 小时候，你经常把玩具拆开，将里面看个究竟吗？ (　　)
10. 你亲手制作或修理的东西，经常令你的朋友满意吗？ (　　)

▲研究型问题：

1. 你对电视中或校园里的智力竞赛很感兴趣吗？ (　　)
2. 你经常到新华书店或校园图书馆翻阅图书（文艺小说除外）吗？ (　　)
3. 学生时代你常常会主动地去做一些有趣的习题吗？ (　　)
4. 你对一件新产品、新事物的构造或工作原理感兴趣吗？ (　　)
5. 当有人向你请教某件事情如何做时，你总喜欢讲清内部原理，而不仅仅是操作步骤吗？ (　　)
6. 你的理想是当一名科学家吗？ (　　)

7. 你喜欢阅读自然科学方面的书籍和杂志吗？ （ ）
8. 你喜欢学数学吗？ （ ）

▲艺术型问题：

1. 你对戏剧、电影、文艺小说、音乐、美术等其中的一两个方面较感兴趣吗？ （ ）
2. 你常常喜欢对演艺界的明星评头论足吗？ （ ）
3. 你参加过校园文艺演出、绘画训练或经常写诗歌、短文吗？ （ ）
4. 你对别人的服装、外貌以及家具摆设等能做出比较准确的评价吗？ （ ）
5. 你认为一个人的仪表美主要是为了表现一个人对美的追求，而不是为了得到别人的赞扬或羡慕吗？ （ ）
6. 你喜欢做戏剧、音乐、歌舞、摄影等方面的工作吗？ （ ）
7. 你有文艺方面的天赋吗？ （ ）

▲社会型问题：

1. 你常常主动给朋友打电话吗？ （ ）
2. 你能列出5个你认为够朋友的人吗？ （ ）
3. 你很愿意参加学校、单位和社会团体组织的各种活动吗？ （ ）
4. 你能主动去帮助陌生人或向陌生人表示同情与安慰吗？ （ ）
5. 你喜欢去新场所参加活动并结交新朋友吗？ （ ）
6. 对某些令人讨厌的人，你常常会由于某种理由原谅他、同情他甚至帮助他吗？ （ ）
7. 有些活动，虽然没有报酬，但你觉得这些活动对社会有好处，就积极参加吗？ （ ）
8. 你喜欢参加各种各样的聚会吗？ （ ）
9. 你很容易结识同性朋友吗？ （ ）
10. 你通常不喜欢独处吗？ （ ）

▲企业型问题：

1. 当你有了钱后，你愿意用于投资吗？ （ ）
2. 你常常能发现别人组织的活动的某些不足，并提出建议让他们改进吗？ （ ）
3. 你在上学时曾经担任某些职务（诸如班干部、课代表等），并且自认为干得不错吗？ （ ）
4. 做一件事情时，你常常事先仔细考虑它的利弊得失吗？ （ ）
5. 你曾经渴望有机会参加探险吗？ （ ）
6. 你总是主动地向别人提出自己的建议吗？ （ ）
7. 和别人谈判时，你不愿放弃自己的观点，不愿妥协是吗？ （ ）
8. 你不愿意从事虽然工资少，但是比较稳定的职业，是吗？ （ ）

▲常规型问题：

1. 你能够用一两个小时来抄写一份你不感兴趣的材料吗？ （ ）
2. 你能按照领导或老师的要求尽自己的能力做好每一件事吗？ （ ）
3. 在讨论会上，如果有不少人已经讲的观点与你的观点不同，你就不发表自己的观点吗？ （ ）
4. 你喜欢重复别人已经做过的事情而不喜欢做那些要自己动脑筋摸索着干的事吗？ （ ）
5. 你喜欢按部就班地完成要做的工作吗？ （ ）
6. 对于急躁、爱发脾气的人，你仍能以礼相待吗？ （ ）

三、分类统计各类型题目的总得分

分类统计各类型题目的总得分，结果填入表 2-1。

表 2-1 霍兰德职业兴趣测试分数统计

职业类型	现实型	研究型	艺术型	社会型	企业型	常规型
代号	R	I	A	S	E	C
分数						

四、确定你的兴趣类型

（1）如果某一类型的得分明显高于其他类型的，说明你的职业兴趣基本属于该种类型。

（2）测试结果中，几种类型的分数相对比较高，这种情况通常都属于综合型的职业兴趣类型。现实中，具有综合型的职业兴趣特征者居多数。那么如何确定自己的综合职业兴趣特征呢？首先，列出得分较高的 3 种兴趣类型的代号；其次，将得分最高的 3 种兴趣类型代号按分数从高到低依次排列，构成其兴趣组合型，如 EIS、AIS 等。

（3）专业知识与技能。专业知识与技能也是确立职业定位所考虑的重要因素，它表明个人能够做什么。包括自己所学的专业知识、专业技能、计算机能力等与职业密切相关的各种职业能力。对毕业生来说，不能好高骛远，也不应妄自菲薄，要有充分的自信，正确评估自己所具有的专业知识和技能，看能否胜任自己想做的工作，清楚了解自己的专业技能所达到的程度。专业知识与技能往往是我们最大的资本和优势，是胜任职业岗位工作的基本要求，是个人取得社会认可并谋求更大发展的根本所在。明白自己的专业知识与技能状况有助于选择与自己相匹配的职业，从而发挥自己的优势，进行合理的职业定位。

第二节　曲径通幽处——职业发展路径分析

案例

为了促进毕业生高质量就业，深圳职业技术学院着力打造人才培养与招生就业创业联动体系。近年来，学校着力于产教深度融合、扩大就业总量、优化指导服务、创业带动就业等10个“着力”，抓紧、抓实、抓细“稳就业”工作。学校近3年就业率达96%以上，每年超过10%的专科毕业生入职华为、中兴等知名企业。

全员全程为毕业生就业保驾护航

学校先后多次组织召开就业工作全校大会、就业攻坚专题会议等，深入了解各学院、专业存在的问题和困难，深入用人单位了解就业市场的新形势和新动向，及时优化调整就业创业工作。

深圳职业技术学院各二级学院领导、辅导员、班主任、专业教师群策群力，将就业工作责任压实、任务量化、指标细化，结合学院自身特色，创新工作模式和方法。学校人工智能学院专门制订“就业工作奖励办法”；电信学院实施包干就业制，“挂表作战”。

校企合作助学生提升就业“硬实力”

“比亚迪一线技术骨干为我们讲解实操课程，我们从中学到了很多实用的岗位实操技能知识，企业还为我们提供了专业培训。”在学校与比亚迪开设的合作班上，深圳职业技术学院汽车运用与维修专业2017级学生张腾元综合能力不断提升。由于动手操作能力突出，张腾元顺利通过面试，成功入职比亚迪股份有限公司。

学校与企业通过共同开发专业与课程标准、制订行业标准、开发职业资格证书等“九个共同”，着力促进产教深度融合。其中，学校与华为合作共建“华为云学院鲲鹏中心”，加快培养鲲鹏计算产业技术技能型高水平专业人才。

深圳职业技术学院不但建立以需求为导向的人才培养模式，还建立完善以就业为导向的互联网助推机制，努力实现人才培养与企业人才需求之间的精准对接。学校通过线上渠道，全员开展线上就业帮扶工作，指导教师实时在线为毕业生答疑解惑，提供就业信息上报、就业协议申报等方面的服务。

将就业创业教育融入专业和学业之中

学校将就业创业教育融入专业和学业，建立了从启蒙教育、预科教育、专门教育到实战训练的进阶式双创教育体系，学校不但面向有创业意愿的学生，进行专门化的创业知识传授和创业技能培训，还向完成企业工商注册的学生提供全程指导，提升他们的创业实战能力。

据统计，深圳职业技术学院毕业生毕业3年内创业率达12.7%，10%的毕业生成功创业或接班家族企业。学校创意创业园近两年孵化成功率为62%，年均带动就业600余人。

一、学会根据所学专业分析就业环境

从以下影响就业的因素中，可以分析出当前的就业形势。

（一）专业成绩不理想

有的学生在校期间专业成绩不是很理想，导致无法符合社会对人才的需求标准，从而无法就业。

（二）职业能力较为单一

近年来，技术创新不仅带来了新的人才需求，也对人才提出了新的更高要求，复合型人才和技能型人才成为稀缺资源。从产业维度看，第三产业是吸纳就业的“蓄水池”；从技能维度看，对高技能复合型劳动者的需求不断上升；从形态维度看，平台型就业已经成为就业新重点。

（三）社会经验、专业实践能力与交际能力不足

相关调查资料显示，大部分企业认为社会经验与专业的实践能力同样重要，并且企业特别重视交际能力强的人才。因为企业需要这些有交际沟通能力、亲和力强、语言表达能力强、性格开朗、有好人缘的员工，能够给别人深刻的印象，从而提高企业声誉。

（四）未能满足“职位分析下的任职资格模型”

职位分析下的任职资格模型是指通过对某一职位的分析，得出这一职位所需的人才，他们在这个职位上所必须具备的一些能力、素质和态度等的一个模型。但是，当前很多毕业生不能满足这一模型，或者缺乏使用这些模型的方式和向用人单位展示这些模型的能力与意识，无法满足企业对人才的需求，导致许多企业招不到合适的人才。

（五）缺乏职业规划意识

很多毕业生没有人生规划与职业规划的能力与意识，导致很多毕业生在毕业时没有一个明确的就业方向，从而影响其就业。

二、掌握职业定位原则、方法与策略

职业定位，就是清晰地明确一个人在职业上的发展方向，它是人在整个生涯发展历程中的战略性问题，也是根本性问题。从长远方面看，是找准一个人的职业类别；就阶段性而言，是明确所处阶段对应的行业和职能，就是说在职场中自己应该处于什么样的

位置，如图 2－2 所示。

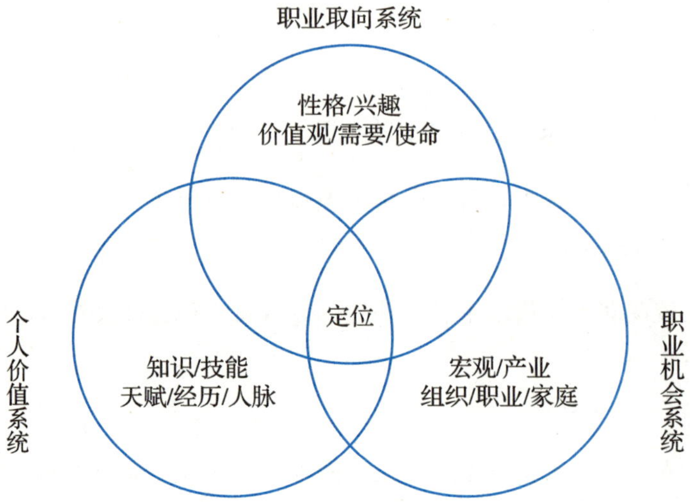

图 2－2　职业定位

（一）定位内容

1. 定位方向——找准职业定位和发展方向

要先行挖掘自己的职业气质、职业兴趣、职业能力结构等方面的因素，找到自己的职业潜力集中在哪个领域，只有找准方向才能最大限度地开发和发掘自己的潜力。

2. 定位行业——看清目标行业的发展趋势

主动、全方位地了解目标行业现状和前景。俗话说隔行如隔山，不能仅仅靠网络、报纸、杂志等传统媒介的介绍，比较理想的做法是向目前已在该行业供职的朋友了解，以便获得真实、可靠的信息，内容包括升迁制度、薪资状况等各个方面，多多益善。

3. 定位自我——认清自己的优势和不足

假如不能准确地为自己定位，不清楚自己的强项和弱项，只是盲目跟风或跟着感觉走，这绝对是不可取的。要衡量自己的优势在哪里，这些优势是否足以帮助自己在新的行业站稳脚跟，自己的弱点在哪里，有什么方法可以尽快提升。

从自身的角度讲，了解和分析的主要因素应该包括：

（1）我喜欢做什么（主要包括职业兴趣、职业价值观等）；

（2）我适合做什么（主要包括职业性格、气质、天赋才干、智商情商等）；

（3）我擅长做什么（主要包括职业能力倾向，比如言语表达、逻辑推理、数字运算等）；

（4）我能够做什么（主要包括自己掌握的专业知识、技能和工作）。

（二）定位原则

1. 择己所爱

职业定位首先要想自己喜欢哪种职业，或者对哪种职业比较感兴趣。一般来说，只有从事自己喜爱的、感兴趣的工作，工作本身才能给你一种满足感，你的职业生涯才会变得妙趣横生。因此，择己所爱是做好未来职业定位的首要原则。

2. 择己所长

在激烈的就业竞争中，求职者要按照“择己所长、扬长避短”的原则进行具体的职业定位，学会从与竞争者的比较中来认清自己的长处和短板，善于发挥自身的优势。

3. 择市所需

在进行职业定位时，不仅要了解当前的社会职业需求状况，还要善于预测职业随社会需要而变化的未来走向，以便能使自己的职业定位富有一定的远见。

（三）定位策略

职业定位是自我定位和社会定位两者的统一。

自我定位就是确定我是谁。我是什么性格类型的人？我擅长什么？不擅长什么？

社会定位就是我在社会中的角色定位。我在社会大分工中应该处于什么位置？扮演什么角色？也就是我应该从事什么职业？

职业定位就是在社会分工的大舞台上确定能扮演自己的角色，从而不用经常戴着面具去迎合工作的需要，甚至可以张扬自己的个性，并更多地用到自己习惯的思维方式、行为模式。要进行准确的职业定位，既需要准确了解一个人的性格和天赋，又需要充分了解各种不同类型的职业。

定位是自我定位和社会定位两者的统一，一个人只有在了解自己和了解职业的基础上才能够给自己做准确定位。

首先，要了解自己。主要是核心价值观念、动力系统、个性特点、天赋能力、缺陷等。可以通过自我探索、请他人做评价、借助心理测验等方法充分地了解自己。

其次，要了解职业。主要是职业的工作内容、知识要求、技能要求、经验要求、性格要求、工作环境、工作角色等。可以通过询问业内的专家、成功人士等充分地了解职业。

再者，要了解自己与职业要求之间的差距。我们可能会有多种职业目标，但是每个目标带给自己的好处和弊端各不相同，你需要根据自己的特点仔细地权衡选择不同目标的利弊得失，还要根据自己的现实条件确定达到目标的方案。

最后，要确定如何把自己的定位展示给面试官和上司。确定了自己的职业取向和发展方向之后，你需要采用适合的方式传达给面试官或者上司，以此获得入门和发展的机会。

课堂活动

按照 6～8 人的标准，提前分好小组，按照面试标准，安排 3 人担任面试官，其他人扮演求职者，面试官按照参考问题进行提问，求职者进行回答。完成一轮后，面试官和求职者调换身份，再次按照参考问题进行提问与回答。

1. 请结合自己的性格、兴趣、能力、职业规划等方面，做一分钟的自我介绍。

2. 请你谈一谈对“职业选择要择己所爱，择己所长”这句话的理解。

三、如何编制职业发展路径

案例

在喜迎建团百年之际，秉承“学以致用，勇毅前行”的理念，展现青年学子的专业技能，广东省电子职业技术学校商务管理系学生参加了由广东省教育厅主办的“沙盘模拟企业经营”赛项和“互联网营销直播技能”赛项的线上技能竞赛。经过激烈角逐，两支代表队伍分别在“沙盘模拟企业经营”“互联网营销直播技能”赛项中取得喜人成绩。

“沙盘模拟企业经营”和“互联网营销直播技能”赛项，是广东省电子职业技术学校商务管理系近年来积极推动的专业技能竞赛项目，并连续多年获得奖项。商务管理系本着“以赛促教、以赛促学”的理念，将比赛项目要求与教学校准及专业社团活动内容相结合，不断挖掘学生潜能，提升教学质量，巩固赛项在技能竞赛中的优势。坚持立德树人，努力培养技能型人才，推进特色品牌专业的打造。

（一）职业发展

职业发展是组织用来帮助员工获取目前及将来工作所需的技能、知识的一种方法。实际上，职业发展是组织对企业人力资源进行的知识、能力和技术的发展性培训、教育等活动，让员工在自己选定的领域里，在自己能力所及的范围内，成为最好的专家。至于行政管理能力、员工培养能力、团队建设能力、规划和沟通能力等，是个体在职业发展过程中必须培养的能力要素，它们是实现职业发展的重要工具，但不是职业发展的目标。

职业发展有其必要性。从组织的观点看，职业发展能降低员工流动带来的成本。如果企业帮助员工制订职业计划，这些计划可能与组织密切相连，因此，员工就不大可能离开。热心于员工的职业发展同样能鼓舞士气，提高生产效率，并帮助组织变得更有效率。此外，重视职业发展，对于员工看待他们自身的工作岗位和用人单位的方式也有积极的影响作用。

知识拓展

职业规划要考虑的外部因素

建议首先要考虑好如下四个问题：

第一，冷门还是热门。热门职业一般薪酬高，但我们决不能盲目以此定职业。必须分析自己的能力所长，对已经表露出来的职业兴趣和职业特长要特别珍惜，尽量寻找符合自己特长的职业。即使一时无法就职自己喜欢的职业也没有关系，可以在以后工作中逐步调整。

第二，稳定还是不稳定。职业稳定的概念却是相对的，计划经济时，所有职业都是稳定的，而现在即使是公务员，也有淘汰机制。“所谓的不稳定，不是职业的不稳定，而是企业、单位的不稳定。作为社会分工的各种职业，在社会上永远都是需要的。”

第三，大公司还是小企业。大公司优点很多，比如有良好的福利、晋升、培训体系，大公司的经历为以后求职带来便利。但是缺点也很明显，因为大企业人才济济和分工过细、过明确，长处就不易被发现，其他能力可能很难得到锻炼。相对于大公司，在小企业工作，可能身兼数职，更能展示你的才能，职业发展空间可能会更广阔。

第四，大都市还是小城市。大城市的就业机会多，接触的事物比较先进，像人才、教育、知识等资源丰富，而且工资水平相对较高，但也存在工作生活竞争压力大，房价、物价高等问题。小城市的工作竞争压力小、比较稳定，房价、物价相对较低，但也容易存在个人成长慢，就业机会少等问题。

（二）职业发展的实施

1. 自我评估

自我评估是指员工个人对自己的能力、兴趣、气质、性格以及自己职业发展的要求等进行分析和评价，以确定自己合适的职业生涯目标和职业生涯发展路线。

2. 组织评估

组织评估是利用相应的信息对员工的能力和潜力做出客观公正的评估。这些信息主要来自对员工的绩效评估，也包括反映该员工的受教育状况和以前工作经历等信息的人员记录。组织对员工个人的评估通常应由人力资源部人员和员工的直接管理者共同进行。

3. 职业信息的传递

员工要确立现实的职业发展目标，就必须知道可以获得的职业选择和职业发展机会，并获得组织内有关职业选择、职业变动和空缺的工作岗位等方面的信息。组织要及时为员工提供有关组织发展和员工个人的信息，增进员工对组织的了解，包括职位升迁机会与条件限制、工作绩效评估结果、训练机会等的信息，帮助员工了解自己的职业发展通道。

4. 职业咨询

职业咨询是指整合职业规划过程中不同步骤的活动。它是伴随着整个职业生涯发展过程的多次或连续性的咨询活动。在职业发展过程中，有可能出现许多员工无法预测或必须面对的难题，如职位升迁、跳槽、职能转换、人际关系等。职业咨询可以为员工解决职业发展中的困惑，为员工做出明智选择提供参考意见和决策支持。

5. 职业道路引导

职业道路引导可定义为一系列包括正式与非正式教育、培训及工作体验的开发活动，这些开发活动有助于员工能够从事更高一级的职位。职业道路引导指明了组织内员工可能的发展方向及发展机会，组织内每一名员工可能沿着本组织的职业道路变换工作岗位。

知行合一

2023 年 1 月 17 日，国家统计局局长康义在国新办举行的新闻发布会上指出，随着中国经济的好转，就业需求的扩大，岗位会相应增加，中国就业形势有望总体改善。一是生产生活秩序逐步回归常态，企业生产经营也将逐步改善，将带动用工需求逐步恢复扩大。二是交通物流、居民出行增加，将带动住宿、餐饮、旅游等服务业恢复。服务业就业容量大，接触性聚集性服务业恢复改善，有利于吸纳更多人员就业。三是各地区各部门持续强化就业优先政策，深入实施减负稳岗扩就业的措施，加大对重点群体，包括大学毕业生就业的帮扶，也将为就业稳定提供有力的保障。四是新动能的快速发展也将持续创造更多新的工作岗位，将成为扩大就业、提升就业质量的重要推力。

但是，随着就业观念的转变与进步，越来越多的年轻人不满足于被动接受招聘，而喜欢主动接受挑战，以多种方式、渠道自主创业就业。全国各地应在帮助毕业生自主创业就业方面做好充分准备，制定有利于毕业生创业就业的政策措施，不断优化资源配置，改善营商环境，完善创业基金、风险投资基金、担保基金等配套政策，为毕业生创业就业创造良好的条件。

【课后任务】

1. 按照职业发展的相关内容，对自己的能力、兴趣、气质、性格等方面做自我评估。
2. 结合所学专业分组讨论：我们应该如何应对当前的就业形势？

素养之窗

职业教育培养了大批技术技能人才

职业教育主动适应经济结构调整和产业变革，紧盯产业链条、市场信号、技术前沿和民生需求，设置 1 300 余种专业和 12 余万个专业点，覆盖国民经济各领域。近 10 年来，累计为各行各业培养输送 6 100 万高素质劳动者和技术技能人才，在现代制造业、战略性新兴产业和现代服务业等领域，一线新增从业人员 70%以上来自职业学校毕业生，促进中国人口红利的释放与实现，推动先进技术和设备转化为现实生产力，为中国产业链、供应链保持强大韧性、行稳致远提供了基础性保障和有生力量。

第三章 就业心理

学习目标

知识目标

了解毕业生就业前的心理误区；

了解毕业生择业心理调适方法。

能力目标

能够做好职业角色转换；

能够分析与面对职场压力。

素质目标

培养进入社会所需要的专业技能或必要本领，全面提高个人素养；

树立正确的人生观、价值观、职业观。

第一节 且欲图变通——择业心理准备

一、了解毕业生就业前的心理误区

（一）期望过高

记得唐代诗人白居易在踏春季节曾写下这样的诗句：“乱花渐欲迷人眼，浅草才能没马蹄。”现在，对于即将步入职场的不少应届毕业生而言，也恰如诗人进入了春天的百花园一样，怀抱着一种踌躇满志的心态，可是因为花朵太多太艳而反倒不知如何下手，不知哪一朵花才是最适合自己的，以至于在选择用人单位时，往往这山望着那山高，不能客观地根据自身的情况进行选择，而陷入择业期望值过高的误区。有些学生在择业的过程中对就业形势和用人单位的需求了解得不够，完全按照自己的理想一厢情愿地谋求高薪高酬职位，由于目标不切合实际，在择业过程中屡屡碰壁，结果心灰意冷，甚至丧失自信心。

案例

有一个青年人和一位老人出海钓鱼。钓竿抛出以后，老人每钓起一条鱼，就用尺子量一下。如果鱼大于 7 寸，就放回海中。青年人越看越不懂，就问："为什么不要大鱼要小鱼?"老人说："因为我们家的锅只有 7 寸大，鱼太大没法煮，所以只要 7 寸以下的鱼。"

经常有一些即将毕业的年轻人抱怨工作难找，拿着简历没人要，投了简历没人理，或者一次一次经历面试的败北，沮丧的情绪贴在脸上。有的人干脆就坐在招聘会拐弯的楼梯上，以垂头丧气的沉默来面对会场里汹涌的人流。

就像故事中说的那样，我们自身的能力和素质，便是我们手中的锅。而那些我们希冀获得的职位，便是我们渴望钓到的大鱼。如果我们只有 7 寸的锅，却要去收获 8 寸、9 寸的鱼，显然是有些勉强的。但若我们有 10 寸甚至更大的锅，再去收获一条 8 寸、9 寸的鱼，就都有机会。"量体裁衣"，论锅捕鱼，你的底气就会更足。在择业过程中有些学生以"天之骄子"自居，不能正确认识自我，过高估计自己的知识水平和能力；不能认识社会职位的要求，给自己找到一个准确的社会定位。表现在就业过程中主要有：脱离实际，怕艰苦，不愿承担艰苦的工作；不愿到经济欠发达的地区或基层去工作；择业目标与现实之间存在着巨大的反差；双向选择变成了单向选择；不切实际地挑选用人单位。

（二）盲目从众

很多人都有从众心理，认为过河随大流淹死不委屈。这是没有主见的表现。盲目从众不但愚蠢而且危险。

案例

早晨，一只公鸡在草丛中觅食，突然听到一群鸭子在议论：河里有许多小鱼真好吃。它也想到河里去捉鱼吃，于是跟着那群鸭子很快来到了小河边。只见鸭子们纷纷跳入水中捉起了小鱼，又吃又笑，公鸡也毫不犹豫地跳到了河里，不但没有吃到鱼，而且差点淹死。

从众心理，就像故事中那只公鸡一样，由于对自己认识不清，完全被外界评论所左右。这是一种比较普遍的社会心理和社会现象。通俗地解释就是"人云亦云""随大流"；大家都这么认为，我也就这么认为；大家都这么做，我也就跟着这么做。而对于每一位学生来说，我们都应该克服从众心理，在决定从事什么职业，去哪家公司时，不要盲目随大流，乱“扎堆”，更不能老用别人的眼光定位自己要找的工作。因为工作要靠自己去干，自己的路要自己把握。

学生处于人格逐渐完善和成熟的阶段，更容易陷入“从众”心理的怪圈，受社会思潮和社会观念的影响，表现在就业过程中主要有：宁愿放弃所学专业，留在经济发达地区和中心城市打工，也不愿去经济落后但有发展潜力、急需专业人才的地方发展；一味追求所谓的热门单位、热门职业，没有从职业发展、自身特点、自身能力和社会需要方面去考虑等。

（三）盲目攀比

盲目攀比在学生求职过程中是普遍存在的怕苦心理，一是择业标准是“三高”，即起点高、薪水高、职位高，二是不从自身实际条件出发，与同学攀比，缺乏择业定向。

案例

从前，有一位富足的波斯人，他拥有大片的兰花花园、稻谷良田和繁盛的园林。有一天，一位他曾经救助过的农夫前来拜访他，并向他讲述了自己因为发现钻石而从穷人变成富翁的神奇故事。

送走农夫后的那天晚上，波斯人就变成了一个穷人——不是因为他失去了一切，而是因为他开始变得不满足。他想：“我也要拥有一座钻石矿。”因此，他整夜难以入眠，第二天一大早就跑去询问别人在什么地方可以找到钻石。于是他卖掉了农场，将利息收回，把家交给了一位邻居照看，然后就出发去寻找钻石了。

他先是前往月亮山区寻找，接着又流浪到了欧洲，后来他身上带的钱全部花光了，衣服又脏又破。最后，这位历经沧桑、痛苦万分的可怜人怀揣着那位农夫所激起的得到庞大财富的诱惑，将自己投入了迎面而来的巨浪中，结束了自己的生命，从此永沉海底。

几十年后的一天，当波斯人的继承人牵着他的骆驼到花园里去饮水时，突然发现，在那浅浅的溪底白沙中闪烁着一道奇异的光芒，他伸手摸去，摸起了一块黑石头，石头上有一处闪亮的地方，发出彩虹般美丽的色彩。他把这块奇异的石头拿给有经验的人看，当别人看到这块石头时，惊奇地叫道：“这是一颗钻石！这是一颗钻石！”

于是，他兴奋地奔向花园，用手捧起河底的白沙，发现了许多比第一颗更漂亮、更有价值的钻石。

就像故事中的波斯人一样，一些年轻人不能清晰地意识到，自己手头的平凡工作就是一座宝贵的钻石矿，只要好好挖掘，全力以赴地做好目前所做的工作，就能找到属于自己的钻石，包括职位的晋升和财富的增加。

毕业生在选择单位时，往往是拿自己身边同学的就业标准来定位自己的就业标准，从而导致不同程度的攀比心理。表现在就业过程中主要有：忽视自身特点，对自我缺乏客观正确的分析，不从自身实际出发，不考虑所选单位是否适合自己。而是与同学攀比，过多地把注意力集中在他人的就业取向上，自己的既定目标受到他人的干扰，特别是看到与自己成绩、能力差不多的同学找到了令人羡慕的工作、获得客观的收入时，觉得自己找不到理想职业，很没面子。常常会出现“他都能找到那样的工作，凭什么我不能”的心理。为了获得心理上的平衡，将自己就业的目标定位过高，其结果是高不成、低不就，陷入苦恼中。

要克服攀比心理，就应该像克服从众心理一样，从职业发展、自身特点、能力和社会需要去考虑最适合自己的工作。

（四）自卑心理

自卑产生的原因很多，有主观的、环境的、家庭的、社会的等原因，但主要还是心理因素造成的。比如：在择业中总是自己拿不定主意，过分退缩，对自己能胜任的工作，也不敢说“行”，总是说“试试看”，显得很没有自信心等。车尔尼雪夫斯基有句名言：“假如一个人总想着‘我办不到’，那他必然办不到。”

课堂分享

老师在黑板上挂了一张“画”，白纸上画了一个黑色圆点。

“你们看见了什么？”老师问。

全班学生一起回答：“一个黑点。”

老师说：“只说对了极少一部分，画中最大的部分是空白。只见小，不见大，就会束缚我们的思考力。成千上万的人不能突破自己，原因正在这里。”

自卑就是你把别人看得比自己好。如果换一个角度来理解，自卑就是你有一个消极的自我形象，你在心理上觉得自己比别人差。我们不喜欢“自卑”这个词，但许多学生都有某种程度的自卑心理，有时候可能因为自己长得不如别人，因为自己穿着不好，因为学习和工作不够出色，因为没有自己的爱好和特长，因为自己学校的牌子不如别人的……

【讨论】

作为一名中职生，我们应该如何克服自卑心理？

对很多人而言，自卑就像站在太阳底下的影子，总是如影随形，时刻影响着毕业生的心理和行为。一旦他们因为自卑而有了一个糟糕的自我形象，就如同在黑暗中照镜子，总感到这个世界对自己是那么灰暗无光。表现在就业过程中主要有：对自己缺乏信心，过于拘谨，缩手缩脚，优柔寡断，不能向用人单位充分展示自我，从而坐失良机；更有甚者，悲观失望，抑郁孤僻，觉得自己事事不如他人，不敢参与就业竞争。

（五）害怕失败

犹太民族是一个坚强的民族，他们纪念胜利的日子，同时也纪念败北屈辱的日子。几乎所有的犹太人都相信一点：只要记住失败的那一天，就会产生出强大的力量。他们甚至认为，失败比成功还要珍贵。因为失败会使人紧张，使人警戒，是一个很好的老师。自古至今不可能有从来没有失败过的人，失败是使人走向成功的必经之路。

案例

瑞典化学家塞夫斯特伦在1830年发现了一种新的化学元素——钒。

其实，当初和他一起研究的还有他的好朋友维勒，可是维勒受不了一再失败的打击，所以中途退出了研究，而塞夫斯特伦继续坚持，最后终于获得成功。

在发表这个重大发现的时候，塞夫斯特伦以轻松风趣的笔调，像童话般地写道："在宇宙的极光里面，住着一位漂亮又可爱的女神。有一天，有人来敲女神的门，因为女神正在忙，所以没有开门。女神正等着那个人再来敲门，可是这个人只敲了一次，就离开了女神的家。女神心想：这个匆匆忙忙的冒失鬼，一定是维勒！其实，如果维勒再敲一下，不就可以见到女神了吗？"

"过了几天，又有人来敲女神的门。这个人很固执，一次敲不开，就一直继续地敲下去，最后女神终于开了门，发现是塞夫斯特伦。塞夫斯特伦见到了女神，钒就因此被发现了。"

人生之路，一帆风顺者少，曲折坎坷者多。世界充满了成功的机遇，也充满了失败的可能。而成功正是由无数次失败构成的，正如故事中不断敲女神之门的塞夫斯特伦。所以我们应随时做好迎接失败的心理准备，不断提高自我应付挫折与干扰的能力，调整自己，增强社会适应力，坚信失败乃成功之母。毕业生在就业过程中的一个普遍心态就是害怕失败，自信心不足。特别是上门自荐，应聘面试，总是忐忑不安，害怕自己的一个疏忽或失误导致求职失败。部分女生及性格内向或有生理缺陷的毕业生往往表现得尤为突出。表现在就业过程中主要有：经历失败后总是忧心忡忡，对用人单位的诸如笔试、面试等程序胆怯心虚，产生回避心理，失去自信心，不会正确认识自己的优势，往往不能适当地向用人单位展示自己的专长，造成其素质和能力水平得不到应有的发挥。在众多的竞争者面前自我设限，错失良机，从而严重影响了就业。

（六）失落心理

失落心理是人经受了挫折或者失败后，感到事事不如人，事事不如意，对事业、对生活失去以往的兴趣与追求，内心有一种说不出来的滋味，莫名其妙地产生了焦虑、烦躁不安、难过等不良心理倾向。

案例

小燕是一个性格比较内向的女生，在学校时学习非常认真，各项成绩都不错，还是管理系学习部部长。随着毕业的临近，她也开始为自己的工作忙碌起来，每次有单位来学校招聘，她都积极去面试，可是每次都是空手而归，看着别的同学都找到了工作，甚至有些成绩比她差的也都找到了工作，小燕心里不禁酸溜溜地。于是本来性格就较内向的她变得越来越自闭，不愿意和别人打交道，更不用说去参加面试了。

有时候求职者对用人单位的等待，久久没有结果，显得失落；有时候求职期望与现实所得相差太远，显得失落；有时候求职未成，反受欺诈，显得失落。一旦失落降临，我们就会体验到不安、不悦、忧郁、无精打采，甚至变得愤怒和不可理喻。表现在就业过程中，不仅影响就业者个体的身心健康，而且也影响学生的整体形象，增加就业障碍。

中职生就业前要摆正心态，做好以下几点准备：

（1）熟悉自己所在专业对应的职业群，了解本专业需要考取的职业资格证书；

（2）主动关注国家的产业政策动向、劳动就业政策变化、区域的经济发展情况、社会发展状况等方面的信息，并做出理性的分析及准确的判断；

（3）关注学校往届毕业生的就业情况，特别是本专业这几年的毕业生的职业发展情况，对自己的情况有理性的预测；

（4）通过网络、自媒体、校企招聘会等途径了解招聘信息，增加求职通道，提高就业成功率。

二、了解毕业生择业心理调适方法

毕业生要做到控制自己的心境、自觉地调整内在的不平衡心理、增强心理素质、保持乐观向上的情绪，就需要不断地对自己进行心理调适。下面介绍几种常用的心理调适方法，以便毕业生根据自己的实际情况有选择地加以使用。

（一）自我激励法

自我激励法主要是指用生活中的哲理、榜样的事迹或明智的思想观念来激励自己，同各种不良情绪做斗争，坚信未来是美好的，因为失败、挫折已经成为过去，要勇敢地面对下一次，尽可能地把不可以预料的事当成预料之中的，即使遇到意外事件或择业受挫，也要鼓励自己不要惊慌失措、冲动、急躁，而是开动脑筋、冷静思考、寻找对策。学生在择业过程中，要相信自己的实力，通过自我激励来增强自信心，消除自卑感，保持良好的情绪和心态。

（二）注意转移法

注意转移法即把注意力从消极情绪转移到积极情绪上。当不良情绪出现时，可以采取转移注意力的方法寻找一个新的刺激，激活新的兴奋中心以抵消或冲淡原来的兴奋中心，使不良情绪逐渐消失。如：听听音乐，参加体育运动，自我娱乐，接受大自然的熏陶，参加有兴趣的活动等，使自己没有时间沉浸在因各种原因引起的不良情绪反应中，以求得心理平稳。

（三）适度宣泄法

当遇到各种矛盾冲突而引起不良情绪时，应尽早进行自我调整或适度宣泄，使压抑的心境得到缓解和改善。宣泄的较好方法是向挚友、师长倾诉你的忧愁、苦闷，使不良情绪得到疏导。在倾诉烦恼的过程中，可以获得更多的情感支持和理解，获得认识和解决问题的新思路，增强克服困难的信心。也可通过打球、爬山等运动量较大的活动，消除压抑心理，恢复心理平衡，但应注意场合、身份、气氛，注意适度，宣泄应是无破坏性的。

（四）自我安慰法

自我安慰法又称自我慰藉法，关键是自我忍耐。在择业的过程中，学生常常会遇到挫折，当经过主观努力仍无法回避时，可适当进行自我安慰以缓解内心的矛盾冲突，解除焦虑、抑郁、烦恼和失望的情绪，这样有助于保持心理稳定。在因受挫而烦恼时，可用“亡羊补牢，犹未为晚”“塞翁失马，焉知非福”等话语来自我安慰，解脱烦恼。

（五）合理情绪疗法

合理情绪疗法认为，人之所以受不良情绪所困扰是由于不正确的认知，即非理性信念造成的，因此，通过认知纠正，以合理的思维方式代替不合理的思维方式，就可以最大限度地减少不合理的信念给人们的情绪带来的不良影响。例如，有的学生择业不顺利就怨天尤人，认为“人才市场提供的岗位太少”“用人单位要求太高”，其原因就在于他只从客观上找原因，认为“学生择业应当是顺利的”“社会应该为学生提供充足的岗位”等。正是由于这些不正确的认知造成了他的不良情绪，而这种不良情绪恰恰来自他自己。所以，如果能改变这些不切实际的观念，调整自己的认知，不良情绪就能得到克服。学生运用合理情绪疗法时要把握三点：第一，要认识到不良情绪不是源于外界，而是由于自己的非理性信念造成的；第二，不良情绪得不到缓解是因为自己仍保持过去的非理性信念；第三，只有改变自己的非理性信念，才能消除不良情绪。

自我调适的方法还有很多，如环境调节法、自我静思法、广交朋友法、松弛练习法、幽默疗法等。这都是应变的一些方法，但最主要的是学生要树立正确的择业观，对择业要充满信心，要注意磨炼自己的意志，培养乐观豁达的心态，不要惧怕困难、挫折，要始终保持积极向上的精神状态和健康的心理。

课堂分享

请同学们回忆近一个月以来，你遇到的关于学业、人际、亲子、就业、升学等方面的困惑而引发的情绪波动，当你学完这一节的内容之后，你会运用哪一种心理调适方法来调整自己的状态，并写下你会使用的改善这种情况的具体方法。请按照下面这种格式写下3组你所经历的事件、所使用的心理调适方法和将会采取的具体做法。

【讨论】

1. 事件：______

心理调适方法：______

具体做法：______

2. 事件：______

心理调适方法：______

具体做法：______

3. 事件：______

心理调适方法：______

具体做法：______

三、做好从学生到职业人的角色转换

决定求职与择业的成功与否有很多因素，但其中最主要的因素是求职者的知识与能力。随着时代和社会的进步，人们对人力资源的开发越来越重视，现代企业已经把人力资源开发当作企业的三大部门之一（财务、销售和人力资源开发）。近年来，用人单位在挑选人才时，对应聘者的科学文化水平和知识结构的要求越来越高。

一个人科学文化水平的高低，知识结构是否合理，决定其在求职择业时的成功率和相应的职位层次。要想今后在社会上有所作为，学生应该在入学时就确定今后就业的目标，自觉地把学习同今后的就业紧密地联系起来，建立起合理的知识结构，培养科学的思维方式，提高自己的实用技能，以适应将来在社会上从事职业岗位的要求。

（一）结构合理的理论知识

知识结构是指一个人经过专门学习培训后所拥有的知识体系的构成情况与结合方式。合理的知识结构是担任现代社会职业岗位的必要条件，是人才成长的基础。现代社会的职业岗位所需要的是，知识结构合理、能根据当今社会的发展和职业的具体要求，将自己所学到的各类知识，科学地组合起来以适应社会要求的人才。因此毕业生应该充分认识知识结构在求职择业中的重要作用，根据现代社会的发展需要塑造自己、发展自己，建立起合理的知识结构，使之适应现代社会就业的要求。

知识拓展

现代知识结构的几种模式

人才成长离不开教育，教育是成才的基础，也是建立现代知识结构的重要途径。当今对人才的知识结构主要提出三种模式。

1. 蜘蛛网型知识结构（复合型人才知识结构）

蜘蛛网型知识结构是以所学的专业知识为中心，以与所学专业相近的并有较大相互作用的知识作为网状连接的“蜘蛛网”。这种知识结构，是以自己的专业知识作为“中心点”，与其他相近的、作用较大的知识作为网络的“纽结”相互联结，形成一个适应性较大的，能够在较大范围内左右驰骋的知识网。这种蜘蛛网型知识结构的特点是：知识广度与深度的统一，这种人才知识结构呈复合型状态。随着社会生产的高速发展，这种知识结构的人才非常受社会用人单位的欢迎，进入中国市场的外资机构尤其重视此类人才。

2. 幕帘型知识结构

幕帘型知识结构是指一个具体的社会组织对其组织成员在知识结构上有一个总的要求，而作为该组织的个体成员，将依其在组织中所处的层次，在知识结构上又存在一些差异。以一个企业为例，企业对其成员的整体知识结构要求是，具有财会、安全、商业、保险、管理等知识。而对企业中处于不同层次的个人来说，要求掌握上述知识的比例是截然不同的，从而组成各自不同的知识结构。这种知识结构强调个体知识结构与组织整体知识结构的有机结合，它对于求职者的启示是，在求职择业的过程中，不但要注意所选职业类型在整体上对求职者的知识结构的要求，同时还要了解所选职业岗位在社会组织中的位置及具体层次，以此来调整自己的知识结构，增强就业后的适应性。

3. 宝塔型知识结构

宝塔型知识结构形如宝塔，包括基本理论知识、专业基础知识、专业知识、学科知识、学科前沿知识。基本理论、基础知识为宝塔型底部，学科前沿知识为高峰塔顶。这种知识结构的特点是强调基本理论、基础知识的宽厚扎实、专业知识的精深，把所具备的知识集中于主攻目标上，有利于迅速接通学科前沿。

（二）培养适应职业需要的实践能力

走出校门的毕业生，虽然有了一定的知识积累，但并不等于有了各类职业岗位所需要的应用能力。知识不能和应用能力完全画等号，所以学生在完成学习任务的情况下，应争取多培养一些社会需要的实际应用能力。

在现代社会中，社会上各类职业岗位，对从事本行业岗位工作人员的要求是，除具有一定的知识结构和从事本行业岗位的专业能力外，同时还须具备一些共同的基本能力。主要有以下几种能力。

1. 决策能力

决策是人类社会活动的一个重要环节，决策涉及各个领域，涉及社会的所有人，大到国家的政治、经济、军事、文化等，小到家庭、个人的打算。所谓决策能力，就是对未来实现目标的决断和选择的能力。良好的决策能力可以对实现目标的手段做出最佳选择，人们的决策过程是一种活动的思维过程，其中心环节是选择，要对各种方案做出优劣判断并进行取舍。对于即将毕业的学生来说，选择何种职业走向社会，是人生的一个转折点。面临求职择业，何去何从，是对自己决策能力的一个检验。因此，平时训练和培养自己的决策能力是十分重要的，培养决策能力要从小事做起，不要事事让别人拿主意，要养成多谋善断的习惯，才能不断地提高自己的决策能力。

2. 创造能力

创造能力是指人们在改造自然和改造社会的活动中所具有的发明创造能力。能力人人皆有，只是水平高低、作用不同而已。只有那些思维敏锐和富有创新精神，能在自然和社会发展中的难题、新问题面前充分发挥其创造才能去解决问题的人，才称得上创造性人才。培养创造能力必须做到：一要有远大的奋斗目标；二要有强烈的创造欲望；三要有批判继承和开拓创新的精神；四要有坚定的意志和顽强的毅力。批判继承性和思维独立性的统一，是创造能力必备的思维方法。

3. 社会交际能力

社会交际能力就是人通过语言和非语言符号与他人传递思想感情与信息的能力。在现代社会，培养良好的社交能力是一个人事业成功的重要条件。古人曾把个人与众人的关系比作“船和水”，这个比喻是恰当的。在社会上从事各项工作都要有一定的交际能力，许多事业成功者都是借助于良好的人际关系，促使自己的事业成功的。

积极参加社会活动是提高交际能力的基本途径，还要不断提高自己的交往技巧，以使别人能准确、完整地接受你的正确思想。

4. 操作能力

操作能力是专业工作者必须具备的一种实践能力。在一切社会活动中，尤其是教学、科研和生产第一线，没有熟练的操作能力是很难胜任的。操作能力包括四个方面：一是迅速性；二是准确性；三是协调性；四是灵活性。学生为了提高自己的操作能力，应该多看、多练，才有可能提高自己动手操作的技巧和能力。

5. 组织管理能力

组织管理能力是指成功地运用管理者的知识和能力影响机构的活动，并达到最佳的工作目标。组织管理水平的高低，已经成为一项工作、一个部门、一个单位工作好坏的重要因素。尽管不是每个毕业生走上社会后，会从事组织管理工作，但每个人将会在工作中不同程度地需要运用组织管理能力。现代社会表明，组织管理能力不仅领导干部、管理人员要有，其他专业技术人员也应当具备。现代科学技术已经综合化、社会化，协作趋势日益加强，如果没有一定的组织协调能力，专业技术工作也是不能完成的。

（三）适应变化的自我发展能力

适应能力是指人为了在社会上更好地生存而进行的心理、生理以及行为上的各种适应性的改变，与社会达到和谐状态的一种执行适应能力。现代社会是复杂多变的，要适应这种多变的状况，保证自己从学校到社会的顺利过渡，学生应该提高自己的社会适应能力。学校教育是基础教育、通才教育。走上具体工作岗位以后，有些知识用不上，有些知识不够用，有的要从头学起，这就需要刚走上社会的毕业生，根据工作的需要去调整自己的知识结构、能力结构以及行为方式，尽快地培养自己适应社会的应变能力。

要顺利完成从学校到社会的转变，仅仅具备一定的适应能力还是远远不够的。因为现实生活是复杂多变、异彩纷呈的，有些事情会不如人意，所以学生要主动地适应社会。适者生存，生存是为了发展。学生在走上社会以后，应随时注意挖掘自身的潜在能力，以提高自己的竞争能力。那么应该怎样来开发自己的潜在能力呢？一般认为有以下三种方法。

1. 打破陈规旧习

传统观念会束缚人们的思想，“灌输式”的教育也会阻碍人们激发求知欲望。如果想提高自己的能力，挖掘更大的潜力，就要破除限制自身发展的陈规旧习，让新的经验和信息输入大脑。

2. 自我肯定法

假如你完成了一件了不起的工作，或者工作做出了相当不错的成绩，但是没有得到你的主管和上级的表扬，这时只要你自己认为不错，你就肯定它，确认自己的高质量和创造性。

3. 树立信心法

牛顿、巴尔扎克、雨果及黑格尔等名人，小的时候，都被认为是不太聪明的，但他们后来都成为某个领域世界有名的大师。他们的潜能是后天才开发出来的。由此可见，要想发挥自己的潜能，就要相信自己是有能力的，这样才能通过自身的努力将能力充分地发掘出来。

（四）特殊技能的准备

随着社会主义市场经济体制的建立和不断完善，人才评价也逐步向社会化、客观化、公平化、国际化过渡。专业技术人员资格考试作为专业技术人员评聘专业技术职务和执业的条件。对于提高专业技术队伍素质、促进人才合理流动起到了积极的作用，并日益为广大专业技术人员和用人单位所接受。拥有相关专业技术资格已成为当今求职择业的有利条件之一，各种各样的证书及反映自己能力的材料被学生们形象地称为“护照”。

课堂活动

中职生就业前的自我定位

中职生就业前需要对自我的真实情况进行全面的分析，根据自己的专业特点，结合自身的兴趣、性格、能力、价值观念、不足之处等方面进行全面的分析，以此来完成职业的自我定位。请同学们根据自己的实际情况来做一个自我定位，填表3-1，以便更好地实现求职过程中的人职匹配。

表3-1　中职生自我定位

要点	具体情况	备注
兴趣		
性格		
能力		
价值观念		
个人优点		
个人不足		
个人机遇		
个人挑战		
改进措施		

知行合一

同学们，即将毕业的你，或许面临着种种心理困惑；或许缺乏调整心态的实用技巧；或许你尚未做好从“学生”到“员工”的心理准备。而这些，都是我们的学长学姐们曾经经历的心路历程。请同学们以小组为单位，将你们心中的疑问汇总，列成采访的提纲，填入表3-2中，联系好优秀校友，向他们虚心请教吧！

表3-2　拟定采访提纲

采访目的	
采访时间	
采访地点	
采访工具	
采访问题	

第二节 疾风知劲草——职场心理调适

一、学会分析初进职场面临的压力

当你从校园生活踏入职场生活，可能会因为环境的改变而不适应，也可能会因工作中遇到的问题而产生很多负面情绪，复杂的人际关系也有可能时刻困扰着你，这种种的压力都会压得你喘不过气，如果不能正确分析与处理面临的职场压力，长此下来，会对自我的身心健康产生不良的影响，因此，学会分析、化解工作中遇到的压力十分重要。

（一）专业知识匮乏

你找的工作可能跟所学的专业相关，但是进入职场之后，或许不少技能需要重新学，毕竟在校期间主要学习思考模式，而职场上基本所有的技能都是为了解决实际问题。

有的毕业生找到的工作与自己所学的专业不同，根本无从下手，只好从零开始摸索，工作上压力在所难免。

（二）人际关系处理不善

新人不容易融入新的人际关系中，新环境、新的人际关系，再加上人际关系相对复杂，这时处理关系的能力就成为职场新人的第二个压力。

（三）适应环境的压力

初入职场，身份角色从学生转变为社会人，一方面要适应社会角色的转变，另一方面还需要面对来自陌生环境的压力。如今越来越多的年轻人前往其他城市或其他国家求职，更是需要适应新城市的环境，包括交通、生活节奏、公司文化等。如果不能及时调整心态，就会产生环境适应方面的问题。

（四）生活压力

初入职场，工作薪资等往往都处于起步阶段。如果在异地求职，还要面临房租、水电、交通等众多名目的支出。对于大部分刚入职的新人来说，也会产生很大的压力。但是只要踏实努力，一步步往更好的方向提升自己，那么职场新人也会慢慢具备对抗这些压力的能力和方法。

（五）理想与现实的落差

很多学生认为职场就是自己想象中美好的样子，幻想自己可以改变社会，然而这不太可能。不得不承认，很多人终其一生可能只是一个螺丝钉，而且想干一番事业但在公司里未必能做成。公司的发展不以个人的意志为转移，而且即使是简单的工作环境，可能与你的理想也相去甚远。

职场压力是职场新人必须面对的一个问题，我们应了解这些压力的来源，从而正面迎接挑战。

课堂活动

1. 请每位同学在纸条上写下最近一段时间自己遇到的压力事件，不记名，折好纸条收集上来，放入一纸盒中。

2. 从纸盒中抽出一张纸条，在全班宣读，请大家一起帮助分析这位同学的压力，可以有哪些应对方式？

二、找寻应对职场压力的方法

所谓压力管理，是指个体针对可预见的压力源进行必要的干预，维护身心健康，提高处理问题的效率，保证学习和生活目标顺利实现的管理活动。压力应对具有事后性和被动性，而压力管理则带有一定程度的主动性和积极性特征。

（一）构建自己的社会支持系统

心理研究表明，良好的个人社会支持系统可以很快帮助人摆脱困境的束缚，帮助人从痛苦的深渊中走出来。良好的个人社会支持系统是指个人在社会网络中所获得的来自他人的物质和精神上的双重支持，而来自精神方面的支持最重要。当一个人独自面对巨大的职场压力时，其应激反应的消极作用会非常大，而要想不在压力面前孤立无助，应构建自己的社会支持系统，这其中包括自己的亲人、朋友、同学、老师等。社会支持系统可以在你需要的时候给你情感安慰、行动建议，帮你渡过难关。强大的社会支持让你在面对压力时不再感到孤立无援，可以迅速恢复信心和勇气来面对挑战，解决问题。

构建社会支持系统，首先要做到尊重他人，只有尊重他人的人，才能获得他人的友谊，也才可能获得帮助。其次要扩大社会交往面，结识更多的朋友，让你的同学成为你亲密的朋友；让你的老师或者其他长者，在你遇到困难时帮你客观地分析问题并提供相应的建议。最后需要向亲人、朋友和老师敞开你的心扉。不要担心这样做会遭到嘲笑，这样做只会让他们感到被信任，你也能得到最大的帮助。

（二）觉察和调整自己的生理状态

生理状态是压力最直接的指标。要想有效管理压力，要有压力意识，要能觉察压力的信号。人在应激状态下，会本能地驱动机体的防御机制。有效的压力管理，需要我们建立一个应对压力，尤其是应对那些慢性压力的预警机制。

有意识地觉知自身的紧张、焦虑等情绪状态。当处于应激状态时，自己的生理和情绪会有什么样的不适反应？记录自己的这些压力反应，然后锁定这些反应指标，以后每当产生这些不适反应时，便对自己发出警告。我们要对压力时刻保持着必要的警惕，学会控制自己的不良生理反应，比如心跳、呼吸、血压等。

（三）减轻和消除自己的心理负累

应激，即便是本能反应，也足以使我们身心疲惫。我们必须卸掉心中因压力而产生的紧张和焦虑。因为持续性的压力累积效应，会让我们垮掉。消除心理负累的方法有以下几种。

1. 理性辨析和积极归因

找来纸笔，将自己面临的核心问题写下来，接下来围绕这个问题逐步回答：这个问题是如何产生的？这个问题真的与我有关吗？这个问题真的不能解决吗？通过如此反复逐层深入的自我辨析，理清问题的症结所在，从而减轻对压力情景的模糊认识及因夸大威胁而产生的焦虑。

2. 户外体验或者健身活动

可以报名或者与同学、朋友一起进行一次户外旅行或者健身活动。这同样可以有意识地控制和调节自己的身心活动，以降低机体唤醒水平，调整因紧张而紊乱的身心功能，从而使机体内环境保持平衡与稳定。

3. 阅读书籍，汲取榜样力量

当我们面对职场上的一些压力感到不知所措时，可以从榜样或优秀的同行身上寻找力量。很多杰出人物都经历过无数的挫折与巨大的压力，那么他们是怎么做的？我们可以去看看他们的传记。

4. 寻求专业人士的帮助

如果上述方式都无济于事，那么，是时候寻求专业人士的帮助了。可以进行心理咨询，让专业人士引导自己排除压力。

小贴士

改善生活的小点子

- 让事情简单。
- 试着打开自己的心去爱。
- 花更多时间和朋友聚聚。
- 有更多的旅行。
- 学会唱歌。
- 学会感恩生活。试着去做好吃的食物。

- 多一些温暖友情。
- 高兴地分享朋友的消息，和朋友一起追求共同的目标。
- 尝试着去行动，明确自己的想法。
- 激励自己不断努力。

课堂分享

白岩松：面对压力，学会关门

鲁豫采访白岩松，问："面对高强度的工作压力，你如何应对？"白岩松道出了他的秘诀："学会关门。"

平时在电视上看到的白岩松，不苟言笑，一本正经，用他那富有磁性的嗓音分析着各种各样的时事问题，从暴风雪到大地震，从农村改革到医改。关于白岩松的话题也很多，有反对抵制家乐福而被骂成卖国贼、汉奸的，有写了篇血性文章而被称作民族脊梁的。

白岩松说，新闻主持人这个行业就是绞肉机、名利场，一个公众人物在大众的视线里可以很快成为"民族脊梁"，也可能一下子成为"卖国贼"。在这样的环境中，作为主持人就要学会关门。如果不能把这些问题看淡，天天活在别人的舌头里将是件可怕的事。如果没有一扇"门"把自己关上，什么都别想干……于是他在某段新闻结束后，会把与工作有关的一切都关掉。关上"门"之后，外面的一切都和自己没有关系。工作一完，心门一关，又是另外一个世界。工作时间，可以懊恼，可以得意，工作一旦结束，关上"门"，放自己回到生活中，做回自己，干自己想干的事，逛街、旅游、看电影、喝咖啡……白岩松说话直率，一针见血，得罪的人也多，他能够顶住外面的流言蜚语，生活得潇洒，正是因为他懂得关"门"。

【讨论】

白岩松面对压力是如何做到"关门"的？

三、学会训练职场抗挫能力

挫折可以使人沉沦，也可以使人猛醒和奋起。心态的力量是巨大的，关键在于受到挫折时，能从失败中吸取教训，能发现自己的优点和长处，从而振作精神，重新站立起来。

案例

韩信是一位叱咤风云的战将，为汉王朝的建立立下了赫赫战功。这位盖世英豪早年却忍受了不少侮辱。

韩信本为淮阴人，出身贫寒。他既不能被推举做官吏，又不会从事生产或者做生意赚钱，他常到熟人家里去蹭吃蹭喝，因而这些人家都不喜欢他。

当时，淮阴城有个年轻屠户很看不起韩信，他轻蔑地对韩信说："别看你身材高大，又喜欢带刀佩剑，其实你是个胆小鬼！"韩信不予搭理。那年轻屠户又当众侮辱他说："你怎么不吭声呢？难道你不承认吗？如果你不是胆小鬼，就刺我一刀；要是你不敢刺我，那就承认你是胆小鬼，从我的胯下爬过去吧！"韩信看了这个屠户好一会儿，居然低头俯身从他的胯下爬了过去。屠户哈哈大笑，满街的人也都嘲笑韩信，认为他胆小怕事。

后来，项梁率兵起义，韩信拔剑追随，但一直没有名气，只做到郎中官。他多次向项羽献计都没有被采纳。当汉王刘邦率兵进入蜀地之时，韩信从楚军中逃出来投奔了汉军。开始仍然没有得到重用，只做了一个管理粮仓的小官。后来韩信得到萧何的赏识，被萧何全力保举给刘邦当了一员大将，从此一举成名，为刘邦打下了半壁江山。

刘邦在垓下会战彻底打败项羽后，封韩信为楚王。韩信到达封地，找到当年曾分给他饭吃的那位老大娘，送给她黄金一千两作为报答。又找到曾经的亭长，只给了他一百钱，对他说："你是个小人，做好事有始无终。"最后，他招来那位曾让他受到胯下之辱的屠户，不但没有杀他，反而任命他为军官，并对将领们说："当初他侮辱我时，难道我真的不敢杀他吗？不是的。但我杀了他就不能实现自己的抱负了，所以我选择了忍辱。我真该谢谢他啊，他磨炼了我的意志！"

韩信的心理承受能力确实令人赞叹，一个人遭遇挫折仍能够坚持自己的理想，说明这个人的心理承受力很强。一个人历经艰辛，遇到的挫折比较多，那么他对挫折的承受能力也会随之增强。一次次挫折及相应的应对，日积月累，形成了以后他对挫折的应对策略与心理准备，在逆境中促进自己不断成长。

挫折的发生不可避免，但是，这并不意味着我们面对挫折无能为力。相反，能否正确看待挫折，并有意识地培养和锻炼自己的挫折耐受力，关系着毕业生今后的人生幸福和事业成败。因此，采取积极的态度应对挫折是非常必要的。

（一）端正认识，直面人生挫折

当代学生一般都得到父母的格外照顾和宠爱，有时容易滋生一种盲目的优越感，这种态度在学生的人际交往中表现得尤其明显。对从小生活条件优越且较少经历挫折的学生而言，如何正确地面对人生的曲折并深刻体会社会的复杂，是需要首先解决的问题。

挫折尽管让我们难受，使我们的学习和发展受阻，但是它同时又是人生的宝贵财富，是促使我们成长的必要条件。认识到这一点，我们才有勇气和信心去面对挫折。没有挫折的人生是苍白虚幻的人生；不经历挫折的磨炼，也就无法体验到成功的喜悦和人生的幸福。任何人都不可能避免挫折，挫折是促进学生成长的积极因素，它可以磨砺我们的意志、丰富我们的经验、提升我们的能力。

（二）修身养性，提高心理素质

客观环境和条件的变化，不以个人的主观意愿为转移。我们原来设想好的职场目标，往往因为一些客观条件而达不到。面对意外情况必须及时调整自己的心态和目标以适应这种改变。这种适应和调整，可以通过降低自我期望和改变行为目标而实现。因为较高的自我预期和行为目标会导致较强的挫折感，而较低的自我期望和行为目标则会形成较弱的挫折感。

遇到挫折即有情绪和行为反应是人之常情，但是并不是任何反应都有利于事情的发展，当我们不能马上控制和解决所面临的挫折情境时，忍耐就成为一种必要的策略。当我们还不清楚事情的前因后果，没有充分掌握相关信息时，冲动很可能造成误会和不可弥补的伤害；当挫折较大，我们尚不能控制时，不满和愤怒的反应将不利于事情的解决。

（三）平心静气，改善社会关系

人总是生活在现实的社会关系网络之中。当我们在职场环境中遇到挫折时，既要充分利用社会关系以寻求社会支持，也要主动改变不利的社会关系。学生所遇到的很多职场挫折，很大程度上是因为目标和预期过高。当现实条件不能满足我们的需求时，挫折就不可避免地出现了。为此，在制订行为目标的时候，要尽可能地遵循现实的原则，不可好高骛远。当挫折出现时，应及时调整目标，降低期望，从而避免较大的心理失衡。

为了顺利达成自己的行为目标，在制订自己的职场目标时，一方面需要考虑的是必须兼顾他人的权益，至少以不损害他人的利益为前提；另一方面围绕着行为目标，要尽可能考虑周全其所涉及的所有关系，事先处理好各种关系，尤其是不友好关系，以保证目标过程的顺利进行。

（四）积极奋斗，改变客观条件

学生在行动之前往往缺乏系统考虑，所以也往往容易遇到自己没有预想到的困难。这就需要学生在确定行动目标时，全面考虑各方面的条件，特别是要充分发挥自己的创造力和能动性，主动创造良好的外部环境条件，以保证行动目标顺利实现。如果不系统分析目标达成所要经过的阶段，以及各阶段所需要的条件，以便事先予以安排和开展必要的工作，则可能会遇到障碍，遭受挫折。

另外，挫折的本质在于人性意志的不自由。我们要善于摆脱一些不合理的束缚，或者与不利的环境条件抗争。面对各种挫折，学生需要具有同命运抗争的勇气和精神，自觉改善自身发展的环境条件。

课堂活动

心理游戏体验：进化论

1. 介绍游戏规则。用肢体语言代表小鸡成长过程的“蛋——刚出壳的小鸡——单腿鸡——鸡”4个阶段（蹲着是鸡蛋；半蹲并双手达成塔尖状的是小鸡；单腿直立的是半成年鸡或叫单腿鸡；双腿直立的是成年鸡。为了使大家产生更直观的认识，可以请4名同学做示范）。

2. 所有同学抱膝蹲下围成一圈，做“蛋”状，用剪子包子锤两两对决，胜利的成长一级，失败的后退一级（如小鸡赢了就长成了半成年鸡，输了就退回到鸡蛋；鸡蛋输了还是鸡蛋）。长成成年鸡后退到边上观看别人的成长。在成长的过程中，每个人根据其他人肢体语言表现的成长状态，寻找和自己同一阶段的进行剪子包子锤两两对决，胜利的成长，失败的后退。

3. 等场上变成“鸡”的同学达到一定比例之后喊停，请一直在蛋的状态和变成单腿鸡以后又退回蛋的同学，以及最终变成鸡的3类同学代表谈谈体会。

知行合一

我的压力指数

一、测试说明

你的压力有多少？程度如何？请回想最近这一个月或更长一段时间以来，自己是否有以下描述的情形。如果有符合的情形，记录下来，每题1分，最后统计总分数。

1. 比以前更觉得容易头晕、脑袋昏沉。
2. 眼睛比以前更容易疲劳、视力模糊。
3. 有时会鼻塞，有时鼻子怪怪的。
4. 常感觉站起来时会头晕，而且还会瞬间头晕眼花，站不稳。
5. 有时会耳鸣，但以前并没有此情形。
6. 火气大（嘴破、长痘子）的情形比以前更容易发生。
7. 经常喉咙痛或干涩。
8. 常感冒而且不容易好，感觉抵抗力变差了。
9. 舌头经常长白色舌苔，但以前并不会。
10. 以前喜欢吃的东西，现在并不觉得那么想吃，对食物的喜好逐渐改变。

11. 觉得胃里的食物没有被消化，常觉得胃怪怪的。

12. 肚子发胀、疼痛及比以前更常出现腹泻、便秘交替出现的情形。

13. 肩、颈、背部和腰部常感到疼痛或僵硬。

14. 比以前更容易疲劳，而且疲劳好像不大能消除。

15. 体重下降，有时会没有食欲，或反之无食欲性地暴饮暴食。

16. 稍微做点事就立刻感到疲惫或情绪烦躁。

17. 有时早上起床时仍觉得精神差，好像没睡好。

18. 觉得身体生病了却检查不出原因。

19. 对学习提不起劲，注意力也无法集中。

20. 跟以前比起来，夜里难以入睡。

21. 常常做梦，但以前并不会。

22. 半夜常会醒来，然后就不容易睡着了。

23. 常会突然觉得喘不过气来，好像缺氧快死了一样。

24. 有时会有心悸的症状，以前并不会。

25. 有时觉得胸口好像被勒紧般疼痛或闷闷的。

26. 容易为一点小事生气，觉得烦躁不安。

27. 容易迁怒到跟自己亲近的亲友身上。

28. 手脚常觉得冰冷，以前不太会有这种情形。

29. 容易流汗，尤其是手掌及腋下。

30. 大家觉得好笑的事，自己却觉得笑不出来。

31. 不太想与人接触，觉得麻烦，情愿一个人待在家，但以前并不会。

二、评价与分析

0～5分：平常的你应该很快乐！不仅感觉很自在、舒服，也不会有困扰自己的想法，身体状况维持得还不错。想必你是个知道如何调适压力的人，恭喜你！

6～10分：建议改变心情，维持正常生活作息。最近的你在生活上有些令你感到有压力的事情。虽然是小小的事情，不过好像有一点点让你感受到小小的情绪紧张。不过没太大的关系，现代人有轻度的焦虑是正常的现象。你只要多关心一下自己的身体和你在意的事情，想想有什么方法可以解决问题，或找朋友谈谈你的状况，相信可以慢慢让自己感觉舒服。

11～18分：最近的你，是不是生活上有些使你感到有压力的事情，让你感到有点喘不过气来？那种压力，虽然还不是很严重，可似乎开始影响你现在的生活！建议你找朋友聊聊天，或者是找时间去户外走走，或做些会让自己放松和快乐的事情。总之，适当地照顾自己，疏解一下自己的生活压力是很重要的。这样，压力才不会严重地影响你，让你身心受到煎熬。

19～31 分：现在的你，可能会觉得全身都不太对劲，感觉到紧张。而这样的状况，如果只出现在最近这几天还好，如果已经持续好几个月，那么你最好到咨询中心与老师谈谈，或看一些相关的书籍。通过这些，慢慢恢复到平日的正常生活。

素养之窗

殷切期待青年人成长成才

党中央站在确保党和人民事业薪火相传的战略高度，亲切关怀青年成长成才，为做好新时代青年工作指明了前进方向。习近平总书记围绕青年工作发表的一系列重要论述，立意高远，内涵丰富，思想深刻，阐明了新形势下青年工作的重大理论和实践问题，指明了当代青年的历史使命和成长道路，对于准确把握青年工作的基本要求和重点任务，引导青年树立远大理想、热爱伟大祖国、担当时代责任、勇于砥砺奋斗、练就过硬本领、锤炼品德修为，激励和动员广大青年为实现“两个一百年”奋斗目标、实现中华民族伟大复兴的中国梦而勤奋学习、努力工作，具有十分重要的意义。青年是整个社会力量中最积极、最有生气的力量，国家的希望在青年，民族的未来在青年。青年兴则国家兴，青年强则国家强。历史和现实都告诉我们，青年一代有理想、有担当，国家就有前途，民族就有希望，实现我们的发展目标就有源源不断的强大力量。

第四章　就业技能

学习目标

知识目标

了解就业信息的相关内容；
了解求职需要准备的材料；
了解笔试与面试的类型。

能力目标

掌握就业信息的获取渠道；
能够撰写求职相关材料。

素质目标

养成良好的生活习惯；
树立正确职业理想、科学职业观念；
提升职业道德水平。

第一节　一字值千金——就业信息收集

一、了解就业信息的内容与取得渠道

（一）就业信息的内容

就业信息的内容非常广泛，主要包括以下几部分内容。

1. 反映就业市场状况的社会信息

（1）就业有关政策。政府是对社会进行统一管理的权力机构，任何组织、个人都必须服从政府依据法律和法规对整个社会的统一管理。政府的方针、政策和人民代表大会通过的法律等直接关系到组织及个人的发展。如果能了解政策，遵循政策，利用政策提供的条件，那么个人就能受益匪浅；反之，政策不明，或与之抵触，或违反政策都有害于组织及个人的根本利益。因此，毕业生应收集和研究政府的方针、政策。例如，随着教育改革的日益深入及人才招聘制度的不断完善，就业实行“双向选择”，毕业生必须树立“就业靠自己”的新观念，靠坐等是得不到机遇的，只有靠自己去竞争才有机会获得成功。

（2）就业法律法规。党的二十大报告提出，加快建设法治社会。引导全体人民做社会主义法治的忠实崇尚者、自觉遵守者、坚定捍卫者。国家通过法律法规来管理调节和规范组织和个人的活动，排除组织之间的纠纷，制裁违法行为。法律法规既赋予了组织和个人进行各项活动的权利，又赋予了组织和个人同一切侵犯自己合法权益作斗争的有效手段。依法办事，不仅可以取得合法效益，还可以捍卫自己的正当权利，减少损失。由于我国人才市场机制尚不完善，出现了不少违纪犯规的现象，作为毕业生，应清楚地了解就业法律法规，学会用法律来保护自己。目前已出台了这方面的法律有《中华人民共和国劳动法》《中华人民共和国反不正当竞争法》《中华人民共和国劳动合同法》《中华人民共和国就业促进法》《中华人民共和国妇女权益保障法》等。

（3）社会职业状况。社会职业状况包括产业结构、行业结构、职业结构以及社会就业制度与就业政策等方面的基本资料。从整体上了解社会职业状况，无论是对个人职业选择还是对职业指导都有着重要作用。例如，近年来人们一窝蜂地将职业目标投向经济领域，许多人对商业领域的职业知之甚少，不了解这些职业的特点和具体要求，这种盲目择业的现象对个人、对国家都会造成重大损失。造成这种盲目择业现象的原因是多方面的，但对当前社会职业状况不了解，对职业信息了解不全面是最主要的。因此，应该了解产业的分类与结构，产业结构的调整和变化趋势，职业的分类与结构，以及各职业的发展趋势。

2. 供求信息

我国就业方式由过去的统一计划安排逐步转向求职方与供职方双向选择。在这种情况下，供与求两方面信息的掌握就显得尤为重要。

供方信息，即生源情况，主要指当年应届毕业生人数、专业分布情况、地区分布状况、专业设置、教学特色等。对需求单位来讲，了解生源情况，有助于他们确定招聘方案。对广大毕业生来讲，了解生源情况，能够帮助自己了解和预测当年的就业状况，有助于调整好就业心态。

需求信息，即用人单位的信息。在毕业生选择单位时，往往会出现这样一些错误：对用人单位情况不甚了解，又没有一定的对比，于是在择业时带有很大的随意性和盲目性，如只挑选大城市而不问用人单位的性质、业务范围；盯着有“关系”的单位，企图靠“关系”得到提拔和重用；只图单位名称好听，是所谓的“知名企业，”却忽视其中的工资待遇与职业晋升等条件。以上的求职行为，都是片面的，毕业生应有效掌握用人单位的相关信息。

小贴士

就业信息作为信息的一种，具有信息的各种特性，如：广泛的社会性、变动性、时效性、传递性、寄载性、共享性以及具有可积累、可识别、可处理等特性。对毕业生来讲，最应该了解就业信息的两大特性，即：变动性和时效性。就业信息的变动性是指就业信息不仅受到整个国家政治、经济形势的影响，而且也受到所在地区、所在行业形势变化的影响，所以就业信息是不断变化的。正因为就业信息是不断变化着的，所以每一条就业信息的效用都有一定的期限，即信息具有时效性，过了期限，效用就会减少，甚至丧失。

（二）就业信息的获取

会选择职业的人，首先是会收集信息的人。就业竞争在一定程度上就是信息的竞争，因此必须利用各种渠道和手段，广泛、全面、准确地收集与择业有关的各种信息，为择业做好充分的准备。

1. 收集就业信息的原则

（1）准确性、真实性原则。准确性要求信息所反映的情况必须真实、可信。就业信息是否准确，是择业人员做出决断的关键。信息不准，会给择业工作带来决策上的失误。如海南建省前夕，内地得到海南特区需要大量的人才的信息，许多学生纷纷前往，掀起了“百万大军下海南”的高潮。其实这种信息是不准确的。因为海南建设伊始，许多工作还未开展，所需人员无论是从数量上还是从专业上都是有限度的，由于信息不准确、不全面，结果找到工作的人寥寥无几，大部分乘兴而去，败兴而归。

（2）适用性、针对性原则。随着人才市场的发展，就业信息愈益丰富。如果在信息收集中不注意适用性，那么就可能在众多的就业信息中把握不住方向，从而捕捉不到真实的、有价值的信息。这就要求毕业生在收集就业信息的时候，必须对自己有一个充分的认识，然后根据自己的专业、特长、能力、性格、气质等各方面因素去收集有关的就业信息，避免求大，求全、贪多的心理，要结合自己的特点与专长有针对性地求职，避免浪费人力和时间。有一位甘肃籍的学生，想去长三角求职，但是他漫无目的地投简历，看到哪里招工都跑去应聘，并没有仔细看清楚其中的招聘要求，盲目求职，以至于错过了真正适合自己岗位的招聘时机，最终后悔不已。

（3）系统性、连续性原则。就业信息的收集要求具有系统性、连续性。因为许多就业信息是零碎的，这就要求学生善于将各种相关的信息积累起来，然后经过加工、提炼，形成一种能客观、系统地反映当前就业市场、就业政策、就业动向的就业信息，从而为自己的择业提供更可靠的依据。

（4）计划性、条理性原则。对信息收集者来说，首先必须制订信息收集计划，明确信息收集的目的，只有明确了求职目的，就业信息收集才有方向，才能发挥信息收集的主动性。其次明确自己所需就业信息的内容范畴，是有关就业政策的，或就业动向的，还是有关用人单位需求信息的，要做到有的放矢。最后要选择信息收集的方法和渠道。方法是达到目的的手段，在方法的选择上，要注意与就业信息内容相一致，有些信息是必须通过亲身调查获得的，有的信息需要通过查阅资料、文献获得，要力求方法与内容相衔接。

2. 收集就业信息的主要渠道

（1）通过国家、地方就业指导部门获得信息。毕业生可以登录国家、地方就业指导部门的官方网站、各省市的人力资源和社会保障局的官网，或者是关注各地人社局的公众号汇总发布的当地的用人信息，及时关注、了解相关内容。

（2）通过学校就业指导机构获得信息。根据教育部有关规定，各学校都成立了毕业生就业指导中心，它是学校学生毕业分配工作的行政管理部门。学校就业指导办公室每年会及时地、有针对性地向地方主管部门和用人单位发出征求用人信息，因此在那里你可以得到许多用人单位的需求信息。

（3）通过社会各级人才市场获得信息。随着社会主义市场经济建设的发展，我国人才市场中介机构也应运而生了，在那里你不仅可以了解到许多各类不同的机构和职位，而且还为你提供了一次极好的锻炼面试技能和增加面试中自信心的机会。但是毕业生要擦亮眼睛，避免有些不法分子，打着中介的旗号，提供虚假的招聘信息，向求职者索要信息费、中介费。

（4）通过新闻媒体获得信息。在互联网高速发展的今天，求职 App、各大求职网站、求职电视节目及有关公众号等网络平台，受到了招聘机构和求职者们的共同青睐，特别是各类求职 App 里面汇聚了海量的招聘信息，可以提供在线解答和与招聘单位人事顾问直接线上沟通的机会。此外，有些网站和公众号，除刊载招聘信息外，还提供“人才市场分析”“择业指导”“政策咨询”等专栏，为人们就业提供指导。

（5）通过社会关系网获得信息。大多数用人单位更愿意录用经人介绍和推荐进来的求职者，他们认为这样录用进来的人比较可靠，如果你有这种机会最好不要放过。通过社会关系网的推荐，能够让用人单位更好地关注到你，提升就业的成功概率。当然，有效的关系要靠自己去发掘，途径也应当是合理合法正当的，切不可铤而走险、不择手段。

（6）通过社会实践（或实习）过程获得信息。在社会实践的过程中，通过自己的努力赢得用人单位的好感、信任，取得职业信息甚至直接谋得职业的学生不乏其人。因此，学生在各种社会实践活动中，在了解社会，提高思想觉悟，培养社会能力的同时，要做一个会分类收集职业信息的有心人。比如，在社会考察活动中，应有意识地提出一些关于行业发展趋势、人才需求状况，具体单位、岗位用人的要求、途径等与学生就业有关的问题。

另外，还有一个很重要的实践环节是毕业实习。通过实习，一方面使用人单位对你有所认识、了解；另一方面使自己对择业领域有更深的了解。如果你向单位证明你是一个可靠的职员，而单位又发现了你的潜力，那么通过实习你也许会获得通向永久性职业大门的钥匙，所以要充分重视“毕业实习”这一教学环节，尽力建立最好、最有意义的实习关系。

课堂活动

你知道哪些招聘类的 App、求职节目、求职网页？请分别上网查询，了解不同的求职软件和招聘节目它们各自的特点，以及应聘者在此类软件和节目中的求职成功率。

例如，对比招聘软件“BOSS 直聘”与“智联招聘”的区别，招聘网站“58 同城”和“赶集直招网”的区别，求职节目《你好！面试官》和《职来职往》招聘流程的区别，并以图表的形式，列举其共性与差异。

二、学会整理与利用就业信息

在广泛搜集信息的基础上，结合自己的实际情况，依据国家的有关政策、法规对信息进行一番去伪存真、去粗取精的筛选，有目的、有针对性地进行排列、整理和分析，这是非常必要的。我们说，只有信息具有准确性、全面性和有效性才能使信息更好地为自己择业服务。

（一）就业信息的鉴别

1. 理想的招聘启事

让我们先来看这样一则招聘启事：

××给水工程有限公司高薪诚聘

本公司是专业从事泵类产品及给水排水设备的生产经营企业，业务遍及各行业，在国内已有相当的知名度。公司下属的公司、办事处遍及十几个大城市。为进一步拓展国内市场，将公司发展成为中国制泵行业巨人，经市人事局同意，诚聘优秀人才：

- 分公司（部）经理 5 名：40 周岁以下，大专以上学历，五年以上销售经验，两年以上销售管理经验，有管理才能，身体健康。
- 高级业务代表 30 名：35 周岁以下，不限学历，两年销售经验，熟悉给排水专业知识者优先。

● 广告策划1名：40岁以下，美术专业毕业，五年以上工作经验，具有平面设计、CI策划经验，有创意制作能力，身体健康。

以上人员需具有敬业、创业精神，勤奋踏实，有强烈的责任心、事业心和开拓精神，吃苦耐劳、刚毅顽强。应聘者经公司培训考核后，一经录用，待遇从优。高级业务代表待遇：底薪1800元＋佣金＋良好的晋升机会。凡有志者，请将个人资料（学历复印件、身份证复印件、简历、工作业绩、一寸近照一张、联系电话等）寄至本公司行政人事部。初选合格者即通知面试，未接通知者应聘材料恕不退还。欢迎全国精英来信应聘。××给水工程有限公司将为您提供创业沃土，共图公司大业。

地址：×××市×××路×××号　　　　邮编：××××××

电话：×××××××××

从这一招聘启事中我们可以看到：

（1）企业拥有一定的知名度和实力，公司下属的分公司、办事处遍及十几个大城市，业务遍及各行业。

（2）明确的企业奋斗目标：成为中国制泵业的巨人。

（3）应聘条件实际：在强调实际能力的同时也对有经验者给予一定的优惠政策。

（4）招聘对象与企业发展所需要的人才是对应的、一致的，招聘内容是严密的。

（5）公司精神是积极奋发向上的：对应聘者提出了需具有敬业、创业、开拓精神，说明该公司的领导注重人才的内在质量，企业中有一个良好的工作氛围。

（6）待遇明确：一是“一经录用，待遇从优”；二是对有一定贡献的人提供“良好的晋升机会”，体现了对人才的尊重和渴求，特别是对优秀人才的期盼。最后，“欢迎全国精英来信应聘，××给水工程有限公司将为您提供创业沃土，共图公司大业”的话语，则真诚地表现了该公司对人才的欢迎。

（7）应聘个人资料要求齐全：学历、身份证、简历、工作业绩、近照、联系电话等。

（8）此次招聘行为是合法有效的，写明“经市人事局同意”字样。

（9）公司所在地址，联系电话明白无误，便于应聘者对其有更全面的了解。

综上，这是一份较为理想的招聘启事。

2. 存在问题的招聘启事

让我们再举一例：

××半导体有限公司招聘

国外半导体芯片供应商，欲聘华东、华南、东北销售工程师及经销商。

中专以上半导体科系25～35岁，有二、三极管工作经验，懂电脑及外语（英/日）尤佳，备历、照片，并寄往：上海××路××号××小姐（先生）收。合则约谈，恕不退件。

与前则启事相比，可以看出这则启事比较明显的问题如下：

（1）一般正式的招聘启事都应写明“经×××同意，拟招聘下列人员”的字样。而这则启事中没有，不免让求职者产生怀疑，怀疑此次招聘行为的合法性、有效性。

（2）对招聘对象应具备的条件要求不明，其一，备“历”是指个人学历还是简历，是原本还是复印件，让人读不明白；其二，招收多少人员，没有注明，使人难以捉摸。

（3）启事中没有写明劳资制度，也没有交代工资待遇，缺乏必要条件。

（4）只有招聘地点，没有具体招聘时间及截止日期，给择业者带来许多不便。

3. 招聘广告应包含的要素

作为一个求职者来说，一则较好的就业信息（招聘广告）应包含下列要素：

（1）工作单位全称，并指明单位性质及上级主管部门；

（2）工作单位的发展实力及远景规划，在整个行业中的排名或在社会整个经济结构中的地位；

（3）对从业者年龄、身高、相貌、体力等身体方面的要求；

（4）对从业者政治思想、道德品质、工作态度等方面的要求；

（5）对从业者学历及学业成绩的要求；

（6）对从业者职业技能和其他才能的特殊要求；

（7）对从业者的职业兴趣、职业能力、职业气质等职业心理特点方面的要求；

（8）工作时间：工作时间的长短、三班制或长日班；

（9）工作地点：工作单位的地址及附近的交通线路；

（10）工作环境：如室内、户外、冷、热、潮湿、噪声、高空、低洼等；

（11）个人收入及福利条件：如每月薪资水平、资金的计算方法、办理何种保险、是否享受公费医疗、退休金及其他相关的福利条件；

（12）工作前途：此工作晋升、进修培训的可能性和周期性。

（二）就业信息的选择

毕业生在择业以前，必须要对自己有一个全面的认识并做出正确的自我评价，不但要清楚自己想干什么，更要弄明白自己能够干些什么，要清楚自己的兴趣爱好、气质特点、性格特征、基本素质、专业知识、技术能力等，在此基础上，你可以从以下几方面来判断这条就业信息是否适合你。

1. 专业性

专业知识是毕业生在择业中比其他非专业人员更具竞争力的一个主要因素。大部分毕业生在通过在校的专业学习后希望能从事专业对口的工作岗位，另外，由于毕业生没有任何工作经验，对专业以外的工作往往没有十分的把握去涉足。所以，专业是否对口，往往是用人单位和毕业生双向选择中的一个共同标准。

2. 兴趣爱好

近年来，毕业生的专业不对口现象越来越多，如许多计算机专业毕业生去搞经营，汽车专业毕业生去干管理等。放弃专业固然可惜，但兴趣爱好是一个人工作事业取得成功的重要条件。研究表明，对自己所从事的工作有兴趣，就能发挥全部才能的 80%～90%，并能长时间保持高效率而不感到疲劳。不过，在选择自己爱好的职业前，应该先了解自己的能力，并预估即将面临的挑战。

3. 性格特征

性格特征也与职业信息的选择有关。如果你是一个性格内向、好静不好动的人，面对两条就业信息，一个是需要办公室文员，另一个是需要营销代表，那前者是你的选择。不同性格的人适合从事不同类型的职业，毕业生应该根据自己的性格特征来选择自己所适宜的就业信息。

另外，你还可以根据个人的要求，如对用人单位性质的要求、对用人单位规模的要求、对地理位置的要求等，在各种就业信息中选出有价值的、适合你自己的信息。

（三）就业信息的处理

由于就业信息时效快、数量大、品种多、范围广，所以在对其进行处理时必须做到以下三点。

1. 正确选择

择业的成败很大程度上取决于对就业信息如何进行选择。要选择得好，首先必须能在较短的时间内查阅大量的信息，以便从中迅速发现最有用、最重要的信息；其次，要鉴别、判断，善于识别信息的准确性、有效性和可行性。我们说，信息在传递过程中由于信息来源和人为的一些因素，造成有些信息的失真或污染，这是在所难免的。这就要求我们必须通过查询、核实来加以修正、充实，验证信息的有效性；同时必须依据各自的实际情况和有关的方针政策找到与自己最合适的信息，使信息具有可行性。

2. 善于开拓

许多信息的价值往往不是直观的，必须经过使用者深入思考，加以引证才能发现。正如常说的那样：信息的价值会用则有，不用则无。所以当你获得一定量的就业信息时就必须善于利用，否则你仍将一无所获。

3. 迅速反馈

信息有很强的时效性，及时用之是财富，过期不用是垃圾。当你收集到广泛的信息并加以分析处理后，应尽早决断并向用人单位反馈信息，一是因为招工、应聘都是有一定时限的；二是因为条件较好的职业谁都会被吸引，而录用指标是有限的，所以犹豫不决会使你痛失良机。

知行合一

1. 根据你所学的专业，确定你以后的就业方向。请分别在2个以上的求职软件中，查看一下你理想中的职业的薪酬水平和招聘条件有哪些?

2. 你能接受通过求职节目找工作吗?如果能接受，原因是什么?如果不能，说说你的理由。

第二节　快走踏清秋——求职材料准备

一、了解求职要准备的材料

（一）自荐材料的准备

求职材料又叫“自荐材料”。准备自荐材料的直接目的就是使用人单位对自己感兴趣，最终录用自己。用人单位出于节约人力和时间的考虑，大多数情况下，不采用直接面试的形式，而是要求求职者先寄送，或者线上投递简历，由用人单位进行比较、筛选，然后再通知求职者是否参加面试。由于用人单位最初是通过自荐材料来了解求职者的，因此自荐材料的好坏，关系到求职者能否引起用人单位的重视，并由此叩开用人单位的大门。一套理想的求职材料，应能立体化、准确地反映出一个人的自然状况、专业水平、能力结构及综合素质。自荐材料包括自荐信、个人简历、必要的证明材料及学校推荐表等。

自荐信是求职材料的核心部分，因此一定要写好。自荐信应包括以下几方面的内容：

一是要说明个人的基本情况和用人消息的来源。首先，简要介绍个人的基本情况，如姓名、性别、年龄、政治面貌、就读专业、学校等。这部分详细情况可在个人简历中说明。如是书面求职，最好附有近期照片，或者是能够体现出精神面貌积极向上的正面免冠照片。其次，如果求职目标很明确，应尽可能地说明用人消息的来源，这样用人单位看后会很高兴的。同时要说明你对该单位的印象，表示希望到该单位从事某种职业的愿望。

二是说明胜任某项工作的条件。这是自荐信（或求职信）的核心部分，主要向对方说明你有知识，有经验，有专业技能，有与这项工作相符的特长、性格和能力，要突出重点，针对性强。如向图书馆或档案馆求职，这是“好静”的工作，介绍自己就不能过多地说自己性格开朗活泼、爱好文艺获得大赛一等奖等，而应多介绍自己细心、耐心、工作认真等。这样更让人乐于接受，切忌千篇一律，篇幅过长。

三是介绍自己的潜力，进一步给对方增加印象，介绍自己曾经担任过的各种社会工作及取得的成绩，预示自己有管理方面的才能，有发展、培养的前途。如在谋求会计工作时，介绍自己使用珠算、计算机的熟练程度；向宣传或公关部门推荐自己时，要介绍自己具有文艺、书法、摄影等特长。

四是简要介绍自己在校期间的表现和获奖情况。如果相关的获奖证书，与求职岗位对应的职业要求关系密切，则可以罗列的篇幅多一些。此外，如果在校期间，有过与所面试的岗位相关的实践经验，也可以有针对性地详细列举。反之，如果在校期间，表现并不突出，则可以适当缩减篇幅，多谈谈自己在校期间与所面试的岗位相关的经历以及所获的证书等。

五是在自荐信最后向对方表示面谈的愿望，要写清自己的详细通信地址、邮政编码、电话号码以及电子信箱，以便于用人单位与你联系。通信地址与联系方式，一定要注意格式，核实无误，保证通信畅通。

知识拓展

自荐信的格式

自荐信的格式与一般书信的格式大体一样，即称呼、正文、结束、时间。只是在开头的称呼上要写明你所求职单位的领导，如“××单位领导，你们好”或“经理（厂长），您好”。如果知道求职单位领导的姓氏，最好在职称前面加上姓氏，让人感受到亲切。结尾要写上“祝贵公司事业发达”之类的敬祝语。最后要写上“此致，敬礼”等礼貌语言，并署上自己的姓名，不能像一般书信那样只写名不写姓，具体日期也要写清楚。

小贴士

自荐信要短，不要超过一页；文句通顺，有逻辑性；态度诚恳；语言简练，切忌冗长，自荐信不是个人简历的复述、摘录、罗列；实事求是，不自我夸大；自荐信具有唯一性，要针对不同单位、不同岗位突出重点，不可千篇一律；忌只讲优点、十全十美；无错别字，标点、数字用法正确；如向三资企业求职，最好用中英文各写一份。

（二）个人简历的准备

个人简历是自己生活、学习、工作、经历、成绩的概括集锦。个人简历的主要作用就是让用人单位全面了解自己，从而为自己创造面试的机会。个人简历一般很少单独寄出，它总是作为自荐信的附件，呈送给用人单位。

1. 个人简历的格式

一般常用的简历格式有两种。一种是按年月顺序，列出自己的学习、工作经历。另一种是根据需要有选择地列出自己的学习、工作经历，充分表现自己的技能、品德。但对于刚毕业的求职者来说，采用第一种格式更好。

2. 个人简历的主要内容

个人简历的第一部分应列出自己的姓名、性别、年龄、学校、系别及专业，获得何种学位及概括自己的愿望和工作目的等；第二部分可简述自己的学习、工作经历，包括所学主要课程及学习成绩、在学校和班级所担任的职务、在校期间所获得的各种奖励和荣誉、业余爱好和特长、适宜从事的工作。注明自己的通信地址和邮政编码、电话号码、电子信箱等。这样，个人简历的主要内容就基本齐备了。

3. 如何写好个人简历

个人简历也是自己学习生活的简短集锦。它的用处是让用人单位充分了解自己，从而提供可能的就业机会。个人简历有一两页即可，不可太长。应表达适度，富有个性。简历的格式应便于阅读，有吸引力，并使人对自己和自己的目标有良好的印象。如果自己感到有些字眼需要特别引起人们的注意，可在这些字下面画杠，或加着重号提醒。当然，简历的用语也要得体，书写也要工整清楚。

（三）其他材料的准备

除了自荐信和个人简历之外，为了加深用人单位对自己的印象，有时需要提供一些其他材料，包括本人在学校期间所获得的各类荣誉证书以及成果证明材料等。

其他材料的使用方法，要根据自荐的方式而有所不同。如果面见招聘者或亲自上门去推荐自己，材料可以准备充分一些，凡能反映自己各方面能力的材料尽可能携带齐全，而且最好带原件。若采取寄送自荐材料的方式，则应选择最具代表性的材料，而且要根据各单位的不同情况有针对性地取舍，并且最好寄复印件，以免丢失原件后很难弥补。

除了以上几种需要自己准备的材料外，别忘了附上学校的推荐表，若有老师或亲友的推荐信当然更好。

课堂活动

假如你是某校营销专业的毕业生，现在有一份销售员的工作你可以参加面试，请问你在学校期间所获得的各类荣誉证书、技能证书，以及哪些学校活动及社会实践，可以作为你求职简历的成果证明材料？

二、掌握个人简历的有效投递

（一）投递简历的误区

问题1：把简历发送到企业留下的邮箱比在线投递更有效？

很多求职者发现，自己通过招聘网站在线申请职位后，获得的反馈甚少，于是采用直接把简历投递到企业在招聘信息中留的企业邮箱里。那么，是不是直接投递企业邮箱比在线申请更有效呢？

通常，专业的招聘网站本身就有一个邮件自动转发的系统，即求职者在完成在线申请后，招聘网站就会将这份简历自动转发给企业了（注：是否转发邮件及转发到哪个邮箱是由企业设定的，但一般的企业都会选择转发邮件）。除非招聘网站的系统出现故障，否则求职者在线申请职位和直接发简历到企业留下的邮箱是没有任何差别的。如果求职者实在不放心招聘网站的转发系统，也可以考虑两种投递方式同时使用。

问题2：重复投递同一个职位会让HR反感？

求职者不能指望自己投递的简历百分之百会得到用人单位的回音，除非你是业界的翘楚。关于这点，著名的“二八法则”在投递简历上也适用。投递简历也不能太“贪婪”。那种“让我一次发个够”的行为会给你接下来的职业选择带来麻烦。如果遇上自己心仪的岗位，可以再次投递，只是两次投递的间隔时间最好在一周以上。当然，如果你是使用招聘网站的，就会发现网站本身也会对用户投递简历的频率有所限制。以“前程无忧”为例，同一个账户下的同一封简历，在一周时间内不能对同一个职位进行重复投递，而同一个账户下的不同简历，在两周时间内不能对同一个职位进行重复投递。这是对求职者和用人单位双方负责。

问题3：在一周内的哪一天投递简历最有效果？

很多求职者会研究投递简历的时间和效果的关系。比如一周内哪天投递更有效？是周一还是周五？周末投出去的简历，HR在下个周一还会不会看？HR是不是只在每天上午才看简历？其实，如同交通有上下班高峰，投递简历也是如此。通常，一个职位在刚发布时，会迎来一个投递高峰，在职位发布的第一天和第二天，HR的邮箱里收到的简历是最多的。求职者想要提高自己简历的被关注度，不如避开这个高峰。

另一个高峰，是在招聘网站职位搜索器的反馈结果中，列在前几页的职位会被集中投递。出于习惯，很多求职者都会选择投递搜索器反馈结果中列在前面几页的职位，导致在前几页出现的招聘企业能收到的简历数量远高于之后的企业。有鉴于此。建议求职者可以多用一些筛选条件来排列关心的职位，多关注一些别人不太关注的职位。

问题4：个人情况与岗位要求有差距，是否可以投递简历？

“岗位要求上写的是大专及以上学历，自己中职毕业难道就没戏了吗？”

“用人单位要求有三年工作经验的，自己只有一年，该怎么办?”

不要被岗位要求中的条条框框所吓倒，你完全可以适当放宽标准，投出简历。有时候，用人单位也会因为急于用人或者某一岗位长期招不到人，在挑选简历时放宽筛选的标准。

问题 5：投递简历，邮件的标题怎么写?

如果用人单位明确要求求职者把简历直接投到企业邮箱里，那么，起个好的邮件标题就显得异常重要。因为 HR 每天会收到大量的来自求职者的邮件简历，所以起一个抢眼的邮件标题才能吸引眼球，但也不能过于标新立异。求职者可以在邮件标题中把自己符合岗位要求的某一方面写进去，这样能言简明了，直奔主题，比如“三年网络营销经验应聘市场推广专员职位”。

（二）简历的有效投递

怎样投递简历才是最有效的呢？下面主要介绍几点小技巧：

（1）添加新颖的邮件标题。HR 一天可能收到几百封邮件，只有标题新颖的才有机会被打开。

（2）让自己的邮件永远在最前面。在发邮件前，把电脑系统的日期改为一个将来的日期。如 2024 年，因为大多邮箱都是默认把邮件按日期排序，所以你的邮件起码要到 2024 年以后才会被排在后面。

（3）经常刷新简历。每次登录，最好都刷新简历，刷新以后，就能排在前面，更容易被人事经理找到。

（4）不要投寄同一个公司多个职位。投递简历时，不要一口气投递同一个公司的多个职位，特别是一些根本不相关的职位。

（5）规范简历的投递格式。如果是通过各种求职网站投递，一定要严格按照网站要求的格式输入邮件标题，如“姓名＋应聘岗位＋信息来源”。否则，会被一些企业的内部邮件系统自动归类到“垃圾邮件”中。

（6）要用私人邮箱。在给用人单位发送简历的时候，要用自己的私人邮箱，切勿用公司的信箱。

（7）掌握最佳的发邮件时机。求职信的发送时间也有讲究。大部分邮件都是在 1 小时内被阅读的，超过 4 小时，你的邮件可能永远不会被对方打开。发邮件最好是在 HR 工作清闲时段，建议不要在下午 5 时也就是下班前发邮件，因为此时的邮件阅读率非常低；也不要在早上 7～8 时、下午 2～3 时发，那时公司一般都很忙。

课堂活动

结合求职简历的注意事项，谈谈以下两份简历存在哪些问题？如果你要重新制作如图 4-1 所示的两份简历，你会如何改动？

第一份简历

姓名	叶××	性别	男	年龄	17
文化程度	中专	专业	电子商务	籍贯	广东东莞
联系方式	1562550××××				
家庭住址	广东省东莞市石排镇				
身份证号码	441900200010186×××				
求职意向	我是应届多功能毕业生，不要求专业对口，一切从培训开始！				
个人工作经历：本人在暑假期间做过暑假工，做过网络销售开过淘宝店铺。					
自我评价：本人性格开朗，为人诚恳，乐观向上，兴趣广泛，拥有较强的组织能力和适应能力，善于与人沟通。					

第二份简历

个人简历

姓名：郑×× 性别：男 民族：汉 年龄：18岁
籍贯：汕头市 学历：中专 政治面貌：团员
联系方式：130××××××××

学习经历：2015年9月至2017年8月 ××市商业学校
2012年9月至2015年8月 ××中学
2006年9月至2012年8月 ××小学
自我评价：我性格开朗，在校期间能自己遵守学校及班级纪律，热爱运动，并积极参与学校组织的各项活动；与同学和睦相处，尊敬师长，热爱班集体，能为班集体贡献出自己的力量；爱好广泛，在闲暇的课余时间里我充分支配自己的时间；阅读各种书籍，看电影，锻炼身体，做一些力所能及的家务；等等。

图 4－1 需要重新制作的简历样本

知行合一

结合你所学的专业，按照对应的求职要求，以表格的形式，规范地制作一份求职简历，包括致谢部分。

第三节 十年磨一剑——笔试与面试准备

一、明确笔试的种类与应对技巧

（一）笔试的种类

笔试和同学们日常的课程考试有相似之处，但在内容和形式上，还是有一定区别的。按照考试的侧重点分类，则目前求职过程中的笔试形式一般有以下几种。

1. 专业考试

专业考试主要是检验应聘者担任某一职务时是否能达到所要求的专业知识水平和相关的实际能力。专业知识考试的题目专业性很强，如汽车制造、销售企业要考毕业生的汽车构造、汽车销售知识能力；外资企业、外贸企业对应聘者要考外语；科研机构招聘人员要考专业知识能力；公检法机关录用干部要考法律知识等。值得注意的是，这种可以直接考查出学生专业水准的专业考试方式已被越来越多的“热门”单位所采用。

2. 文化素质考试

文化素质考试是为了检验毕业生的实际文化程度，由用人单位给出范围或特定要求，通过试卷、作文、论文等方式来考察应聘者的知识、思维、文字表达能力的一种笔试方式。毕业生虽然有学校出具的学习成绩单，但用人单位为了直接掌握毕业生的文化水平，往往采取笔试的方法进行检验考察。考试的题目以话题类型居多，例如，要求文科学生运用某一原理或某一历史知识，分析某一问题；要求理工科学生运用某一专业知识，解决某一实际问题等。文化素质考试可以考查毕业生文化基础是否扎实，文字表达的能力水平如何等。

3. 技能测试

技能测试是为了检验应聘者的实际工作能力或专业技术能力。这种考试往往针对特定的工作岗位来设计。例如，用人单位要招聘一名机械技术员，为了考察应聘者是否具有这方面的技能，会通过下面的题目来测试：给其一份技术图纸，看其能否识图；要求其编写简单的工艺等。拥有的一技之长是职业院校学生的“看家本领”，也是职业院校学生就业竞争优势，毕业生可以通过技能测试凸显自己的优势和特长，在激烈的就业竞争中赢得先机。

4. 心理测试

心理测试是指用人单位用事先编制好的标准化量表或问卷，要求被试者在一定时间内完成，根据完成的数量和质量来判断其心理水平或个性差异的方法。一些特殊的用人单位常常以此来测试求职者的态度、兴趣、动机、智力、个性等心理素质。通过心理测试，用人单位可以了解掌握应聘者的基本心理素质和心理取向，以确定应聘者是否符合招聘岗位的要求。

5. 事业单位录用考试

2010 年 7 月，人力资源和社会保障部宣布，从 2012 年开始，我国各级各类事业单位全部实行公开招聘形式，事业单位新进人员都要实行公开招聘，进行笔试，禁止以各种名义规避公开招聘要求。事业单位录用考试与国家公务员考试是有一定区别的。由于地方不同，招聘单位岗位要求不同，考试科目也不同，一般来说，主要科目有“公共基础知识”“职业能力测验”等。

（二）笔试的准备和技巧

笔试虽然以知识储备为基础，但如果掌握了笔试的相关方法并对笔试进行了充分的准备，就会对提高成绩有所帮助。笔试的成绩固然来自平时的能力，但不可否认它也有一定的技巧。

1. 笔试的准备

一般来说，笔试的准备有如下几个方面：

（1）笔试前应做好复习。复习已经学过的知识是笔试准备的重要环节。同学们要根据笔试的命题范围，针对不同类型的考试，翻阅相关的应试资料，对以前的知识进行全面科学的复习，增强记忆力，温故知新。另外，还应根据招考不同单位的不同要求，有针对性地进行一些相应的准备。

（2）做好写作准备。写作是笔试的重要组成部分，也是非常关键的一个部分，像公务员考试中，写作占了突出的位置。当然，写作水平的提高绝非一蹴而就，一两天就能明显提高，它需要日积月累历练方能显出成效。参加各类笔试的毕业生，应根据常见的题型和自己报考类别，广泛阅读相关例文并注意吸取解析内容中的要点，答题时一定要语法规范、语句流畅、条理清晰、逻辑严谨。

（3）保持良好的身心状态。心态有时会左右一个人的状态，良好的心态可以有助于一个人稳定地发挥出自己的水平；反之，可能会妨碍正常水平的发挥，这种事例比比皆是。毕业生一定要消除应试的紧张心理，无论参加什么类型的招录考试，都要视为一次普通的小考，不要给自己施加过大的压力。一定要以一颗平常心看待笔试、对待笔试，以积极健康的心态去面对笔试、迎接笔试，这样才能发挥出自己应有的水平。

（4）做好考试前的各项准备工作。考试对于毕业生来说是一件太平常的事了，虽然是久经考场，但总有一些毕业生还会犯低级的错误，如没有携带相关证件、所需文具或迟到等，造成一些人还没有参加考试就已经被淘汰了。考生必须做好各项准备，如事先查看考场，熟悉考场的环境及路线；了解考试注意事项；携带好身份证、准考证、文具等。只有做好这些才能保证考生有备无患，顺利参加考试。

2. 笔试的技巧

笔试虽难，但也有一定的技巧，掌握这些技巧对自己的笔试会有一定的帮助。

（1）通览试卷。一般来说，许多类型的考试都是由难易题型按一定比例组成的，要了解整个试卷题目的多少和难易程度，就必须通读一遍试卷，然后根据先易后难的原则排列出答题的顺序。先做简单的题，后攻难题，这样就不会因为专攻一两道难题而浪费太多的时间，影响整个答题效果。

（2）认真审题。认真审题，搞清试卷题目的类型、要考查的知识点，这是答题人在答题前必须完成的一道“工序”。如果没有认真完成这道“工序”，匆忙出手，很可能答题时不得要领，严重时会跑题，可能会答非所问。招录笔试对学生来说，是一种全新的考试，其内容涉及面广、灵活性大，甚至会出现从未见过的题型。所以，应试者必须冷静思考，认真审题，搞清题意。

（3）卷面整洁。笔试是用笔书写的一种考试形式，这既是对应试者文笔的考查，也是对应试者卷面的考查。一个文笔流畅、卷面整洁的试卷，肯定会给阅卷者留下清新舒适的感觉，也肯定会赢得不错的印象分。

（4）尽量填满。在参加各类招录考试中，卷面上的试题应尽量答满。虽然有可能对一些题的题意把握不准，但一定要按照自己的理解坚持做完题，切不要留下空白题。因为不做答，不仅卷面非常难看，还可能让阅卷者认为考生在知识上还有欠缺，态度不够认真，从而对考生感觉不佳，有可能主观上就给降分了。

（5）认真检查。参加招录考试答完题以后，要在时间允许的情况下，进行复查。查找答题时出现的错别字、语法不通、言不达意等各种错误，并立即予以纠正。通过复查可以最大限度地减少自己的错误，提高试卷的成绩。

课堂活动

小王同学，有考前焦虑症，一到各种重要的考试，就容易焦虑失眠。有一次英语等级考试，他因记错时间导致差点迟到错过考试。假如你是小王的好朋友，该如何帮助她解决考前焦虑这一问题呢？

二、掌握面试类型、程序与对策

（一）面试类型

1. 一对一面试

一对一面试是最常见的一种面试类型，通常会由一位面试官进行整场的单人独立面试。

利：一对一的环境能使人放松，从而表现出自己最真实的一面。

弊：容易冷场，如果和面试官观点相左，则比较尴尬。

作为面试者，在谈话的初期尽量争取获得好的第一印象，对面试帮助很大。此外，一对一可能对紧张的心情会略有舒缓，不过不要放松，依然要展现出最专业、最礼貌的状态。

2. 小组面试

在面试进阶一些的岗位，或者在比较大型的公司面试的时候，小组面试则更为普遍。在小组面试中，通常是 3 位面试官同时对 1 位面试者进行面试。在面试过程中，面试官们会轮流提出问题，然后对面试者的回答进行记录以及整理，并在面试结束后用各自的笔记对面试者的表现总结出一个整体的评价。

利：对面试者的评价由多位面试官产生，会减少一对一面试中由面试官带来的主观偏见。

弊：在多对一的情况下容易紧张。

对面试者而言，在面试前与所有面试官握手，并且记住每一位的名字较为重要。与此同时，面试者也要顾及在场每一位面试官，可以通过眼神或肢体语言与面试官进行交流或在谈话中提及面试官之前提到过的要点。

3. 电话/视频面试

出于地理或时间的原因，面试官可能会提出电话/视频面试的邀请。从个人角度来看，在所有面试类型中，电话面试可能是难度较高的一个面试方式。面试官对面试者的一切印象和判断都来源于面试者的语音。在线下面试中一个笑容可以解决的问题，在电话面试中则可能演变成尴尬的停顿，这是面试者额外需要注意的危险区域。

利：解决了地理上和时间上的约束。

弊：双方对彼此的理解不够深刻，面试者不容易展现出自己最真实的一面。

因此，对面试者来说，保持专业的态度和言谈至关重要。另外，保持冷静，让自己的语言听起来沉稳且有条理，也是必不可少的。

4. 群体面试

在面试一些需要在公共场合发言的工作时，公司常常会用到群体面试，也就是几名面试官同时面试多名面试者，以考核面试者在竞争者面前发言的水准。对一些同学来讲，这样的面试方法可能会让人压力很大，多名竞争者在场本身就是对自己心理素质的一种挑战，但是也不要慌张，因为面试官正是想要通过群体面试考核面试者的抗压心理，以及在压力下如何礼貌地和竞争者互动。

利：可以听到竞争者的发言，并借此完善自己的思路，同时也可以摸清竞争者的实力。

弊：遇到强的竞争者时心理压力较大。

面试者要保持冷静，理清自己的思路，不要因为人数众多而慌乱。这可以通过演讲、公开发言等进行练习，以及有礼貌地倾听竞争者的发言并做出回应获得训练。

（二）面试内容与程序

1. 面试内容

从理论上讲，面试可以测评应试者的所有素质，但由于人员甄选方法都有其长处和短处，扬长避短综合运用，则事半功倍，否则就很可能事倍功半。因此，在人员甄选实践中，我们并不是只通过面试去测评一个人的综合素质，而是有选择地用面试去测评它最能测评的内容。面试的内容不仅包括专业知识和能力，还包括职业素养水平，具体如下：

（1）礼仪素养。这是指应试者的体型、外貌、气色、衣着举止、精神状态等。像国家公务员、教师、公关人员、企业经理人员等职位，对仪表风度的要求较高。研究表明，仪表端庄、衣着整洁、举止文明的人，一般做事有规律、注意自我约束、责任心强。

(2) 专业知识。了解应试者掌握专业知识的深度和广度，其专业知识更新是否符合所要录用职位的要求，可作为对专业知识笔试的补充。面试对专业知识的考查更具灵活性和深度，所提问题也更接近空缺岗位对专业知识的需求。

(3) 工作实践经验。一般根据查阅应试者的个人简历或求职登记表，做些相关的提问。查询应试者有关背景及过去工作的情况，以补充、证实其所具有的实践经验，通过对于工作经历与实践经验的了解，还可以考查应试者的责任感、主动性、思维逻辑能力、语言表达能力及遇到突发状况的应变能力等。

(4) 口头表达能力。面试中考查应试者是否能够将自己的思想、观点、意见或建议顺畅地用语言表达出来。考查的具体内容包括：表达的逻辑性、准确性、感染力、音质、音色、音量、音调等。

(5) 综合分析能力。面试中，应试者是否能对主考官所提的问题，通过分析抓住本质，并且说理透彻、分析全面、条理清晰。

(6) 反应能力与应变能力。主要看应试者对主考官所提的问题理解得是否准确，回答得是否迅速、准确等。对于突发问题的反应是否机智敏捷、回答恰当。对于意外事情的处理是否得当、迅速等。

(7) 人际交往能力。在面试中，通过询问应试者经常参与哪些社团活动，喜欢同哪种类型的人打交道，在各种社交场合所扮演的角色，可以了解应试者的人际交往倾向和与人相处的技巧。

(8) 自我控制能力与情绪稳定性。自我控制能力对于国家公务员及许多其他类型的工作人员（如企业的管理人员）来说显得尤为重要。一方面，在遇到批评指责、工作压力或是个人利益受到冲击时，能够克制、容忍、理智地对待，不会因情绪波动而影响工作；另一方面，工作要有耐心和韧劲。

(9) 工作态度。在面试中，一是通过询问应试者，了解应试者对过去学习、工作的态度；二是了解应试者对目前所应聘职位的态度。在过去的学习或工作中态度不认真、做好做坏无所谓的人，在新的工作岗位上也很难能勤勤恳恳、认真负责。

(10) 上进心、进取心。上进心、进取心强烈的人，一般都能确立事业上的奋斗目标，并为之而积极努力。表现在努力把现有工作做好，且不安于现状，工作中常有创新。上进心不强的人，一般都安于现状，无所事事，不求有功，但求无过，对什么事都不热心。

(11) 求职动机。了解应试者为何希望来本单位工作，对哪类工作最感兴趣，在工作中追求什么，判断本单位所能提供的职位或工作条件等能否满足其工作要求和期望。

(12) 业余兴趣与爱好。通过询问应试者休闲时爱从事哪些运动，喜欢阅读哪些书籍，喜欢什么样的电视节目，有什么样的兴趣爱好等，可以在交谈中了解一个人的兴趣与爱好，这对考查应试者是否适合该岗位，以及录用后的工作安排有很大的参考作用。

（13）其他。面试时主考官还会向应试者介绍本单位及拟聘职位的情况与要求，讨论有关工薪、福利等应试者关心的问题，以及回答应试者可能问到的其他一些问题等。

2. 面试程序

面试主要考察应试者的综合分析能力、语言与表达能力、随机应变能力、人际交往意识和技巧、情绪控制能力等，具体面试流程也会根据实际情况的不同而变化。目前，大多数会采取结构化面试，这是一种标准化面试。

（1）抽签分组。在确认完毕面试者身份后，工作人员会让应试者进行抽签确定分组和进场顺序。有的地区是结合各个单位招聘进面的人数，提前分好大组，应试者只需要抽签确定在本组内的进场顺序即可。

（2）候考。抽签完毕后，应试者会被带入候考教室等待面试，进入候考室后，应试者的手机会被要求上缴统一保管。

（3）面试答题。进入考场后，应向面试官鞠躬致敬，得到“请坐”的指令后落座。落座后，应试者面前可能会有一个面试题本，也可能什么都没有就有一张白纸和笔。考官会宣布导入语，然后读题，应试者在开始答题时要说明“开始答题”，答题完毕后要说明“答题完毕”。

（4）应试者退场。应试者回答完所有题目后，主考官示意应试者退场，应试者到候分室等候分数。这个时间段，应试者会被带到另外一个教室，并且不能随意走动，以免和候考的人接触而导致题目泄露。

知识拓展

面试前的心理准备

目前职场找工作竞争非常激烈，求职者挖空心思、想尽各种办法去求职，但是，许多时候都非常盲目，其中重要的原因就是对职场的迷茫、对自身认识不足、没有做好有针对性的准备，毕业生择业的过程，是一个复杂的心理变化过程。面试者是在通过竞争谋求职业，成功的关键在于自己的才能以及临场发挥情况。面对严峻的就业形势，面对众多的竞争对手，要想获得择业的成功，没有充分的心理准备，没有良好的竞技状态是不行的。做好择业前的心理准备，排除心理干扰，应着重克服以下几方面的心理障碍：

（1）盲目自信、个性张扬；

（2）自卑畏怯、信心不足；

（3）当断不断、患得患失；

（4）依赖心理、人云亦云。

（三）面试的应对策略与技巧

案例

毕业生小林口才不错，在与用人单位代表面谈时自我感觉良好。一番海阔天空的高谈阔论之后，当对方问他的个人爱好是什么时，他竟说是“游山玩水”，结果被用人单位毫不犹豫地拒之门外。

小林的失败是典型的自负心理造成的。自负在心理学上指过高地估计个人的能力，从而失去自知之明。在这种心理的支配下，不少毕业生在求职择业过程中，总是自以为是；自负自傲，自以为自己什么都懂，什么都会，夸夸其谈，胡吹海侃，结果留给用人单位浮躁、不踏实的印象。试想，有哪家单位肯要一个不知天高地厚、自命不凡、眼高手低的毕业生呢?

1. 自我介绍

自我介绍的策略技巧：

(1)“时间控制在3分钟以内”；

(2) 以下这几项内容不可缺少：姓名，年龄，学历，从业经验（包括曾经就职的公司、岗位、工作内容及取得的成绩；应届毕业生，挑两个自己切实参与过的活动、实践项目或学生会工作说说就行了。如果没有才艺，最好不要乱编，以免面试官要求当场展示，自己答不出来而尴尬)。

(3) 如果有多个曾经就职的公司，建议挑2个说就行了，辞职的原因要用一句话简单说明。不要指责前公司，更不要肆意诋毁。谈到过往的工作经验时，侧重谈自己在上一份工作中学到了与工作相关的能力。

(4) 用一两句话对“自己是个什么样的人”进行一个比较精准的概括。不过要记住：说优点不要说得太过，说缺点不要说得太直白。例如，“我无所不能”“我最大的爱好就是睡觉”都会让面试官对你没有好印象，哪怕后一句是实话。

(5) 如果是英文简介，最好控制在一分钟左右，重点表现你的口语流利、地道和你叙事的简洁明了。

2. 凭什么认为胜任这个岗位

胜任岗位介绍的策略技巧，可以拿性格方面举例：

(1) 如果岗位是销售，你就说自己性格外向，与陌生人交往也有沟通技巧等；

(2) 如果岗位是人力资源，你就说你做事稳重，又细心，考虑事情周到，会换位思考，做事公正等；

(3) 如果岗位是质量人员，你就说你做人很有原则，但又不过于死板。

3. 介绍自己的缺点

介绍自己缺点的策略技巧：

（1）我比较感性，这让我有的时候在工作中会有点感情用事；

（2）原则性太强，有的时候做事不够圆滑；

（3）没什么野心，有时候会安于现状。

感性，原则性强、没什么野心，这些可以是缺点，也可以是优点，而且无伤大雅。可千万别把喜欢迟到、没时间观念、做事马虎等说出来。

4. 期望薪资

介绍期望薪资的策略技巧：

（1）你要先了解一下这家公司或者其所在行业的平均工资，最好能够了解到你要应聘的岗位的基本薪资水平；

（2）在掌握了以上情况的基础上，结合对自身能力的判断以及对薪资的期望，可以不卑不亢大大方方地提出自己的要求；

（3）如果对方说你的期望过高了，你要问问自己还想不想应聘这份工作，如果想，那你可以说“我认为开始工作的时候，薪资不是最重要的，我更看重的是能力的提升/上升的空间/培训的机会/公司的前途”等。

5. 对跳槽的看法

应对对跳槽的看法的策略技巧：

（1）正常的“跳槽”能促进人才合理流动，应该支持；

（2）频繁的跳槽对单位和个人双方都不利，应该反对。

6. 对加班的看法

应对对加班的看法的策略技巧：

实际上好多公司问这个问题，并不证明一定要加班，只是想测试你是否愿意为公司奉献。作为应试者，可以这么回答：如果是工作需要我会义不容辞加班，我现在单身，没有任何家庭负担，可以全身心地投入工作。但同时，我也会提高工作效率，减少不必要的加班。

课堂活动

在求职面试过程中，如何准备一份 1 分钟的自我介绍？

自我介绍务必讲清下述内容：

1. 姓名；
2. 爱好、籍贯、学历或业务经历（应注意与公司有关）；
3. 专业知识、学术背景（应注意与岗、职有关）；
4. 优点、技能（应突出能对公司所做的贡献）；
5. 用幽默或警句概括自己的特点可加深他人对你的印象；
6. 致谢。

【任务】

(1) 根据实际，为自己准备一段1分钟的自我介绍；

(2) 各小组进行组内交流，并选出一位代表上台展示；

(3) 全班投票选出“最佳展示奖”，由小组代表进行点评。

知行合一

模拟面试

一、活动目的

通过模拟面试训练使学生掌握面试技巧，克服真实面试过程中出现的紧张情绪，并有针对性地解决学生在面试准备、面试过程中暴露的问题，提高真实面试的成功率。

二、活动形式

班级内活动或校企合作模式。

三、活动说明

全员模拟训练：需要让全班学生都参与全程，通过观察其他学生的面试情况，来发现自身所存在的一定问题，课后可以及时改正。

单独模拟训练：作为推荐学生的最终依据，采用的招聘信息必须是确实与我们有合作的企业信息，在模拟面试之后可以安排学生前往企业进行面试。

第一次模拟面试推荐为全员模拟训练；第二次模拟面试推荐为单独模拟训练。

四、开展模拟

1. 考察学生的面试礼仪

让面试学生作1分钟的自我介绍（可据此考察学员的表达能力、沟通能力、逻辑思维能力及个人风格）。

2. 了解学生基本面试信息

询问学生拟应聘的岗位，按照企业的真实要求进行提问。测试学生对应聘职位的了解及个人能力。

3. 面试结束

告知学生公司将会随后通知面试结果。

五、活动总结

找学生谈话，指出面试中存在的问题。

对存在问题的学生要求其重新准备简历以及问题回答的书面文档。

素养之窗

2019 年，中国启动“职业技能提升行动计划”。截至 2021 年，共开展各类补贴性职业技能培训 5 000 余万人次。从 2019 年起，中国政府从失业保险基金结余中拿出 1 000 亿元，设立专项账户，统筹用于职业技能提升行动。目前，全国 1 万余所职业学校每年开展各类培训上亿人次，在开展新型职业农民培训服务的高职院校中，141 所学校年培训量超过 5 000 人/日，86 所学校年培训量超过 10 000 人/日。

第五章　就业权益

学习目标

知识目标

熟悉劳动者权利与义务；

熟悉劳动合同法的相关内容；

了解毕业生就业权益相关内容。

能力目标

掌握就业协议书的签订流程；

掌握维护正当权益的合法途径。

素质目标

培养学生的健全人格、职业责任感和创新精神；

培养学生的法治意识，帮助学生依法行使权利、履行义务。

第一节　荷风送香气——掌握就业法律法规

一、了解毕业生就业的相关法律规定

我国坚持全面依法治国。党的二十大报告指出：全面依法治国是国家治理的一场深刻革命。健全劳动法律法规，完善劳动关系协商协调机制，完善劳动者权益保障制度，加强灵活就业和新就业形态劳动者权益保障。

（一）《中华人民共和国劳动法》简介

广义上的劳动法是调整劳动关系以及与劳动关系有密切联系的其他社会关系的法律规范的总称。新中国成立后，中国先后制定了《中华人民共和国劳动保险条例》《劳动

保障监察条例》《中华人民共和国劳动争议调解仲裁法》《女职工劳动保护特别规定》《中华人民共和国劳动法》《中华人民共和国劳动合同法》等一系列劳动法律法规，这些法律法规与相关的司法解释一起，构成了广义上的劳动法。狭义上的劳动法，仅指1994年7月5日第八届全国人民代表大会常务委员会第八次会议通过，1995年1月1日起施行的《劳动法》。《劳动法》根据2009年8月27日第十一届全国人民代表大会常务委员会第十次会议《关于修改部分法律的决定》进行了第一次修正；根据2018年12月29日第十三届全国人民代表大会常务委员会第七次会议《关于修改〈中华人民共和国劳动法〉等七部法律的决定》进行了第二次修正。

《劳动法》就促进就业、劳动合同和集体合同、工作时间和休息休假、工资、劳动安全卫生、女职工和未成年工特殊保护、职业培训、社会保险和福利、劳动争议、监督检查、法律责任等一系列问题做了详尽的规定，是我国劳动法律体系中的一部重要法律。

1.《劳动法》的立法目的

《劳动法》第一条规定，“为了保护劳动者的合法权益，调整劳动关系，建立和维护适应社会主义市场经济的劳动制度，促进经济发展和社会进步，根据宪法，制定本法”。可见，《劳动法》的立法目的是保护劳动者的合法权益，调整劳动关系，建立和维护适应社会主义市场经济的劳动制度，促进经济发展和社会进步。

2.《劳动法》的适用对象

根据《劳动法》第二条“在中华人民共和国境内的企业、个体经济组织（以下统称用人单位）和与之形成劳动关系的劳动者，适用本法。国家机关、事业组织、社会团体和与之建立劳动合同关系的劳动者，依照本法执行”的规定，《劳动法》的适用对象为中华人民共和国境内的企业、个体经济组织和与之形成劳动关系的劳动者以及国家机关、事业组织、社会团体和与之建立劳动合同关系的劳动者。

劳动法的适用范围排除了公务员和比照实行公务员制度的事业组织和社会的工作人员，以及农村劳动者（乡镇企业职工和进城务工、经商的农民除外）、现役军人和家庭保姆和在中国境内享有外交特权和豁免权的外国人。

3.《劳动法》的作用

《劳动法》是我国劳动法律体系中的一部基础性法律，它对建立社会主义市场经济，保障劳动者合法权益，促进社会和谐稳定，为劳动和社会保障领域依法行政奠定了坚实的法律基础。

（1）保护劳动者的合法权益，调动劳动者的积极性和创造性。任何一个用人单位，劳动者都是劳动关系的主角，没有劳动者，劳动关系也就无法维持。而如何保护劳动者的合法权益，调动劳动者的积极性和创造性，是建立和谐劳动关系的关键所在。由于供需关系倒挂等多种原因，个别用人单位把劳动者看作是劳动工具，没有把劳动者当作

“主人翁”，无视、侵犯劳动者合法利益的事件经常发生，严重挫伤了劳动者的积极性，也给社会造成了负面影响。所以，制定劳动法律，用法律来调整劳动关系，保护劳动者的合法权益是十分必要的。

（2）规范社会劳动，提高劳动生产率。社会劳动是一个社会经济发展的基础，规范社会劳动可以提高整个社会的劳动生产率，促进社会经济进步和劳动者待遇的提高。《劳动法》通过确立劳动合同制度，规范劳动生产、促进人才合理流动；提高劳动者的职业技能，不断提高劳动者的整体素质；改善劳动条件，以实现按劳分配和其他激励制度来规范社会劳动，调动劳动者和用人单位双方的积极性；提高劳动效率和劳动生产率，促进社会经济的发展。

（3）维护和发展和谐稳定的劳动关系，促进社会安定团结。实践证明，仅仅让劳动者获得劳动的权利，而忽视劳动者权益，忽视劳动者权益的保护，这种劳动关系是不可靠的，也是不稳定的。《劳动法》的一个重要功能就是通过规范劳动行为，使劳资双方在法律规定的范围内，依法履行自己的义务，享受自己的权利，构建一种和谐稳定的劳动关系，促进社会经济的发展和社会的稳定与安定团结。

（二）《中华人民共和国劳动合同法》简介

《中华人民共和国劳动合同法》（以下简称《劳动合同法》）于 2007 年 6 月 29 日第十届全国人民代表大会常务委员会第二十八次会议通过的，自 2008 年 1 月 1 日起施行。2012 年 12 月 28 日，第十一届全国人民代表大会常务委员会第三十次会议《关于修改〈中华人民共和国劳动合同法〉的决定》对其进行了修正，自 2013 年 7 月 1 日起施行。

1.《劳动合同法》的立法目的

《劳动合同法》第一条规定：“为了完善劳动合同制度，明确劳动合同双方当事人的权利和义务，保护劳动者的合法权益，构建和发展和谐稳定的劳动关系，制定本法。”

劳动合同制度在整个国家劳动制度中处于十分重要的位置，劳动合同是用人单位和劳动者建立和维系劳动关系的基础，通过设置劳动合同制度，国家才能保护好、维护好劳动者的合法权益，促进劳动关系和谐稳定。《劳动合同法》的立法目的，就是“为了完善劳动合同制度，明确劳动合同双方当事人的权利和义务，保护劳动者的合法权益，构建和发展和谐稳定的劳动关系”。

2.《劳动合同法》的适用范围

根据《劳动合同法》第二条规定，“中华人民共和国境内的企业、个体经济组织、民办非企业单位等组织（以下称用人单位）与劳动者建立劳动关系，订立、履行、变更、解除或者终止劳动合同，适用本法。国家机关、事业单位、社会团体和与其建立劳动关系的劳动者，订立、履行、变更、解除或者终止劳动合同，依照本法执行”。

知识拓展

《劳动合同法》的订立原则

《劳动合同法》确定了订立劳动合同的基本原则。这些原则反映了劳动合同的内在规律，体现了《劳动合同法》总的指导原则，贯穿于整个《劳动合同法》中。这些原则既是立法机关制定《劳动合同法》的基本准则，是司法机关或仲裁机关处理劳动合同纠纷的基本准则，也是当事人订立劳动合同应履行的基本准则。

1. 合法原则

是指当事人订立劳动合同应当遵守国家法律法规，遵守社会公德，不得损害社会公共利益。首先，双方当事人、用人单位和劳动者必须具备合法的主体资格；劳动合同的内容和形式也必须符合法律的规定。

2. 公平原则

是指劳动合同要公平合理，双方的权利和义务不能显失公平。公平原则主要表现在以下方面：民事主体参与民事法律关系的机会平等；当事人的关系上利益应均衡；当事人合理地承担民事责任。

3. 平等自愿原则

包含两种含义，首先是指合同当事人法律地位平等，一方不得将自己的意愿强加给另一方；其次，当事人订立劳动合同是自愿的，双方订立合同，应当平等自愿地进行协商，不受任何单位和个人的非法干预。

4. 协商一致原则

是指当事人双方在充分表达自己真实意思的基础上，经平等协商，就劳动合同的内容、形式等取得了一致性意见，达成了共识，才能签订劳动合同。

5. 诚实信用原则

是指当事人在订立劳动合同过程中，必须诚实无欺，讲究信用，诚实地陈述真实情况，不得有任何隐瞒、欺诈。当事人也不能滥用权利和规避法律，获得不当的利益。

3. 劳动合同的订立

按照我国《劳动合同法》的规定，用人单位自用工之日起即与劳动者建立了劳动关系。所谓劳动关系是指用人单位招用劳动者为其成员，劳动者在用人单位的管理下，通过劳动获取报酬而产生的权利与义务关系。

建立劳动关系，应当订立书面劳动合同，这是《劳动合同法》的强制性规定。由于口头合同无文字依据，一旦发生纠纷，当事人举证困难，不易分清责任，所以《劳动合同法》明确规定“建立劳动关系，应当订立书面劳动合同”。现实中，一些用人单位特别是一些不规范的个体企业，与劳动者建立了劳动关系，却不签订书面劳动合同来逃避法定义务，谋求不正当的利益。这是一种违法行为，它严重地侵犯了劳动者的合法权益。

为了规范用工，最大限度地保护劳动者的合法权益，《劳动合同法》明确要求建立劳动关系，必须订立书面劳动合同。针对实践中还存在用人单位招用劳动者未依法签订书面劳动合同的情况比较严重，导致劳资双方关于劳动报酬的约定不明确，易侵犯劳动者的合法权益的情况，《劳动合同法》第十一条规定：“用人单位未在用工的同时订立书面劳动合同，与劳动者约定的劳动报酬不明确的，新招用的劳动者的劳动报酬按照集体合同规定的标准执行；没有集体合同或者集体合同未规定的，实行同工同酬。”这些规定能够充分保护劳动者的合法权益，促使用人单位规范其签订劳动合同行为。

4. 劳动合同的解除

劳动合同的解除是指劳动合同当事人依法提前终止劳动合同的法律效力，使劳动合同对合同当事人没有约束力。劳动合同解除有两种形式：一种是用人单位提出，经劳动者同意后，解除劳动合同；另一种是劳动者主动提出，经过用人单位同意后，解除劳动合同。两者的共同特点是双方协商一致，都同意解除劳动合同。

为了更好地保护劳动者的合法权益，《劳动合同法》还规定了劳动者在用人单位没有过错的情况下，可以单方面提前通知解除劳动合同。《劳动合同法》第三十七条规定：“劳动者提前三十日以书面形式通知用人单位，可以解除劳动合同。劳动者在试用期内提前三日通知用人单位，可以解除劳动合同。”但需要指出的是，劳动者在行使该条第一款权利时，如果违反了劳动合同的约定，仍然要承担违约责任，以防止劳动者滥用此项权利。

（1）劳动者可以单方解除劳动合同的情形。为了确保劳动者的合法权益不受侵害，《劳动合同法》还规定了用人单位有下列情形之一，劳动者可以单方解除劳动合同。

1）未按照劳动合同提供劳动保护或者劳动条件。劳动保护条件是防止和减少生产安全事故，保障劳动者生命和财产安全，促进经济发展的保证。《劳动法》《安全生产法》对劳动保护和劳动条件有严格的法律规定。如果用人单位没有提供安全合格的劳动保护条件，劳动者有权随时通知用人单位解除劳动合同，这既是对劳动者的生命财产安全的保护，也是对社会公共安全的保护。

2）未及时足额支付劳动报酬。用人单位未及时足额支付劳动报酬主要表现在克扣或无故拖欠劳动者的工资。“克扣”是指用人单位无正当理由扣减劳动者应得的工资；“无故拖欠”是指用人单位无正当理由超过规定付薪时间未支付劳动者工资。如果用人单位出现克扣或无故拖欠劳动者工资的行为，劳动者可以单方解除劳动合同。

3）未依法为劳动者缴纳社会保险费。依法为劳动者缴纳社会保险费用是用人单位的一项法定义务。按照相关法律法规的规定，有些险种，如养老保险，劳动者也必须按一定工资比例缴纳，此情形下用人单位作为扣缴义务人依法应当代扣代缴。如果用人单位没有按照法律、法规的规定依法缴纳法定的社会保险费，劳动者有权单方解除劳动合同。

4）用人单位的规章制度违反法律、法规的规定，损害劳动者权益。用人单位的规章制度是指用人单位根据国家法律、法规，结合用人单位实际情况制定的各种规章、制度的总称。用人单位的规章制度必须实体上合法，即内容不能违反国家法律法规及政策规定；用人单位的规章制度还必须程序上合法，即需要通过民主程序制定并通过，另外，还需向劳动者公示，明确告知劳动者。如果用人单位的规章制度违反法律、法规的规定，损害劳动者权益的，劳动者有权解除劳动合同。

5）劳动合同无效。《劳动合同法》第二十六条规定："下列劳动合同无效或者部分无效：（一）以欺诈、胁迫的手段或者乘人之危，使对方在违背真实意思的情况下订立或者变更劳动合同的；（二）用人单位免除自己的法定责任、排除劳动者权利的；（三）违反法律、行政法规强制性规定的。"无效的劳动合同，劳动者可以随时解除。

6）法律、行政法规规定劳动者可以解除劳动合同的其他情形。另外，按照《劳动合同法》的规定，用人单位以暴力、威胁或者非法限制人身自由的手段强迫劳动者劳动的，或者用人单位违章指挥、强令冒险作业危及劳动者人身安全的，劳动者可以立即解除劳动合同，不需事先告知用人单位。

（2）用人单位可以单方解除劳动合同的情形。《劳动合同法》在保护劳动者权益的同时，也对用人单位的权益做了保护。劳动者有下列情形之一的，用人单位可以解除劳动合同。

1）在试用期间被证明不符合录用条件的。劳动者不符合录用条件的情况如：入职后查明对用人单位有重大隐瞒的；被证明道德有问题的，如提供虚假学历证书、假身份证、假职业资格证书等个人重要证件；知识、技能、业绩、态度、健康等与工作岗位要求有重大出入的，达不到岗位要求的；存在重大工作失误的；存在法律法规不允许的情况，如劳动者在试用期内被发现并经有关机构确认患有精神病的。劳动者出现以上情形，可视为不符合录用条件，用人单位可以解除劳动合同。

需要指出的是，按照《劳动合同法》相关条文释义，用人单位如果以劳动者不符合录用条件为由解除劳动合同应当在试用期间提出，如果超出试用期，则不能以"在试用期间被证明不符合录用条件"为由解除劳动合同。

2）严重违反用人单位的规章制度。实践中，因严重违反用人单位规章制度被解除劳动合同引发的争议在劳动争议案件中所占比例较大。何为"严重"，《劳动合同法》没有明确规定，造成双方当事人有着不同的解读。虽然"严重程度"法律没有规定，但应根据公平原则，结合用人单位的行业特点、劳动者违纪行为的性质以及所造成的后果进行综合的认定。

3）严重失职，营私舞弊，给用人单位造成重大损害。严重失职是指不履行或不正确履行工作职责，情节严重的行为；营私舞弊是指因图谋私利而采取欺骗手段做违约或违法的事情。

关于什么是“严重失职”“营私舞弊”，《劳动合同法》没有具体规定，主要看用人单位的规章制度是具体如何规定的，如果用人单位没有明确规定，双方发生争议，由劳动仲裁员或法官裁定。

4）劳动者同时与其他用人单位建立劳动关系，对完成本单位的工作任务造成严重影响，或者经用人单位提出，拒不改正。

劳动者一经与用人单位建立劳动关系，就应忠实地为用人单位工作，如果劳动者同时又与其他用人单位建立劳动关系，对完成本单位的工作任务造成严重影响，或者经用人单位提出，拒不改正的，用人单位有权随时解除劳动合同。

5）劳动者因《劳动合同法》第二十六条规定，“以欺诈、胁迫的手段或者乘人之危，使对方在违背真实意思的情况下订立或者变更劳动合同的”，劳动合同无效，用人单位可以解除劳动合同。

6）被依法追究刑事责任。如果劳动者实施了刑事法律禁止的行为而被人民法院判处刑事处罚的，用人单位可以解除劳动合同。需要指出的是，用人单位只有在劳动者被人民法院追究刑事责任的情况下，才有权适用该条款解除劳动合同，如果劳动者被有关机关收容审查、拘留、逮捕的，还没被人民法院判处刑事责任的，不适用该条款。

（三）《中华人民共和国社会保险法》简介

健全和完善的社会保险制度，既是一个社会劳动关系和谐稳定的基石，也是一个社会文明进步的标志。社会保险是否健全和完善，关系到每一个劳动者的切身利益，关系到社会经济的发展进步与稳定。

《中华人民共和国社会保险法》（以下简称《社会保险法》）于 2010 年 10 月 28 日第十一届全国人民代表大会常务委员会第十七次会议通过，自 2011 年 7 月 1 日起施行。2018 年 12 月 29 日，第十三届全国人民代表大会常务委员会第七次会议《关于修改〈中华人民共和国社会保险法〉的决定》对其进行了修正。

1.《社会保险法》的立法目的

《社会保险法》第一条规定：“为了规范社会保险关系，维护公民参加社会保险和享受社会保险待遇的合法权益，使公民共享发展成果，促进社会和谐稳定，根据宪法，制定本法。”

《社会保险法》的立法目的：

（1）规范社会保险关系；

（2）维护公民参加社会保险和享受社会保险待遇的合法权益；

（3）促进社会和谐稳定。

知识拓展

社会保险的特点

1. 社会共济

国家在全社会范围内，多渠道统一筹集资金，集中全社会的力量，建立社会保险基金，实行互助共济的原则，集合多数人的力量来均衡少数人遭遇的社会风险。

2. 责任分担

社会风险由全体社会成员共同承担，社会保险费用由国家、用人单位、个人承担，体现了国家、用人单位、个人都应承担社会保险责任。

3. 国家干预和指导

社会保险具有强制性，国家通过制定《社会保险法》及配套行政法规，强制用人单位和职工参加社会保险，政府通过法律和行政手段，指导社会保险的运行。

2. 立法原则

《社会保险法》从草案起草，到国务院审议，再到全国人大常委会审议修改，始终坚持了以下原则：

（1）与时俱进的原则。党的十四届三中全会以来，党中央根据我国实情，对社会保障制度改革和事业发展做出了一系列重大决策，特别是关于广覆盖、保基本、多层次、可持续等带有根本性和长远性的基本方针；关于社会保险要独立于用人单位之外、资金来源多渠道、管理服务社会化以及加强基金管理监督的要求等，都充分反映了与时俱进的原则。

（2）惠及公民的原则。《社会保险法》确立了我国社会保险制度框架，即把城乡各类劳动者和居民分别纳入相应的社会保险制度，努力实现制度无缺失、覆盖无遗漏、衔接无缝隙，使全体人民在养老、医疗等方面有基本保障，无后顾之忧。

（3）公平与效率相结合原则。《社会保险法》从我国基本国情和社会主义初级阶段的实际出发，在政府主导的社会保险制度的基础上，优先体现公平原则，做出适当的普惠性安排。通过增加政府公共财政投入，加大社会财富再分配力度，防止和消除两极分化，促进社会和谐；同时体现激励和引导原则，坚持权利与义务相适应，把缴费型的社会保险作为社会保障的核心制度。

（4）循序渐进原则。《社会保险法》在全面总结我国社会保险制度改革发展的实践经验，借鉴世界各国社会保险的有益做法的基础上，确立了我国社会保险体系建设的总体框架、基本方针、基本原则和基本制度；同时，基于我国社会保险体系建设正处在改革发展的过程中，新情况、新问题不断出现，需要继续探索和实践，《社会保险法》也保持了必要的灵活性，做出了一些弹性的或授权性的规定，为今后的制度完善和机制创新留出了一定的空间。

3. 《社会保险法》的适用范围

适用对象的广泛性是《社会保险法》最突出的特点，即享受社会保险的对象应当包括社会中不同层次、不同行业、不同所有制形式和不同身份的各种劳动者和居民。无论何种类型的用人单位，只要与劳动者建立了劳动关系，就应依法为劳动者缴纳社会保险费。

但目前一些用人单位，特别是一些私营经济性质的用人单位，为了降低经济成本，有的至今未实行社会保险制度，或者不按照国家规定依法为劳动者办理应该办理的保险登记。这与社会主义市场经济的统一、平等原则不相符。

4. 社会保险的主要种类

按照我国《社会保险法》的规定，目前我国社会保险主要种类如下：

（1）基本养老保险。基本养老保险，是国家根据法律、法规的规定，强制建立和实施的一种社会保险制度。在这一制度下，用人单位和劳动者必须依法缴纳养老保险费，在劳动者达到国家规定的退休年龄或因其他原因而退出劳动岗位后，社会保险经办机构依法向其支付养老金，从而保障其基本生活。

基本养老保险实行社会统筹与个人账户相结合。基本养老保险基金由用人单位、个人以及政府补贴三部分组成。参加基本养老金保险的个人，达到法定退休年龄时累计缴费满 15 年的，可按月领取基本养老金。

参加基本养老保险的个人，因病或者非因公死亡的，其遗属可以领取丧葬补助金和抚恤金；未达到法定退休年龄时因病或非因公致残完全丧失劳动能力的，可以领取病残津贴。所需资金从基本养老保险基金中支付。

（2）基本医疗保险。基本医疗保险是社会保障体系的重要组成部分，是由用人单位和职工共同参加的一种社会保险，按照用人单位和职工的承受能力来确定参保人员的基本医疗保障水平。基本医疗保险实行个人账户与统筹基金相结合，保障广大参保人的基本医疗需求，主要用于支付一般的门诊、急诊、住院等费用。

职工应当参加职工基本医疗保险，由用人单位和职工按照国家规定共同缴纳基本医疗保险费。符合基本医疗保险药品目录、诊疗项目、医疗服务设施标准以及急诊、抢救的医疗费用，按照国家规定从基本医疗保险基金中支付。个人跨统筹地区就业的，其基本医疗保险关系随本人转移，缴费年限累计计算。

（3）工伤保险。工伤保险是指劳动者在工作中或在规定的特殊情况下，遭受意外伤害或患职业病导致暂时或永久丧失劳动能力以及死亡的，劳动者或其遗属从国家和社会获得物质帮助的一种社会保险制度。

职工应当参加工伤保险，由用人单位缴纳全部工伤保险费，职工个人不需要缴纳工伤保险费。职工因工作原因受到事故伤害或者得了职业病，且经工伤认定的，享受工伤保险待遇；其中，经劳动能力鉴定丧失劳动能力的，享受伤残待遇。

（4）失业保险。失业保险是指劳动者由于非本人原因暂时失去工作，致使工资收入中断而失去维持生计来源，并在重新寻找新的就业机会时，从国家或社会获得物质帮助以保障其基本生活的一种社会保险制度。

职工应当参加失业保险，由用人单位和职工按照国家规定共同缴纳失业保险费。失业人员应当持本单位为其出具的终止或者解除劳动关系的证明，及时到指定的公共就业服务机构办理失业登记。失业人员凭失业登记证明和个人身份证明，到社会保险经办机构办理领取失业保险金的手续。失业保险金领取期限自办理失业登记之日起计算。

（5）生育保险。生育保险是国家通过立法，在怀孕和分娩的妇女劳动者暂时中断劳动时，由国家和社会提供医疗服务、生育津贴和产假的一种制度，是国家或社会对生育的职工给予必要的经济补偿和医疗保健的社会保险制度。

职工应当参加生育保险，由用人单位按照国家规定全部缴纳生育保险费，职工不缴纳生育保险费。用人单位已经缴纳生育保险费的，其职工享受生育保险待遇；职工未就业配偶按照国家规定享受生育医疗费用待遇。所需资金从生育保险基金中支付。

需要指出的是，我国社会保障体系尚处于完善阶段，由于各地区、各行业、各用人单位经济发展状况不平衡，会造成用人单位参加社会保险的险种不统一，一些单位可能没有参加所有险种。

（四）《工伤保险条例》简介

《工伤保险条例》于2003年4月27日公布，自2004年1月1日起施行。2010年12月20日，《国务院关于修改〈工伤保险条例〉的决定》对其进行了修订，自2011年1月1日起施行。

工伤，也称职业伤害，其含义是指企业职工在生产岗位上，从事与生产劳动有关的，或由于劳动条件、作业环境所引致的人身伤害事故或职业病等。

工伤保险是国家和社会用立法强制实施的为在生产、工作中遭受意外事故或职业病伤害的劳动者及其家属提供医疗服务、生活保障、经济补偿等物质帮助的制度。《工伤保险条例》制定的目的是保障因工作遭受事故伤害或者患职业病的职工获得医疗救治和经济补偿，促进工伤预防和职业康复，分散用人单位的工伤风险。

1.《工伤保险条例》的制定目的

《工伤保险条例》第一条阐明了工伤保险条例的立法目的："为了保障因工作遭受事

故伤害或者患职业病的职工获得医疗救治和经济补偿，促进工伤预防和职业康复，分散用人单位的工伤风险，制定本条例。”可见，其制定目的首先是为保护劳动者的权益，其次是分散用人单位的风险。

2.《工伤保险条例》的适用对象

《工伤保险条例》第二条规定了工伤保险的适用范围：中华人民共和国境内的企业、事业单位、社会团体、民办非企业单位、基金会、律师事务所、会计师事务所等组织的职工和个体工商户的雇工，均有依照本条例的规定享受工伤保险待遇的权利。

3.《工伤保险条例》的制定原则

（1）保障职工合法权益的原则。这是《工伤保险条例》最重要的一个原则。《工伤保险条例》在调整扩大工伤保险适用范围和工伤认定范围、简化工伤认定程序、提高工伤待遇水平、增强参保强制性等方面进行了修订和完善，使我国的工伤保险制度能够惠及更多的职业人群，使广大职工能够分享改革发展的成果。这充分体现了科学发展观的内在要求，体现了发展为了人民、发展依靠人民、发展成果由人民共享的以人为本的理念。

（2）工伤实行无过错责任原则。《工伤保险条例》规定只要劳动者在劳动过程中或者与工作有关的行为不是故意造成的伤害，就应当认定为工伤。由于工伤是法定保险，天生就具有保险法律关系的特征，因此在因工作受伤中，不存在一般意义上过错责任分担问题，而是讲免责范围，不属于免责条款的都属于赔偿范围。无论工伤事故的责任归于用人单位、劳动者或第三方，用人单位均承担保险责任。

（3）缓解矛盾原则。工伤事故发生后，如果工伤待遇全由用工单位承担，利害关系直接在用人单位与职工之间产生，用人单位怠于支付的可能性大，不利于工伤职工利益的保护，工伤事故发生后的赔偿转由社会保险基金支付，用人单位与工伤职工的利益冲突就减小，因此发生的诉讼就会大大减少。

4. 工伤认定申请

发生工伤事故后，需要及时办理工伤认定申请，在一定的时限内向有关部门提出认定申请。如果没有在规定的时限内提出认定申请，就可能丧失此项权利，这必须引起劳动者的高度重视。一般情况，工伤认定申请是由职工所在单位在规定的时间内提出，所在单位应当自事故伤害发生之日或者被诊断、鉴定为职业病之日起 30 日内，向统筹地区劳动保障行政部门提出工伤认定申请。如果用人单位未按规定提出工伤认定申请的，工伤职工或者其直系亲属、工会组织在事故伤害发生之日或者被诊断、鉴定为职业病之日起 1 年内，可以直接向用人单位所在地统筹地区劳动保障行政部门提出工伤认定申请。

提出工伤认定申请应当提交下列材料：

（1）工伤认定申请表。工伤认定申请表样式基本统一，在当地劳动行政部门（一般为人力资源和社会保障局）申请工伤认定，领取工伤认定申请表。工伤职工基本信息有：姓名、性别、年龄、住址、身份证号码、联系方式、所在单位名称、工作岗位、参加工作时间、申请工伤时间、事故时间、受伤害部位、受伤经过等。职工所在单位或者工伤职工应认真填写工伤认定申请表。

（2）与用人单位存在劳动关系（包括事实劳动关系）的证明材料。如劳动合同书、工作证、工资凭证、交纳社会保险费的记录等能够证明劳动者与用人单位存在劳动关系的证明材料。

（3）医疗诊断证明或者职业病诊断证明书（或者职业病诊断鉴定书）。在进行工伤认定时，有关单位或者个人必须提供医疗机构的医疗诊断证明或者职业病诊断机构出具的职业病诊断证明，如职业病诊断证明书或者职业病诊断鉴定书。

工伤认定申请人提供的材料不完整的，劳动保障行政部门应该一次性书面告知工伤认定申请人需要补充的全部材料。

新条例规定，社会保险行政部门应当自受理工伤认定申请之日起60日内作出工伤认定的决定，并书面通知申请工伤认定的职工或者其直系亲属和该职工所在单位。

小贴士

《工伤保险条例》规定职工因工作遭受事故伤害或者患职业病进行治疗，享受工伤医疗待遇。职工治疗工伤应当在签订服务协议的医疗机构就医，情况紧急时可以先到就近的医疗机构急救。

治疗工伤所需费用符合工伤保险诊疗项目目录、工伤保险药品目录、工伤保险住院服务标准的，从工伤保险基金支付。工伤保险诊疗项目目录、工伤保险药品目录、工伤保险住院服务标准，由国务院社会保险行政部门会同国务院卫生行政部门、食品药品监督管理部门等部门规定。

职工住院治疗工伤的伙食补助费，以及经医疗机构出具证明，报经办机构同意，工伤职工到统筹地区以外就医所需的交通、食宿费用从工商保险基金支付，基金支付的具体标准由统筹地区人民政府规定。

5. 工伤争议解决途径

虽然《工伤保险条例》对工伤的认定和认定申请做了详尽的规定，但工伤的认定受到各种主客观因素的干扰，涉及方方面面的利益，对工伤的认定极易发生争议。另外，在执行工伤待遇时，也容易发生争议，这就需要通过一定的程序来解决争议。

《工伤保险条例》规定职工与用人单位发生工伤待遇方面的争议，按照处理劳动争议的有关规定处理。有下列情形之一的，有关单位和个人可以依法申请行政复议；对复议决定不服的，可以依法提起行政诉讼。

（1）申请工伤认定的职工或者其近亲属，该职工所在单位对工伤认定申请不予受理的决定不服的。

（2）申请工伤认定的职工或者其近亲属、该职工所在单位对工伤认定结论不服的。只有工伤职工或者其直系亲属，如父母、子女以及工伤职工所在单位这三方，才能作为主体有权向做出行政决定的行政机关申请复议，对复议决定不服的，可向人民法院提起行政诉讼。

（3）用人单位对经办机构确定的单位缴费费率不服的。工伤保险费全部由用人单位缴纳，劳动保障部门根据以支定收、收支平衡的原则确定缴费费率，具有一定的灵活性。如果用人单位对经办机构确定的单位缴费费率不服的，可以向行政机关申请复议，对复议决定不服的，可向人民法院提起行政诉讼。

（4）签订服务协议的医疗机构、辅助器具配置机构认为经办机构未履行有关协议或者规定的。工伤职工需要医疗机构治疗，并需要一些医疗辅助器具，经办机构可以与一些符合条件的医疗机构、辅助器具提供商签订服务协议。如果经办机构没有按约定足额结算费用的，医疗机构、辅助器具提供商已向行政机关申请复议，对复议决定不服的，可向人民法院提起行政诉讼。

（5）工伤职工或者其直系亲属对经办机构核定的工伤保险待遇有异议的。如果工伤职工或者其直系亲属对经办机构核定的工伤保险待遇有异议的，可以施行先行政复议后行政诉讼的救济程序。

（五）《中华人民共和国劳动争议调解仲裁法》简介

为了公正及时解决劳动争议，保护当事人合法权益，促进劳动关系和谐稳定，中华人民共和国第十届全国人民代表大会常务委员会第三十一次会议于 2007 年 12 月 29 日通过了《中华人民共和国劳动争议调解仲裁法》（以下简称《劳动争议调解仲裁法》），自 2008 年 5 月 1 日起施行。

1.《劳动争议调解仲裁法》的立法目的

根据《劳动争议调解仲裁法》第一条的规定，本法立法是为了公正及时解决劳动争议，保护当事人合法权益，促进劳动关系和谐稳定。

2.《劳动争议调解仲裁法》的适用范围

中华人民共和国境内的用人单位与劳动者发生的下列劳动争议，适用本法：

（1）因确认劳动关系发生的争议；

（2）因订立、履行、变更、解除和终止劳动合同发生的争议；

（3）因除名、辞退和辞职、离职发生的争议；

（4）因工作时间、休息休假、社会保险、福利、培训以及劳动保护发生的争议；

（5）因劳动报酬、工伤医疗费、经济补偿或者赔偿金等发生的争议；

（6）法律、法规规定的其他劳动争议。

课堂分享

某中职学校三年级学生小林在就业指导课上，得知现在的就业市场陷阱重重，计算机专业的她利用课余时间自学了《劳动法》《劳动合同法》《社会保险法》《劳动争议调解仲裁法》等一系列法律，对于劳动就业的规定有了一定的了解。毕业签约时，用人单位提出了“试用期8个月，试用期满后签订劳动合同”的要求，小林依据自己掌握的法律知识，以劳动法规定“试用期最长不得超过6个月，试用期必须包含在劳动合同期限内”为由与单位据理力争，最终使单位按照劳动法的规定签订就业协议，较好地保护了自己的合法权益。

【讨论】

结合小林的例子，谈谈学习劳动法律法规有什么重要意义？

二、熟悉劳动者的权利和义务

所谓权利，是指公民依法享有的权益，它表现为享有权利的公民有权做出一定的行为和要求他人做出相应的行为。所谓义务，是指公民依法应当履行的某种责任，它表现为负有义务的公民必须做出一定的行为或禁止做出一定的行为。权利和义务，作为法律关系是同时产生而又相对应存在的。公民的权利和义务不可分离，公民的权利和义务是相辅相成的。

（一）劳动者的权利

我国的《劳动法》充分突出了对劳动者权益的保护。《劳动法》规定劳动者享有的权利有：

（1）劳动的权利，即就业权；

（2）平等就业的权利；

（3）选择职业的权利；

（4）取得劳动报酬的权利；

（5）休息休假的权利；

（6）获得劳动安全卫生保护的权利；

（7）接受职业技能培训的权利；

（8）享受社会保险和福利的权利；

（9）提请劳动争议处理的权利；

（10）法律规定的其他劳动权利。

（二）劳动者的义务

劳动者在享有上述劳动权利时，也必须承担相应的义务：

(1) 主动参加社会劳动;

(2) 积极努力地完成劳动任务,做好本职工作;

(3) 刻苦学习专业知识,不断提高自己的职业技能能力;

(4) 严格按照劳动安全卫生法律、法规规定的程序和条件进行操作,不违章作业,做好安全保护工作;

(5) 遵守劳动纪律、岗位纪律,服从指挥,协调劳动;

(6) 遵守行业、职业道德规范,提升职业素养,不得损害用人单位的利益。

就以劳动者的平等就业的权利而言,不分民族、性别、宗教信仰、家庭出身、财产状况,劳动者之间都享有平等的就业权,不应因任何原因受到歧视。

事实上,社会上有不少中小企业无视劳动者的平等就业的权利,他们甚至会在招工启事上明文写着不招女性,不招某少数民族人等字眼。这是严重侵犯了劳动者平等就业的权利的行为。

案例分析

1. 李某住在B市的母亲生病了,他向厂长提出休假探亲,厂长以他已在本地结婚,家庭在A市为由,不批准他休探亲假。

2. 李某工作的地方既有刺耳的噪声,又有刺眼的电焊强光,工人们向厂长要求发放劳动安全卫生防护用品,改善劳动条件,遭到厂长的拒绝。

3. 李某所在的机械厂只给部分资格老的职工办理社会保险,李某等不在其中。于是李某纠集工友,把厂长打成重伤,被公安机关拘留。

【思考】

1. 李某的哪些合法权益受到了侵害?

2. 李某要维护自己的合法权益,依据是什么?

3. 我们应该如何维护自己作为劳动者的合法权益?

案例分析

2022年4月13日,王某入职某建设公司担任木工岗位。入职后,公司并未与王某签订书面劳动合同,但实际上对王某进行了工作安排和考勤管理。2022年4月19日,王某在工作中受伤,受伤部位为胸口。公司仅向王某微信转账2 000元作为受伤的补偿,但是该费用远不及治疗伤病的开销。此后,王某多次与公司沟通赔偿事宜,均被拒绝。王某想通过申请工伤认定来解决医药费等问题,但由于未与公司签订劳动合同,无法确认劳动关系。后王某向仲裁委申请仲裁,请求确认劳动关系。仲裁委裁决支持王某的申请请求,确认某建设公司与王某存在劳动关系。随后,王某也顺利被认定为工伤。

【思考】

结合该案例中王某的经历，谈谈劳动者与用人单位签订劳动合同的重要性。

知行合一

健全劳动法律法规的思路与实施路径

党的二十大报告提出，健全劳动法律法规，完善劳动关系协商协调机制，完善劳动者权益保障制度，加强灵活就业和新就业形态劳动者权益保障，明确了劳动立法的任务，并将其置于劳动关系协调机制建设的重要地位。习近平总书记强调：全面依法治国是一个系统工程，要整体谋划，更加注重系统性、整体性、协同性。健全劳动法律法规也应具有系统思维、整体思维和协同思维。在上述思想的指引下正确把握劳动领域立法面临的问题、基本思路以及工作重点，对贯彻党的二十大报告要求、推动劳动关系法治化建设、完善社会主义法律体系都具有非常重要的意义。

健全劳动法律法规面临的问题与挑战

健全劳动法律法规应遵循系统性、整体性、协同性的要求，立足我国产业结构、就业形态、劳动力群体状态、法制建设阶段等，直面当前新问题和新任务。

第一，劳动法制度的设计必须适应产业结构、就业结构等经济条件的变化。近年来，我国服务业和数字产业得到很大发展，协调劳动关系的法律制度也应因此变革。尤其是第三产业飞速发展、数字技术广泛运用、人力资源管理水平不断提升，对劳动关系灵活性的需求也不断提升，劳动法制建设过程中灵活与安全平衡的压力大大增加。与此同时，数字技术的运用和平台用工的发展引发去劳动关系化，越来越多的用工关系在《劳动法》之外运行，坚持传统劳动法适用范围思路，会导致这部分劳动者权益保护存在困难。健全劳动法律法规，应加强灵活就业和新就业形态劳动者的权益保障。

第二，人口是社会发展的主体，也是影响经济可持续发展的关键变量，少子化与人口老龄化是我国发展面临的重大挑战。劳动者的时间和精力要在家庭、社会和职场之间分配，因此，劳动法制度的设计会影响劳动者的家庭生活、生育愿望，影响用人单位的用工选择，进而也会影响优化生育政策促进人口长期均衡发展这一政策目标的实现。健全劳动法律法规，应合理分配劳动者、用人单位和国家在生育、养老问题上的负担，推动解决少子化与人口老龄化问题。

第三，随着社会主义法律体系建设的推进，《劳动法》立法的制度框架和思路也面临新变化。近年来，与劳动法律紧密相关的《民法典》《社会保险法》《妇女权益保障法》等法律先后颁布、修订和实施，在健全劳动法律法规的过程中，《劳动法》要与这些法律相互协调和配合。此外，随着社会主要法律体系、主要领域法律均已具备，法律体系建设以及法典编撰成为立法的重要取向。习近平总书记在中央全面依法治国工作会议上强调，要总结编纂《民法典》的经验，适时推动条件成熟的立法领域法典编纂工作。劳动法律制度的完善也应遵循体系化和法典化的取向。

健全劳动法律法规的基本思路

立足上述社会经济和法治发展现状，健全劳动法律法规，应遵循以下思路。

第一，立足体系思维与系统思维。在社会主义法律体系中确定劳动法律的位置，协调其与《民法典》《社会保险法》等的关系。在我国，劳动力市场化改革通过劳动立法而不是民事立法完成，导致民事法中用工规则缺乏。在《民法典》依然未规定劳务合同的背景下，健全劳动法律体系，应考虑通过对劳动法律规范调整做“加法”、保护程度做“减法”的方式，将一些需要保护的劳务用工关系纳入保护范围。对于劳动法的制度体系，要完善劳动法律自身建设，消除制度碎片化和内部冲突，为劳动法的法典化进行制度准备。对于劳动法律的功能体系，要注意促进企业发展和维护劳动者权益的平衡、保护重点群体与反就业歧视的协同、争议处理程序与实体法的协调。

第二，协同建设多元劳动关系协调机制。习近平总书记指出，完善政府、工会、企业共同参与的协商协调机制，构建和谐劳动关系。长期以来，劳动法领域的问题解决多着眼于依靠国家立法保护，忽视私人自治和集体自治，导致《劳动法》刚性过强，灵活性不够，严格执行存在困难。这需要通过健全集体劳动法，协同建设多元劳动关系协调机制，推动集体劳动法与劳动基准法等协同建设，减轻国家立法压力，同时满足个性化调整劳动关系的需要。

第三，做到劳动基准规则广覆盖。劳动基准规则是国家立法规定的保护劳动者的底线性规则。当前，劳动基准规则主要适用于劳动关系。但实际上法律应当保护的不仅是处于依附性劳动中的人，其他劳动过程中的人也应得到保护。劳动基准应包括保护劳动过程中的人之尊严和生存的规则，和保护依附性劳动过程中人的特殊利益的规则。前者适用于所有劳动力提供者，后者适用于劳动关系中的劳动者。另外，还有一些劳动力提供者尽管不完全具备人格依附性劳动的认定标准，但也因为经济上的弱势地位、收入来源单一等需要法律的特殊保护，可以将一些劳动基准法的规则适用于其。健全劳动法律法规，应将保护人的尊严和生存的规则适用于所有劳动力提供者，将《劳动法》的一些规则适用于不完全符合劳动关系认定标准但有特殊保护需求的劳动力提供者，实现劳动基准的广覆盖，强化《劳动法》兜底保障、防范社会风险的功能。

第四，以精细立法满足个性化保护要求。通过劳动基准的分层以及给劳动合同和集体合同预留空间，可以在一定程度上增加劳动关系协调的灵活性。在此基础上，尚需要针对特定劳动者群体和特定用工场景进行精细化立法。尤其是对不完全符合劳动关系情形的用工，应根据当事人用工管理的具体情况，针对不同的劳动者群体和用工方式进行具体的保护性制度设计，以应对用工方式创新的需要。

健全劳动法律法规的实施路径

落实健全劳动法律法规应遵循总体规划、补齐短板、循序渐进的实施路径。劳动法内容庞杂，并且我国劳动法的一些重要领域，例如集体合同、民主管理等，尚缺乏国家层面上系统性的立法规范，因此劳动法典的制定很难一蹴而就。与此同时，劳动领域的一些问题，例如新就业形态用工关系调整问题、劳动基准法问题等，是当前亟须解决的。故此，健全劳动法律法规应借鉴《民法典》制定的经验，先按照劳动法律的内部逻辑，总体设计《劳动法》的内容和体系，然后立足当前急需解决的劳动关系协调问题，充分运用立改废释纂和决定等立法技术，补齐《劳动法》制度的短板，稳步推进《劳动法》各部分的规范完善，最终编撰完成有中国特色的劳动法典。

按照这一实施路径，健全劳动法律法规应首先完成我国劳动法体系的总体规划，构建《劳动法》的内部体系。在此基础上，考虑到《劳动合同法》《劳动争议调解仲裁法》《就业促进法》等已经系统制定，应着力推进劳动基准法的制定，完善事假、产假、婚假、陪产假等休假制度，保护女职工、高龄劳动者、新就业形态劳动者的底线性权益，协同推进反就业歧视立法，同时积极开展集体合同法、民主管理法以及特殊用工关系和特殊劳动关系协调的立法研究和理论准备。

【课后任务】

以《劳动法》为核心的劳动法律制度关系到每一个人的生活与工作。让我们收集整理相关的资料和案例，为将来做一个懂法、守法、用法的劳动者做好准备吧！

1. 请你收集劳动者维权的案例，分析案例侵犯了劳动者的哪些权利，劳动者是如何依法维权的，总结案例给你的启示并在小组内交流。

2. 以小组为单位，制作主题为“宣传劳动法律法规”的短视频。

第二节 迷津欲有问——毕业生就业权益

一、了解毕业生就业权益内容

（一）毕业生择业过程中的权利

为了维护毕业生的合法权益，国家在《中华人民共和国宪法》《劳动法》《中华人民共和国高等教育法》《中国教育改革和发展纲要》《普通高等学校毕业生就业工作暂行规定》等法律、法规和政策中都规定了毕业生应当享有的权利，这些权利主要包括两方面：一方面是在整个毕业择业过程中的权利；另一方面是毕业生针对被录用单位的权利。

1. 获取信息权

就业信息是毕业生择业成功的前提和关键。只有在充分占有信息的基础上，才能结合自身情况选择适合自身发展的用人单位。毕业生获取信息权，应包括三方面含义：（1）信息公开，即所有用人信息向全体毕业生公开，任何单位和个人不得隐瞒、截留需求信息。（2）信息及时，也就是毕业生获取的信息必须及时、有效，而不能将过时无利用价值的信息传递给毕业生。（3）信息全面，毕业生有权获得准确、全面的就业信息，以便对用人单位有全面的了解，从而做出符合自身要求的选择，而不是盲目的。

2. 接受就业指导权

学生有权从学校接受就业指导，学校应成立专门机构，安排专门人员对毕业生进行就业指导，包括向毕业生宣传国家关于毕业生就业的有关方针、政策；对毕业生进行择业技巧的指导；引导毕业生根据国家、社会需要，结合个人实际情况进行择业，使毕业生通过接受就业指导，准确定位，合理择业。当然，随着毕业生就业完全市场化，毕业生也将由从学校接受就业指导而转为主动到市场寻求和接受一些有益的社会上合法机构的就业指导。

3. 被推荐权

学校在就业工作中的一个重要职责就是向用人单位推荐毕业生。历年工作经验证明，学校的推荐往往在很大程度上影响到用人单位对毕业生的取舍。

4. 选择权

根据国家有关规定，毕业生只要符合国家的就业方针和政策，可以自主地选择用人单位，学校、其他单位和个人均不得干涉。任何将个人意志强加给毕业生，强令毕业生到某单位的行为是侵犯毕业生选择权的行为。毕业生可结合自身情况自主与用人单位协商，要求学校予以推荐，直至签订就业协议。

5. 公平待遇权

用人单位在录用毕业生的过程中，也应公正、公平，一视同仁。但在当前，毕业生的公平待遇权受到很大的冲击，也最为毕业生所担忧。由于各项配套措施滞后，完全开放公平的就业市场尚未真正形成，用人单位录用毕业生还不同程度存在不公平、不公正的现象，如女生就业难仍然是困扰女毕业生就业的一大问题。公平享有录用权是毕业生最为迫切需要得到维护的权益。

6. 平等竞争的权利

公平竞争是自主择业的前提，是毕业生在就业过程中的一项基本权利。在市场经济条件下，只有提供了一个公平竞争的市场环境，才能促使生产要素的合理流动，从而实现毕业生资源的优化配置。

（二）毕业生在录用单位的主要权利

1. 有要求用人单位履行协议接收毕业生的权利

协议书是国家专用于毕业生就业的正式文本，具有法律效力。双方一旦签约，就有义务严格履行协议，不得无故进行更改。用人单位必须依照协议接收毕业生，并妥善安排毕业生的工作，提供相应的工作和生活条件，以保证毕业生的正常工作。

2. 有要求用人单位按照《劳动法》规定提供各种劳动保障的权利

毕业生到用人单位报到后应签订劳动合同。《劳动法》第三条规定：劳动者享有取得劳动报酬的权利、休息休假的权利、获得劳动安全卫生保护的权利、接受职业技能培训的权利、享受社会保险和福利的权利、提请劳动争议处理的权利以及福利规定的洽谈劳动权利。

3. 有追究用人单位违约责任的权利

毕业生与用人单位签订就业协议，是双方遵循平等自愿、协商一致原则而达成的协议，双方均有遵守的义务。如果用人单位一方不能按照协议的内容履行，或者打折扣，毕业生有追究用人单位违约责任的权利。

案例分析

小莉就读于某中等职业技术学校的妇幼保健医学专业。毕业之际，她到一家私立的医院工作，医院向小莉口头承诺试用期2个月，试用期工资2 500元，包吃住。试用期过后就签正式合同，缴纳社会保险，基本工资2 500元，并有绩效提成，最高可拿4 000元。小莉2个月后进入转正期，但是合同条款并不是像之前承诺的那样，社会保险要全部从个人工资里扣除，一共1 000元，且每个月要扣除个人工作服费和食宿费共300元，合同中绩效算法模糊，并且第二个月月底才发放上个月的工资。小莉成为正式员工后，每个月拿到手里的工资平均只有2 000元。

【思考】

1. 小莉的哪些合法权益受到了侵害？
2. 小莉要维护自己的合法权益，依据是什么？
3. 我们应该如何维护自己作为劳动者的合法权益？

二、了解就业中的劳动争议

（一）毕业生就业中的权益纠纷

随着毕业生就业形势的日趋严峻，毕业生就业中的权益纠纷也频繁出现。毕业生就业中常见的权益纠纷主要体现在以下三个方面：

首先，在择业阶段，对毕业生平等权、知情权、隐私权、财产权等权益的侵犯时有出现。如用人单位对身高、性别等的不合理限制；巧立名目，收取体检费、建档费等费用；招聘单位在面试时询问求职者是否有男朋友或女朋友，对方单位是否解决房子、户口等与工作无关的问题。

其次，在就业报到阶段，常见用人单位不与劳动者签订劳动合同、延迟签订劳动合同、劳动合同不符合规范、收取押金、延长试用期等不合法现象。

再次，在合同履行阶段，常见的权益纠纷如薪酬缩水、待遇不兑现、违法加班加点、违法辞退、违法收取高额违约金等问题，侵犯了劳动者的合法权益。

（二）劳动争议的概念

劳动争议，又称劳动纠纷，是指劳动关系的当事人之间因执行劳动法律、法规和履行劳动合同而发生的纠纷，即劳动者与所在单位之间因劳动关系中的权利义务而发生的纠纷。

劳动纠纷是现实中较为常见的纠纷。国家机关、企业事业单位、社会团体等用人单位与职工建立劳动关系后，一般都能相互合作，认真履行劳动合同。但由于各种原因，双方之间产生纠纷也是难以避免的事情。劳动纠纷的发生，不仅使正常的劳动关系得不到维护，还会使劳动者的合法利益受到损害，不利于社会的稳定。因此，应当正确把握劳动纠纷的特点，积极预防劳动纠纷的发生。

劳动争议的概念包含以下主要内容：

（1）劳动争议的实质是基于劳动关系发生的，是有关劳动权利和劳动义务方面的冲突，它不包括由于观念、信仰、理论等分歧引起的争执；

（2）劳动争议是发生在劳动法律关系当事人——用人单位（包括自然人、法人和具有经营权的用人单位）和职工之间的争议；

（3）当事人争议的标的必须是属于劳动关系中的权利和义务，而不包含双方以其他主体资格、在其他法律关系中发生的权利、义务争议。

（三）劳动争议的分类

（1）依劳动争议标的性质的不同，劳动争议可划分为权利争议和利益争议。权利争议是指因实现劳动法、集体合同和劳动合同所规定的权利与义务所发生的争议，利益争议是指因主张有待确定的权利和义务所发生的争议。

（2）按照劳动争议当事人人数多少的不同，可分为个体劳动争议和集体劳动争议。个体劳动争议是劳动者个人与用人单位发生的劳动争议；集体劳动争议是指劳动者一方当事人在 3 人以上，有共同理由的劳动争议。

（3）按照当事人国籍的不同，可分为国内劳动争议与涉外劳动争议。国内劳动争议是指中国的用人单位与具有中国国籍的劳动者之间发生的劳动争议；涉外劳动争议是指具有涉外因素的劳动争议，包括中国在国（境）外设立的机构与中国派往该机构工作的人员之间发生的劳动争议和外商投资企业的用人单位与劳动者之间发生的劳动争议。

（四）劳动争议的范围

劳动争议的范围，在不同的国家有不同的规定。根据我国《劳动争议调解仲裁法》第二条规定，劳动争议的范围是：

（1）因确认劳动关系发生的争议；

（2）因订立、履行、变更、解除和终止劳动合同发生的争议；

（3）因除名、辞退和辞职、离职发生的争议；

（4）因工作时间、休息休假、社会保险、福利、培训以及劳动保护发生的争议；

（5）因劳动报酬、工伤医疗费、经济补偿或者赔偿金等发生的争议；

（6）法律、法规规定的其他劳动争议。

（五）劳动争议的处理原则

（1）在查清事实的基础上，依法处理劳动争议的原则。

（2）当事人在法律上一律平等的原则。

（3）着重调解劳动争议的原则。

（4）及时处理劳动争议的原则。

（六）劳动争议的处理机构

根据《劳动法》和《劳动争议调解仲裁法》的规定，我国处理劳动争议的机构为：劳动争议调解委员会、地方各级劳动争议仲裁委员会和地方各级人民法院。

（七）劳动争议的处理程序

依《劳动法》和《劳动争议调解仲裁法》的有关规定，我国劳动争议的处理，包括调解、仲裁、诉讼三个主要程序。

案例分析

小白是北京某重点大学的一名计算机专业应届本科毕业生，编程能力很强。在学校举办的一次大型双选会上，她以优异的专业成绩和实习单位较高的评价，被一家小有名气的内资 IT 企业相中，并很快签订用人合同，双方商定试用期为 3 个月，试用期间月薪为 15 000 元。当其他同学还在为找工作东奔西走的时候，满心欢喜的小白已经开始上班了。可是天有不测风云，谁曾想，刚结束春节休假上班的小白一到公司，便接到人事部门一纸解约通知，称“通过试用，发现小白不适合在本公司工作，决定解除双方的试用合同……”公司的决定，让她感到非常突然：就在春节前，她通宵达旦，加班加点设计出来的一个财会软件还受到部门经理的夸奖，怎么突然就变卦了呢？她感到十分不解。后来，一位共过事的公司员工向她道明了事情的真相：“公司根本没想要你这个人，只是需要你设计的软件，公司只是想无偿占有你开发的软件而已。”小白这才幡然醒悟，原来自己掉进了用人单位设下的智力陷阱中。

【思考】

1. 该公司的这种做法合法吗？

2. 小白要维护自己的合法权益，可以怎么做？

三、掌握维护正当权益的方法

随着毕业生就业体制改革的不断深化，整个就业工作正在向着程序化、规范化、法制化的目标迈进。作为就业活动主体之一的毕业生，如何正确、合理地运用国家有关就业的各项政策、法律、法规来维护自身的合法权益，保证顺利就业，显得尤为重要。毕业生在就业过程中，如发生就业协议争议、个人权益受到侵犯，可选择与用人单位协商解决，也可以通过以下途径对自身权益实施保护。

（一）毕业生就业主管部门的保护

毕业生就业主管部门可通过制定相应的规范来确定毕业生的权益，并对侵犯毕业生权益的行为予以抵制或处理。

（二）学校的保护

学校对毕业生权益的保护最为直接。学校可通过制定各项措施来规范毕业生就业指导和就业推荐，对于用人单位在录用毕业生过程中的不公平、不公正行为，学校有权予以抵制以维护毕业生公平接受录用权。对于用人单位与毕业生签订不符合有关规定的就业协议，学校有权不予同意，未经学校同意的就业协议不发生法律效力，不能作为编制就业计划的依据。

（三）毕业生自我保护

毕业生应深入了解目前国家关于毕业生就业的有关方针、政策和规范以及它们之间的关系，熟悉毕业生在就业过程中的权利和义务，这是毕业生权益自我保护的前提。如果在就业过程中因为所谓的公司规定或部门规定与国家政策法规有抵触，侵犯了自己的权益，则可以依据法规办事，维护自己的合法权益。

根据我国有关法律法规的规定，解决劳动争议的程序如下。

1. 协商

发生劳动争议后，双方当事人可先进行协商，以达成解决方案。对于矛盾不太尖锐的劳动争议，提倡以这种方式来解决，这往往也是双方都容易接受的。对劳动者个人来讲，不一定因为发生劳动争议就不在原单位工作了，如果过分强调用诉讼的方式解决问题，可能会为今后的工作带来不便，所以更应注意使用协商的方式解决纠纷。当然，这并不是说要对用人单位作无谓的妥协，而是强调协商是双方最易接受，效果也是最好的方式。

2. 调解

由企业调解委员会对本单位发生的劳动争议进行调解。这不是处理劳动争议的必经程序，但对劳动争议的解决意义重大，特别是对希望继续留在本单位工作的劳动者来说，若能够通过调解解决劳动争议，是一种较为理想的选择。

3. 仲裁

劳动争议调解不成的，当事人可以向劳动争议仲裁委员会申请仲裁，当事人也可以不经调解直接向劳动争议仲裁委员会申请仲裁。需要强调的是，仲裁是劳动争议处理的必经程序，即当事人未经仲裁程序不得直接向人民法院起诉，否则，人民法院不予受理。

4. 诉讼

当事人对仲裁裁决不服的，可以自收到仲裁裁决书之日起 15 日内向人民法院起诉。当事人如果对人民法院的一审判决不服，可以提起上诉，二审判决是终审判决，当事人必须执行。

案例分析

小丁在实习期遇到了单位不给加班工资的情况，他同几个同事商量解决的办法。

小刘：与单位协调一下。

小张：我听说劳动仲裁是一种简捷有效的方式，我们申请仲裁吧。

小王：不用和他们说啥，直接上法院好了。

小丁：听说我们单位有劳动调解委员会，挺管用的，我们要不先去劳动调解委员会咨询一下吧。

【思考】

小刘、小张、小王、小丁 4 人的说法中包含了哪些解决劳动争议的方式？

知行合一

求职陷阱丛生？别在毕业生就业路上挖坑设套

近日，四川省公安厅公布了一起典型案例：2022 年 2 月，犯罪嫌疑人胡某某成立四川某教育科技有限公司，伙同 17 人专门针对在校大学生、应届毕业生和有培训需求的应聘人员，在求职平台上发布虚假高薪招聘信息，通过一系列套路陷阱，诈骗 400 余名求职大学生，涉案金额达 131 万元。被骗的学生多、涉案金额大，再一次引发公众对毕业季中求职陷阱问题的关注。

大学生群体在面对诈骗行为时往往更具有警惕性，怎么也会走进套路和陷阱中？一个很重要的原因，是处于求职阶段的大学生们面临着严峻的就业形势。据统计，2023 届高校毕业生总规模预计达 1 158 万人，总量再创新高。毕业生就业压力只增不减，可以想象他们内心的焦虑甚至焦灼和迷茫。在求职中，“薪资高低、待遇多少”又是不少高校毕业生最为关注的因素。一边是就业压力，一边是对高薪的期待，诈骗分子正是抓住了毕业生群体的此种心理，在求职道路上挖坑、设陷。

400 余名大学生，131 万元的涉案金额，可以想见这些诈骗分子有多么黑心，牺牲大学生的前途换取金钱，利用求职者的心理来牟利，不仅毫无良知，更是对法律法规的无视。这样的诈骗分子被抓捕罪有应得，但诈骗行为对大学生的伤害却难以弥补。要知道，这些学生无非是希望获得一份理想的工作或者让自己在求职的道路上多一份竞争力，如今不仅白白丢失了一大笔钱，还让原本的希望落空，甚至耽误了就业的最佳时机，影响了其他的就业选择。

就是这样的求职陷阱，在毕业季总是层出不穷。除了常规的黑中介、假兼职等手段外，近年来，不法分子还不断翻新作案手法，以“高收入、高回报、免费培训”为诱饵，有的骗取服装费、体检费、中介费，不惜以诱骗毕业生采取“高息网贷”的方式支付上述费用。眼花缭乱的诈骗套路让大学生们本就不容易的求职之路难上加难，严重扰乱了就业市场的秩序。

就业是最大的民生，大学生就业更是社会关注的重点。毕业生群体顺利就业，既关乎学生自身的发展和价值的实现，也关系着社会的发展和稳定。在《教育部关于做好2023届全国普通高校毕业生就业创业工作的通知》（教学〔2022〕5号）中明确指出，要切实维护毕业生就业权益，对于存在就业歧视、招聘欺诈、“培训贷”等问题的用人单位，要纳入招聘“黑名单”并及时向高校毕业生发布警示提醒。为大学生营造良好的就业氛围离不开学校的努力，也需要社会的助力。对在求职路上设陷阱的不法分子，要提前监管、冒头就打、严加惩处。

对毕业生来说，毕业是人生的新起点，越是在这个关键时刻越是要擦亮眼睛。对诱人的高薪，尤其要提高防范意识、时刻保持警惕、切莫头脑发热，如此才能躲开各种陷阱，一路前行。

【课后任务】

请同学们收集毕业生求职就业被侵权的案例，总结案例带给我们的启示并于小组内交流。

第三节　明月来相照——签订就业协议书和劳动合同

一、了解就业协议书的内容与实质

（一）协议的内容、用途

就业协议是明确毕业生、用人单位和学校在毕业生就业工作中权利和义务的书面表现形式。就业协议一般由教育部或各省、市、自治区就业主管部门统一制表。其主要内容包括：毕业生应按国家法规就业，向用人单位如实介绍自己的情况，了解用人单位的使用意图，表明自己的就业意见，在规定的时间内到用人单位报到，若遇到特殊情况不能按时报到，需征得用人单位同意；用人单位要如实介绍本单位的情况，明确对毕业生的要求及使用意图，做好各项接收工作；学校要如实向用人单位介绍毕业生的情况，做好推荐工作，用人单位同意录用后，经学校审核列入建议就业计划，报主管部门批准，学校负责办理派遣手续；各方应严格履行协议，任何一方若违反协议，应承担违约责任；其他补充协议。

就业协议作为学校、用人单位及毕业生之间三方的一份意向性协议，不仅能为毕业生解决工作问题，保障毕业生在寻找工作阶段的权利与义务；同时，也保障了用人单位能够从不同学校找到合适、优秀的毕业生。就业协议的作用具体为：第一，保障毕业生在寻找工作阶段的权利与义务，约束签订劳动合同的时间、劳动合同的内容等。当发现所要签订的劳动合同与就业协议不一致，特别是出现对维护毕业生权益不利的情况时，毕业生应该要求用人单位按照已经签订生效的就业协议，制定新的劳动合同，使其内容符合就业协议。第二，保障用人单位能方便地直接从学校方面调出该毕业生真实的档案、资料，能够方便、清楚了解毕业生的真实情况。

（二）就业协议的性质和特征

从法律意义上说，就业协议若要具有法律效力，它就要具备合同（或契约）的性质和特征。因此，就业协议应是当事人（毕业生、用人单位）之间确立劳动关系（聘用关系），明确权利、义务的协议。该协议应具有以下特征。

1. 双方当事人意思表示必须相一致

协议是毕业生和用人单位双方的民事法律行为，必须双方当事人意思表示相一致，才能成立。只有一方当事人的意思表示，或者双方当事人虽都有意思表示，但相互之间意思表示的内容不一致，协议都不能成立。

2. 协议双方当事人法律地位平等

协议的双方当事人，一方是毕业生，另一方不论是行政机关、事业单位还是大型企业集团等，毕业生和用人单位的法律地位一律平等，双方没有上下和高低之分。

3. 协议应具体明确双方当事人的权利和义务

协议是双方当事人为确立一定的民事权利义务关系而订立的。因此，不发生任何法律后果、不涉及当事人之间权利义务的协议是没有法律意义的。

4. 协议是具有法律效力的行为

协议既然是双方当事人依法达成的，就会产生相应的法律后果，因而对双方当事人都具有法律约束力，同时也得到国家法律的承认与保护。因此，双方当事人都必须认真、严格地履行各自应承担的义务。

课堂分享

小王是一名即将毕业的应届生，两个月前和A单位签订了就业协议，由于就业协议上只规定了就业意向，没有其他方面的条款，小王又和A单位达成补充约定：工资3 000元/月，如违反就业协议须支付违约金5 000元。

一个月后，一家发展前景更好的B单位有意录用小王，小王打算向A单位辞职，A单位以小王违反就业协议为由，要求他按照约定支付5 000元违约金。而小王认为就业协议只是协议，又不是劳动合同，不具有法律效力，他根本不用支付违约金。

【讨论】

小王的这个想法对吗？

二、了解就业协议订立、解除的程序

（一）协议的订立、解除

1. 订立的原则

（1）主体合法原则。签订就业协议的当事人必须具备合法的主体资格。对毕业生而言，就是必须要取得毕业资格，如果学生在派遣时未取得毕业资格，用人单位可以不予接收而无须承担法律责任。对用人单位而言，用人单位必须具有从事各项经营或管理活动的能力，单位应有录用毕业生计划和录用自主权，否则毕业生可解除协议而无须承担违约责任。对高校而言，高校根据用人单位的要求如实介绍毕业生的在校表现，也应如实将所掌握的用人单位的信息发布给毕业生。

（2）平等协商原则。就业协议的三方在签订就业协议时的法律地位是平等的，一方不得将自己的意志强加给另一方。学校也不得采用行政手段要求毕业生到指定单位就业（不包括有特殊情况的毕业生），用人单位亦不应在签订就业协议时要求毕业生交纳过高数额的风险金、保证金。三方当事人的权利义务应是一致的。除协议书规定的内容外，三方如有其他约定事项可在协议书“备注”内容中加以补充确定。

2. 订立的步骤

就业协议的订立一般要经过两个步骤，即要约和承诺。

（1）要约。毕业生持学校统一印制的就业推荐表或其复印件参加各地供需洽谈会（人才市场），进行双向选择，或向各用人单位寄发书面材料，应视为要约邀请，用人单位收到毕业生材料，对毕业生进行考察后，表示同意接收并将回执寄到毕业生就业工作部门或毕业生本人，应为要约。

（2）承诺。毕业生收到用人单位回执或通过其他方式得到用人单位答复后，从中做出选择并到学校毕业生就业工作部门领取就业协议书，与用人单位签订协议，即为承诺。

由于毕业生就业工作比较烦琐，比较具体，有时很难明确分为要约和承诺两个步骤。比如：有的毕业生参加公务员考试，达到面试分数线后，到用人单位参加面试、体检，用人单位也对毕业生进行政审、阅档，表示同意接收，在这种情况下，毕业生应与该用人单位签订就业协议，而不应再选择其他单位。又如，用人单位到学校挑选毕业生，毕业生自己主动报名，经学校积极推荐，用人单位也表示同意接收，但要回到单位后再正式发函签协议，在这种情况下，毕业生也应安心等待与用人单位签约，而不能出尔反尔，以未正式签协议为由，置学校信誉于不顾，在这过程中与其他单位签约，这样也浪费了其他毕业生的就业机会。

3. 签订就业协议的程序

（1）毕业生和用人单位达成协议并在就业协议书上签名盖章，用人单位应在协议书上注明可以接收毕业生档案的名称和地址。

（2）用人单位上级主管部门批准盖章。

（3）用人单位必须在与毕业生签订协议书起的 10 个工作日内（一般不超过 15 天）将协议书送学校毕业生就业工作部门。

（4）学校同意盖章，并及时将协议书反馈给用人单位。

须注意的是，学校同意盖章这一步一定要最后执行以保护学生的权益。毕业生就业必须由毕业生、用人单位和学校签署就业协议书。就业协议书一式三份，毕业生、用人单位和学校各执一份。就业协议书由国家或市毕业生就业主管部门统一制表。

小贴士

毕业生如遗失《就业协议书》，需本人提出书面申请，经学校就业主管部门审核同意盖章后，到省大中专就业中心补办。《就业协议书》上注明“该生原件已遗失，此份为遗失补办件”，以区别于正式的《就业协议书》《推荐表》。

4. 就业协议的解除

就业协议的解除分为单方解除和三方解除。

（1）单方解除。单方解除包括单方擅自解除和单方依法或依协议解除。单方擅自解除协议，属违约行为，解除方应对另两方承担违约责任。单方依法或依协议解除，是指一方解除就业协议有法律上或协议上的依据，如学生未取得毕业资格，用人单位有权单方解除就业协议。毕业生录用之后，或依协议规定，毕业生未通过用人单位所在地组织的公务员考试，用人单位有权解除协议，此类单方解除，解除方无须对另二方承担法律责任。

（2）三方解除。三方解除是指毕业生、用人单位、学校三方经协商一致，取消原订立的协议，使协议不发生法律效力。此类解除是三方当事人真实意思表示一致的体现，三方均不承担法律责任。三方解除应在就业计划上报主管部门之前进行，如就业派遣计划下达后三方解除，还须经主管部门批准办理调整改派。

课堂分享

每到就业季，在用人单位与毕业生之间都会产生不少因就业协议书引起的纠纷，如就业协议书中某些条款约定不明产生歧义，违约方觉得违约金过高或不肯支付，毕业生想违约而单位不肯等。

因就业协议书所涉及的关系属于普通民事法律关系，不属于劳动关系，故不适用劳动法律，应适用民法，应参考一般民事解决问题的流程。同理，因就业协议书引起的纠纷，是不属于劳动行政部门管辖范围的。

按照民事纠纷的解决流程，一般是“协商—调解—法院诉讼或仲裁”。

首先，毕业生和用人单位双方可以先友好协商解决问题。在现实操作中，有很大一部分纠纷可以通过协商得到解决，节省双方时间和精力。

其次，在双方矛盾比较激烈，无法平静友好协商或觉得不平等无法协商等情况下，一方可以申请用人单位内部的或用人单位所在地政府的人民调解委员会进行调解（比如单位所在地××区××街道人民调解委员会）。

最后，如果协商、调解都达不到效果或者双方矛盾非常激烈，其中一方拒绝协商和调解，一定要对簿公堂的情况下，可以选择去人民法院起诉或向仲裁机构申请仲裁，请注意法院诉讼和仲裁只能二选一。

请同学们注意：不管是何种纠纷解决方式都会花费一定的时间和精力，而且越往后的程序越费时费力。如果最后要走法院或仲裁流程，耗时更长，对毕业生的就业会有一定的拖延和阻碍。因此，希望同学们签约前考虑清楚，谨慎签约，尽量避免后续的不利因素。

【讨论】

谨慎签约，避免因就业协议引起的纠纷，我们应该怎样做？

三、掌握与企业签订劳动合同的技巧

（一）正确行使订立劳动合同过程中的知情权

在劳动合同缔结之前，用人单位和员工为了建立劳动合同关系，通常采用用人单位招聘、员工应聘的方式，来实现订立合同之前的平等协商。在这个过程中，首先双方当事人必须有一个权利——了解对方相关信息的权利。如果没有这个权利，用人单位的面试根本就无法开展，因此法律必须赋予双方当事人知情权。对于劳动者来讲，用人单位在招聘劳动者时，应当告知劳动者本单位工作方面的相关内容和劳动者想了解的一些情况，这是劳动者的知情权；而用人单位也有权了解劳动者与劳动合同直接相关的基本情况，劳动者不得隐瞒，这是用人单位的知情权。

在实际操作过程中，用人单位的知情权行使得非常充分。当用人单位面试劳动者的时候，什么问题都可以直接问，一般说来，这些问题劳动者都要回答，因为现在劳动力供大于求，如果劳动者不配合用人单位的面试，就可能失去被聘用的机会，所以用人单位知情权的行使几乎没有什么障碍。但劳动者知情权的行使是有障碍的，或者说是未能充分行使的。一般情况下，用人单位应该按照《劳动合同法》的规定，充分地了解员工，同时也允许员工充分地了解用人单位的情况，这不只是法律的规定。即使法律不这样规定，这样做对用人单位来说也大有好处。很多用人单位招来了员工却留不住，员工跳槽频繁，当然有各种各样的原因。其中一个重要原因是，用人单位单方面地了解了员工，并按自己的需要筛选出了合适的员工，但是这些员工并不了解用人单位。员工入职以后，发现用人单位的实际情况与自己想象的相去甚远，自然而然地就会产生跳槽的念头。所以，我们在签劳动合同时，应充分了解企业的实际情况，充分利用我们的知情权，在适合自己的岗位上发挥聪明才智。

（二）禁止设定担保和收取抵押金

《劳动合同法》中有禁止设定担保和收取抵押金的规定。就是说，用人单位招聘劳动者时，不得让劳动者提供担保或者缴纳抵押金。《劳动合同法》第九条规定：用人单位招用劳动者，不得扣押劳动者的居民身份证和其他证件，不得要求劳动者提供担保或者以其他名义向劳动者收取财物。第八十四条规定：用人单位违反本法规定，扣押劳动者居民身份证等证件的，由劳动行政部门责令限期退还劳动者本人，并依照有关法律规定给予处罚。用人单位违反本法规定，以担保或者其他名义向劳动者收取财物的，由劳动行政部门责令限期退还劳动者本人，并以每人五百元以上二千元以下的标准处以罚款；给劳动者造成损害的，应当承担赔偿责任。

很多用人单位担心，由于不了解招进来的员工，万一这个员工在工作当中犯错误，给本单位造成巨大损失，而这个员工又一走了之，不赔偿用人单位的损失，用人单位怎么办呢？所以，现在很多用人单位都要求员工缴纳一定数额的抵押金，等员工离开本单位时再返还给他，甚至有的用人单位还支付抵押金的利息，只求降低风险。这种做法看似合情合理，但是仔细想想并不尽然。用人单位只求自保，却从来没有替员工考虑，因为员工也有类似的风险。

（三）明确工资类型

工资是劳动者最关心的要素之一，对于工资，劳动者有一些细节需要弄清楚。首先要明确工资是税前工资还是税后工资。税前工资是包含了劳动者依法应当承担的个人所得税，劳动者实际拿到的工资是税前工资减去个人所得税和社会保险所剩下的金额。如果用人单位承诺支付的是税后工资，劳动者一定要用人单位在合同中予以明确，否则发生争议时将被认定为税前工资。

（四）明确双方违反劳动合同的责任

违约责任是合同中必不可少的条款，劳动合同是双方当事人权利义务的协议，违约责任中应该包括双方的责任，有些合同只规定了劳动者违约的责任，对用人单位的违约责任只字不提，这违反了订立合同中的公平原则。签订劳动合同时，应该与用人单位协商约定责任的认定、赔偿的范围、计算方法和承担方式。

（五）注意合同格式

格式合同，又称标准合同、定型化合同，是指当事人一方预先拟定合同条款，对方只能表示全部同意或者不同意的合同。这样的合同在现实生活中很常见，比如车票、飞机票、保险单等都属于格式合同。一些用人单位经常利用自己所处的优势地位对劳动者出具格式合同。劳动合同的内容都是由用人单位来制定的，在这个过程中，用人单位掌握主导权。因此，大家在签订合同时如果发现用人单位出具格式合同，最好提出异议，要求共同商议订立合同。

如果改变不了签订格式合同的命运，需要注意的是劳动合同中有些条款是空白的，双方可以协商约定，把约定好的内容填上去，比如合同期限、岗位、工资约定等。如果劳动者认为还有其他条款需要约定，可以在劳动合同的补充条款中约定。

案例分析

小王今年刚从A市某中职学校电子商务专业毕业，欲应聘到某公司工作。在与该公司签订合同时，小王知道他就职的这家公司在全国各地有几家分公司，于是，他想在劳动合同中约定他的工作地点在A市。但公司不同意。公司认为工作地点的安排是用人单位的自主权，小王无权选择工作地点，更不应当在劳动合同中规定工作地点。

【思考】

1. 劳动合同应该具备哪些内容？
2. 小王的要求是否符合法律规定？

知行合一

模拟签订劳动合同

一、活动目标

熟悉劳动合同的基本内容；

学会如何签订劳动合同。

二、任务描述

某酒店的员工已入职报到，请准备好劳动合同，制定好相关的内容，并逐一与劳动者签订。

要求：

(1) 分成不同小组，分别代表用人单位和劳动者，进行沟通、谈判、达成协议，并制作劳动合同；

(2) 劳动合同经评委会审核组织签订。

三、活动步骤

(1) 学生分组进行角色准备；

(2) 针对签订劳动合同过程中遇到的问题进行讨论；

(3) 成果展示，老师和评议组打分。

四、活动总结

指导教师对活动进行整体评价。

素养之窗

就业是最基本的民生。强化就业优先政策，健全就业促进机制，促进高质量充分就业。健全就业公共服务体系，完善重点群体就业支持体系，加强困难群体就业兜底帮扶。统筹城乡就业政策体系，破除妨碍劳动力、人才流动的体制和政策弊端，消除影响平等就业的不合理限制和就业歧视，使人人都有通过勤奋劳动实现自身发展的机会。健全终身职业技能培训制度，推动解决结构性就业矛盾。完善促进创业带动就业的保障制度，支持和规范发展新就业形态。健全劳动法律法规，完善劳动关系协商协调机制，完善劳动者权益保障制度，加强灵活就业和新就业形态劳动者的权益保障。

第六章 职场适应

学习目标

知识目标

了解试用期相关的法律法规；

了解新入职场应注意的事项；

了解新入企业的文化与发展历程。

能力目标

掌握职业素养提升的途径；

掌握职场有效沟通的技巧，提升职业素养中的沟通能力。

素质目标

培育学生的职业精神，增强学生公德意识，提高学生参与能力；

弘扬劳模精神和工匠精神，营造劳动光荣的社会风尚和精益求精的敬业风气。

第一节 工欲善其事——试用期方略

人生的步子变化万千。社会环境的变化，既会对从业者发展目标的实现带来困难，也会给职业生涯发展带来新的机遇。因此，我们要善于抓住机遇，不失时机地调整发展目标，根据新目标学习好法律法规，有的放矢地提高自己，提高自身素养来主动适应环境条件的变化。

一、了解试用期的法律规定

案例

2020年2月8日，小王入职时，公司告知他有3个月的试用期，但是没有与小王签订书面劳动合同。2020年4月12日，公司通知小王，由于他在试用期表现不佳，所以公司决定辞退他。小王觉得很委屈，因为在试用期内他确实努力工作，而且自认为表现是很好的。在这种情况下，小王应该怎么办?

关于试用期常见的法律问题主要有以下几种。

（一）违法一：试用期期限随意设定

试用期一般是指用人单位和劳动者首次建立劳动关系后，为增加相互了解，为决定是否最终选择对方而设定的一定期限的考察期。试用期是劳动合同期限的组成部分，包含在劳动合同期内。试用期的长短取决于劳动合同期限的长短。

《劳动合同法》第十九条规定：劳动合同期限三个月以上不满一年的，试用期不得超过一个月；劳动合同期限一年以上不满三年的，试用期不得超过两个月；三年以上固定期限劳动合同和无固定期限的劳动合同，试用期不得超过六个月。同一用人单位与同一劳动者只能约定一次试用期。以完成一定工作任务为期限的劳动合同或者劳动合同期限不满三个月的，不得约定试用期。劳动合同仅约定试用期的，试用期不成立，该期限为劳动合同期限。可见法律对试用期有着明确而严格的规定。任何与法律相违背、相冲突的约定条款均无效。用人单位更不能随意设定劳动者试用期。有的用人单位随意设定劳动者试用期期限，或者试用期满了以后，认为还需要进一步考察，继续延长试用期，这些都是不对的。

法律责任：

《劳动合同法》第八十三条规定，用人单位违反本法规定与劳动者约定试用期的，由劳动行政部门责令改正；违法约定的试用期已经履行的，由用人单位以劳动者试用期满月工资为标准，按已经履行的超过法定试用期的期间向劳动者支付赔偿金。

（二）违法二：试用期不签订劳动合同

试用期不签订劳动合同的现象原来比较普遍，《劳动合同法》实施后，因为存在不签劳动合同就要支付双倍工资的问题，因此，用人单位对此比较重视，纷纷与劳动者签订劳动合同。但在实践中，没有与劳动者签订劳动合同的用人单位还是有很多。很多未与劳动者签订劳动合同的用人单位普遍认为，既然是试用期，等试用了以后再签也不迟，不试用怎么知道劳动者是否是单位需要招聘的人呢？这种认识和想法是错误的。根据《劳动合同法》第十条规定，建立劳动关系，应当订立书面劳动合同。已建立劳动关系，未同时订立书面劳动合同的，应当自用工之日起一个月内订立书面劳动合同。《劳动合同法》第十九条规定，试用期包含在合同期限内。劳动合同仅约定试用期的，试用期不成立，该期限为劳动合同期限。因此，未订立劳动合同，也就不存在试用期。

用人单位在未与劳动者订立劳动合同的情况下，给劳动者设定的试用期不成立。以试用期不合格辞退劳动者自然也不成立。

法律责任：

《劳动合同法》第八十二条规定，用人单位自用工之日起超过一个月不满一年未与劳动者订立书面劳动合同的，应当向劳动者每月支付二倍的工资。

（三）违法三：试用期不缴纳社会保险

这个问题比较突出，不少用人单位都是在试用期满了以后才考虑为劳动者缴纳社会保险，这种想法和做法都是不对的，而且会给用人单位带来很大的用工风险。根据法律规定，用人单位与劳动者建立劳动关系后，即应当为劳动者缴纳社会保险。用人单位没有缴纳的，劳动者可以要求用人单位补缴。未缴纳社会保险期间发生工伤事故，赔偿责任由单位承担，而缴纳了社会保险的用人单位，其间若劳动者发生工伤事故，工伤赔偿责任由保险公司或工伤保险基金承担。例如，某单位招聘一劳动者，刚用 1 个月，发生工伤，被鉴定为工伤九级，可享受工伤赔偿 3.5 万元，因为单位没有为其缴纳社会保险，最终赔偿责任落在单位头上，省了几百元保险费，却付出了 3.5 万元的工伤赔偿，还不包括医疗费等费用。实际上，如果劳动者要求单位补缴社会保险的话，用人单位连几百元的保险费也没有省下来。因此，用人单位在与劳动者建立劳动关系后，应及时为劳动者缴纳社会保险，这是法定义务，而且对用人单位和劳动者双方都是一种保障。

另外，《劳动合同法》实施以后，针对用人单位没有缴纳社会保险费的情形，赋予了劳动者单方解除权，并且可以向用人单位主张经济补偿。因此，用人单位对此问题应当予以重视。

法律责任：

《工伤保险条例》第六十二条规定，用人单位依照本条例规定应当参加工伤保险而未参加的，由社会保险行政部门责令限期参加；应当参加工商保险而未参加工伤保险的用人单位职工发生工伤的，由该用人单位按照本条例规定的工伤保险待遇项目和标准支付费用。

（四）违法四：试用期随意辞退劳动者

这个问题引发的劳动争议案件在劳动争议仲裁委员会受理的案件中占据一定的比例。最常见的就是用人单位无理由辞退劳动者或者认为劳动者不符合要求。用人单位普遍认为，既然是试用期，用人单位试用了觉得对劳动者不满意，自然可以让劳动者走，同样，劳动者试用了觉得对用人单位不满意，也可以主动提出离职。用人单位这种认识是不对的，实际上是，用人单位对试用期这一法律概念缺乏充分认识，存有误解。《劳动合同法》第二十一条规定，在试用期中，除劳动者有本法第三十九条和第四十条第一项、第二项规定的情形外，用人单位不得解除劳动合同。用人单位在试用期解除劳动合同的，应当向劳动者说明理由。因此，用人单位无理由辞退或者不能说明劳动者符合法律所规定的辞退条件的，都是属于违法解除，最终要承担相应的法律责任。以劳动者不符合录用条件而被用人单位辞退为例，绝大多数用人单位在试用期辞退劳动者都是运用这个理由。用人单位在试用期内以劳动者不符合录用条件辞退劳动者需要具备哪些条件？首先，需要用人单位在招录劳动者时应当向劳动者明确具体的录用条件是什么；其次，需要向劳动者明示考核依据和考核办法；最后，是要有具体的考核行为，得出考核结果。通过以上环节证明劳动者不符合录用条件的，用人单位可以解除劳动合同，而不是任由用人单位解释劳动者试用期是否符合录用条件。要满足这一要求，用人单位必须规范自身的用工行为，健全自身的规章制度，否则，将面临很大的用工风险。

法律责任：

《劳动合同法》第四十八条规定，用人单位违反本法规定解除或者终止劳动合同，劳动者要求继续履行劳动合同的，用人单位应当继续履行；劳动者不要求继续履行劳动合同或劳动合同已经不能继续履行的，用人单位应当依照本法第八十七条规定支付赔偿金。

案例分析

2017 年，小刘等 10 人应聘到某贸易公司做导购。入职时，该公司曾承诺，每名员工月薪 3 500 元，签合同、上保险。参加工作不久，该贸易公司突然变脸，既不给小刘等人上保险、签合同，还要给他们降工资，要小刘等人必须接受。后来该贸易公司干脆不承认这 10 名员工在自己的店里工作过。公司的大变脸让小刘等人始料不及，因无法提供事实劳动关系的证明，小刘等人的合法权益难以得到保障。2018 年 2 月，小刘等 10 人走进东莞法律援助中心寻求帮助，在该中心的帮助下讨回了经济补偿金、工资差额等共计 30 多万元。

通过共同学习《劳动合同法》，分析上述案例中存在的劳动法律问题。

【思考】

1. 小刘等人与用人单位的事实劳动关系是否受法律保护？
2. 用人单位未与劳动者签订合同是否需要承担责任？如果需要，应承担怎样的责任？
3. 小刘等人如何证明自己与公司形成事实的劳动关系？

（五）违法五：试用期工资随意设定

试用期的工资与试用期满后的工资可以有所区别，但是，也不是可以随意约定的。

法律对此也有明确的规定。《中华人民共和国劳动合同法实施条例》第十五条有明文规定：劳动者在试用期的工资不得低于本单位相同岗位最低档工资的80%或者不得低于劳动合同约定工资的80%，并不得低于用人单位所在地的最低工资标准。这是硬性规定，违反上述规定，用人单位要承担相应的法律责任。

法律责任：

《劳动合同法》第八十五条规定：用人单位有下列情形之一的，由劳动行政部门责令限期支付劳动报酬、加班费或者经济补偿；劳动报酬低于当地最低工资标准的，应当支付其差额部分；逾期不支付的，责令用人单位按应付金额50%以上100%以下的标准向劳动者加付赔偿金：(1) 未按照劳动合同的约定或者国家规定及时足额支付劳动者劳动报酬的；(2) 低于当地最低工资标准支付劳动者工资的；(3) 安排加班不支付加班费的；(4) 解除或者终止劳动合同，未依照本法规定向劳动者支付经济补偿的。

课堂活动

结合所学专业制定一份规范的劳动合同。

要求一：劳动合同具有必备条款和约定条款。

必备条款：用人单位的名称、住所和法定代表人或者主要负责人；劳动者的姓名、住址和居民身份证或者其他有效身份证件号码；劳动合同期限；工作内容和工作地点；工作时间和休息休假；劳动报酬；社会保险；劳动保护、劳动条件和职业危害防护；法律、法规规定应当纳入劳动合同的其他事项。

约定条款：试用期、培训、保守秘密、补充保险和福利待遇等其他事项。

要求二：(1) 合法；(2) 公平；(3) 平等自愿；(4) 协商一致；(5) 诚实守信。

要求三：分小组互相评议劳动合同，并选出最优秀的两份合同书。

二、掌握试用期应该做好的工作

案例分析

小鹿是一名银行柜员，谈起转正经验，她说热爱工作是她能顺利转正的重要原因。从学校毕业后，小鹿满怀着对金融事业的向往与追求走进了这个工作岗位，希望在这里释放青春的能量，点燃事业的梦想。

正是因为热爱这份工作，她每天都以饱满的热情，用心服务，真诚服务，以自己积极的工作态度赢得顾客的信任。在银行的员工中，柜员是直接面对客户的群体，柜台是展示形象的窗口，柜员的日常工作也许是繁忙而单调的，然而面对各类客户，柜员要熟练操作、热忱服务，日复一日，用点点滴滴的周到服务让客户真正体会到工作人员的真诚。正是因为一份责任、一份热爱，在为客户服务的过程中，小鹿始终坚持“想客户之所求，急客户之所需，排客户之所忧”，为客户提供全方位、周到、便捷、高效的服务，做到操作标准、服务规范、用语礼貌、举止得体，给客户留下了良好的印象，也赢得了客户的信任。

【思考】

小鹿的成长经历对你有什么启发？

（一）做好岗前培训工作

作为新员工进入公司后，需要进行岗前培训。培训内容应包括企业简介、企业文化、员工手册、产品知识、岗位技能等，对于关键岗位及管理岗位，还应有个性化的培训计划，培训合格后方可上岗。

（二）熟悉企业环境

新员工刚到企业，首先必须熟悉环境和人际关系，这样才能更好地融入本企业。因此，在参加岗前培训前或培训结束后，新员工在人力资源部和直属负责人的带领下参观厂区，了解企业的整体布局情况，增加对企业的信赖感；新员工要尽快融入团队。

（三）熟悉岗位职责

熟悉岗位职责，了解你的 KPI（关键业绩指标），直属主管与你沟通时认真听，不懂就问，给你的文档认真读，不明白的地方可以积攒多了一并问。是否清楚公司对于岗位的期望值及能否快速达成期望值是你能否通过试用期的关键。

和同事沟通时，谨言慎行，不卑不亢，少说话，多观察。不招人喜欢的新同事，最典型的有两种：一是自来熟，二是扮高冷，前者用力过猛招人烦，后者不谙世故惹人厌，尽快熟悉公司产品和企业文化等，和同事打成一片。

小贴士

职场新人在一个新的环境中，或多或少都会遇到“冷板凳”的情况，这时要把心态放平和，遇到问题及时和同事、领导沟通，虚心学习并多向大家请教，多观察他们的工作方法和思考方式，切忌自以为是，对于一个陌生的行业，对于一个陌生的环境，一定要低下头来踏实做事。在试用期内，除了尽可能地表现自己“德才兼备”外，还要考量自己是否适合企业，是否愿意在企业长期地发展下去。了解企业，分析自己，这是一个自我匹配的过程。重视自己在试用期期间的表现，争取给自己打个满意的分数，这也会给你的职场生涯建立一个良好的开端。

知行合一

职场跋涉

李强攥着打工的积累加上从亲戚朋友那里东拼西借的十来万元钱，开了一家送货公司。

公司的规模不大，每个人都不同程度地承担了送货的任务，包括李强在内。由于工作简单、可替代性强，客户往往把利润压得很低。公司开业半年多，也仅仅是勉强持平而已。好在业务总算慢慢增长着，李强打算再招几个更年轻力壮些的员工，可以多做些活，并提高工作效率。

一天，一个叫唐明的中职生前来面试，长得白白净净，戴着一副书生气十足的眼镜，怎么看也不像是能踩单车送货的。

“我们这里最好的工人，每天也只能跑100多个客户，一个月也才2 000多块钱，而且无论多么恶劣的天气，你都得把定额部分完成。你可要想清楚了。”李强不无怀疑地看着眼前的这个年轻人，想着赶紧把他打发走。

“我可以不要底薪，全部按件计酬。即使做得不好，您也不会有任何损失。给我一个机会吧，一个月就行！如果一个月下来业绩太差，我马上就走。”唐明态度非常诚恳地说。

看到唐明诚恳的态度，李强破例留下了他。

第一个月，唐明的业绩比李强想象的略好一些，于是，他被公司留下了。第三个月，他的业绩已经是全公司最好的，平均每天可以跑200个客户，收入也是全公司最高的。看着唐明细细的胳膊和腿，一副手无缚鸡之力的书生样，凭着一辆破旧不堪的单车，大家无不好奇他是如何跑下如此骄人的业绩的。

“告诉我，你究竟是怎么做的？”李强问。

“其实很简单。我把所有属于我负责的客户按居住地划成好几个片区，然后对路线运用运筹学理论进行规划，就可以大大提高效率。然后，我每天抽出一定的时间拜访客户，他们中的许多人都和我成了朋友，当然也就会向他们的邻居推销我们公司的产品，于是，我的客户一天比一天多，而且越来越集中，当然业绩也就成倍地上升了。”

“你是学什么的？”李强突然想起了这个问题，因为只是送货，之前他从来没有考虑过工人的学历。

“会计。”

“会计？”李强一愣，他是学会计的？那怎么会找一份送货的工作？

唐明微笑着解释道：“现在学会计的越来越多，连大专生找一份工作都艰难，更何况我们中职生呢？我找了两个月的工作，也没有哪家公司愿意让一个中职生做会计，还是要感谢你收留了我。”

后来，唐明成了公司的会计，并且给了李强很多有效的建议，公司规模越来越大，渐渐地有了第一家加盟店，然后是第二家、第三家……

在开了第十家加盟店之后，唐明通过自考拿到了本科毕业证书，离开公司去了一家更大的民营企业。李强并没有阻拦他，因为他不想让私人感情阻碍唐明美好的前程。

【课后任务】

1. 中职生应该树立怎样的就业观？

2. 如何树立正确的择业观？

第二节　借问刿中道——谙熟职场规则

社会发展给人们提供了越来越多自由选择职业的机会。通过众多的渠道寻找到一份适合自己的工作后，要相信自己的选择，珍惜自己的第一份工作。忠于职守，努力工作，在工作中不断培养自己的兴趣，尽力把工作做好。第一份工作是一次很实在的工作经验，为自己职业生涯的发展打下基础。假如自己的工作是按部就班、重复单一的，可以锻炼自己的耐性；假如工作是富有挑战性的，则可以借机锻炼自己的应变能力。

一、了解职场新人应注意的问题

案例分析

小凯的实习期

小凯是一个大客户介绍来东莞分公司实习的，他毕业后工作尚未有着落，所以边实习边找工作。没有事情叫他做的时候，他就在网上找工作发简历。

有一次公司让他发一份重要传真，他居然低头摆弄手机，同事提醒他快一点，他却说让他先把这个短信发出去。最过分的是，一次同事让他发一份重要订单并说明是急件。他刚开始做就接到一个同学的电话，居然和对方煲起了“电话粥”。同事看他迟迟没有挂电话的意思，只好自己动手。

大家碍于面子，不好批评他，只是担心他这种表现能否度过试用期。

【思考】

1. 这个案例带给你什么启示？

2. 作为职场新人，要具备哪些基本职业素养？

（一）细节一：工作准时、不迟到

准时、不迟到是职场的基本规则和职场人的基本职业素养。从做人的角度来讲，守时是美德，不守时是不尊重人，浪费别人的时间；从做事的角度来讲，守时是一种端正的工作态度，不守时的人很难被团队信任。一个大家都不守时的团队一定是没有凝聚力的。

（二）细节二：有事需要请示领导的时候，能当面汇报的要当面汇报

有事需要请示领导，能当面汇报的一定要当面汇报，尽量不打电话，尤其是当领导就在办公室的时候。这是因为当面汇报可以有面对面的交流，方便沟通意见，领导要做决策也需要时间去思考，打电话承载不了这个任务，除非是一问一答式的。

（三）细节三：请假尽量提前

因为私事向上级请假，尽量要提前，情况特殊也要打个电话。因为“请假”本身就意味着“请示、给假”两种含义，你请，别人给，程序上不能错。切忌发短信简单告知，更不要先斩后奏。

（四）细节四：面试保持良好的仪态

面试或者竞聘的时候，要保持良好的仪态。说话的时候要直视对方，面带笑容，落落大方，不急不躁。如果有个人简介或者竞聘报告最好是背下来，不要拿着稿子背，即使你有卓越的工作能力，后者的效果也会让它大打折扣。说话的时候坐姿一定要端正，不要跷二郎腿，不要抖腿，不要斜靠。

（五）细节五：开会的时候关手机或调震动

明目张胆地在开会的时候接电话、打游戏、查微博、上微信，这是对组织会议者的不尊重。领导在台上，就像老师坐在讲台上面，看下面看得很清楚，千万不要觉得自己挺隐蔽，作为新人，更应该谨慎。

（六）细节六：工作中犯错了被发现，要先承认

在工作中，犯错了，被发现了，要先承认，然后再讲述理由。有些年轻人，一旦被发现工作出了纰漏，总是不断地强调自己的理由、客观的原因、别人的错误。这样的态度恰恰是领导最反感的，觉得你这是在推诿搪塞，逃避责任，小心眼的领导甚至会想：“你没错，那就是我有错了。”

（七）细节七：作为新人，要敢于表现真实的自己

有些人刚踏上工作岗位，尤其是在政府机关、行政管理部门工作，人事关系复杂，会有一种害怕自己露怯的心态，可能就会表现得谨小慎微。这也没错，但若是总试图想做得滴水不漏，总想让别人看到好的一面、看不到不好的，那也不好。从领导的心理上

来说，那些过分油滑，在自己面前一直十分戒备的人，是不足以信任的。该什么样就什么样，太完美了反而假。年轻人都会犯错，只要认真、坦诚地去面对，错误也是进步的开始。

知识拓展

中职生初涉职场的“六要”

中职生初涉职场，意气风发，有种舍我其谁的心态，然而，现实很骨感，光有满腔热情还是不够的。刚踏入职场，还是要懂得“六要”。

一要认真了解企业文化。要想融入环境，在公司如鱼得水，就要熟悉公司的制度、规则，并严格遵守。初来乍到，切记莫逞英雄，天真地想去改变公司现有的文化，这样你只会给公司惹来麻烦。

二要快速熟悉每位同事。进入一个完全陌生的圈子，要尽快找到几位兴趣相投、价值观相似的，与之建立友谊，打造自己的公司的社交圈。这样，工作中就会有人照应，但要把握一个度，避免产生误会。

三要做事分清轻重缓急。一个人的能力、精力都是有限的，当一大堆事情同时压在你身上时，按轻重缓急的次序依次完成，这是最合理的解决之道。

四要绝对遵守公司章程。每家公司都有自己的规章制度，有些是无论在哪里都必须遵守的，比如不迟到、不早退、办公时间不打私人电话等。

五要学会任劳任怨。新人到位，一般都会把一些琐碎、单调、技术含量低的工作交给职校生，让他得到锤炼。这个时候，你要摆正心态，这是对你的考验，只有表现好，才有机会获得进一步施展的机会。

六要既会工作也会娱乐。多与同事一道参加娱乐活动，既能联络感情，也能拉近同事之间的距离。既会工作又会娱乐的人一般比较受欢迎。

二、掌握提升职业素养的方法

（一）职业素养提升的内容

根据前述对职业素养概念的理解，中职生需要提升以下 8 个方面的职业素养。

1. 职业认识

职业认识是指对什么职业、职业生活需要什么样的素养、如何选择合适的职业等方面展开的对职业的认识、对自我的认识与对职业选择等问题的理解。

2. 职业意识

职业意识指对职业生活中所必须具备的相关的主体观念意识的自觉，体现在某一特定职业实践应该具备的主体观念意识及一般职业实践应该具备的主体观念意识的自觉。多侧重一般职业实践应该具备的主体观念意识的自觉。

3. 职业价值观

职业价值观是指围绕职业生活所形成的关于职业对个人、社会的价值的认识与评判，以及对这些价值观念的自觉。

4. 职业道德

职业道德是人们在职业生活中形成的具有特定职业特征的道德观念、行为规范和伦理关系，在职业生活中体现为对这些道德观念、行为规范、伦理关系的自觉遵守和践行。

5. 职场礼仪

职场礼仪是指在职业生活中必备的仪容礼仪、办公礼仪及职场通信礼仪等礼仪规范，以及对这些礼仪规范的认知、理解与运用。

6. 职场法律

职场法律是指围绕某一特定职业所涉及的相关的法律规范以及职业生活所涉及的通用的法律规范。对职业素养提升而言，是对职业法律规范的认识、理解、遵守和运用。

7. 职业能力

职业能力是指顺利完成特定职业实践活动的能力以及围绕某一职业实践所展开的通用能力。在这方面的职业素养提升表现为职业技能的培养和提高。

8. 职业心理

职业心理是指围绕职业生活实践中存在的或可能出现的心理问题以及对这些问题的自主调适与解决。

（二）职业素养的培养

1. 自我培养层面

作为职业素养培养主体的学生，在学习期间应该学会自我培养。

（1）培养职业意识。有一项关于在校学生心理健康状况的调查显示，75%的学生认为压力主要来源于社会就业；50%的学生对于自己毕业后的发展前途感到迷茫，没有目标；41.7%的学生表示目前没有考虑太多；只有8.3%的人对自己的未来有明确的目标并且充满信心。培养职业意识就是要对自己的未来有规划。因此，在校时期，每个学生应明确：我是个什么样的人？将来我想做什么？我能做什么？环境能支持我做什么？着重解决一个问题，就是认识自己的个性特征，包括自己的气质、性格和能力，以及自己的个性倾向，包括兴趣、需要、价值观等，据此来确定自己的个性是否与理想的职业相符。对自己的优势和不足有一个比较客观的认识，结合环境如市场需要、社会资源等确定自己的发展方向和职业选择范围，明确职业发展目标。

（2）显性职业素养的培养。配合学校的培养任务，完成知识、技能等显性职业素养的培养。职业行为和职业技能等显性职业素养比较容易通过教育和培训获得。学校的教学及各专业的培养方案是针对社会需要和专业需要而制订的，旨在使学生获得系统化的基础知识及专业知识，加强学生对专业的认知和对知识的运用，并使学生获得学习能力、培养学习习惯。因此，学生应该积极配合学校的培养方案，认真完成学习任务，尽可能利用学校的教育资源，包括教师、图书馆等获得知识和技能，作为将来职业需要的储备。

（3）隐性职业素养的培养。有意识地培养职业道德、职业态度、职业作风等方面的隐性职业素养是学生职业素养培养的核心内容。核心职业素养体现在很多方面，如独立性、责任心、敬业精神、团队意识、职业操守等。学生应该有意识地在学校的学习和生活中主动培养独立性、学会分享感恩、勇于承担责任，不要把错误和责任都归咎他人。自己摔倒了，不能怪路不好，而是要先检讨自己，承认自己的错误和不足。学生职业素养的自我培养应该加强自我修养，在思想、情操、意志、体魄等方面进行自我锻炼。同时，还要培养良好的心理素质，增强应对压力和挫折的能力，善于从逆境中寻找转机。

2. 学校培养层面

职业素养整体综合素质的体现，学校应该从以下几个方面着手加强对学生职业素养的培养：

（1）把职业素养的培养纳入培养的系统工程。从进入校门的那一天起，学校就应该使他们明白校园与社会的关系、学习与职业的关系、自己与职业的关系。全面培养学生的显性职业素养和隐性职业素养，并把培养隐性职业素养作为重点。

（2）构建科学的培养体系。如以就业指导部门为基础成立学生职业发展中心，并开设相应课程，及时向学生提供职业教育和实际的职业指导，最好是配合提供相关的社会资源。另外，深入了解学生需要，改进教学方法，提升学生对专业学习的兴趣，满足学生对本专业各门课程的求知需求，尽可能向学生提供正确、新颖的学科信息。

（3）形成正确的职业培养意识。帮助学生树立人生观和价值观，养成良好的学习和生活理念，帮助学生认识社会、观察社会，并结合自身的实际情况，初步形成正确的职业意识和理性的从业观念。

（4）明确专业技能的重要性。要在课堂教学中，尤其是专业学科教育中加强引导，专业课的学习将直接影响学生将来的就业或进一步从事研究工作。新生从入学开始，如果能懂得专业课的重要性，就可以在未来的学习期间做到有的放矢，围绕专业课，逐步了解并热爱自己的专业，为未来工作奠定坚实的基础。通过专业知识的学习研究，使学生养成好学上进的优良品质，最终形成良好的职业素养。

（5）树立良好的职业理想。科学设计职业生涯规划，树立良好的职业理想。职业生涯规划是指个人和组织相结合，在对个人职业生涯的主客观条件进行测定、分析、总结研究的基础上，对个人的兴趣爱好、能力、特长、经历及不足等各方面进行综合分析与权衡，结合时代特点，根据个人的职业倾向，确定其最佳的职业奋斗目标，并为实现这一目标做出行之有效的安排。职业规划的过程也是认识自我、分析自我、要求自我的过程，学生根据自身的个性设计职业生涯规划，明确职业发展目标，筹划未来，为自己选择一条真正适合自己的发展道路，最终实现职业理想。

课堂辩论

有人说：等到了工作岗位上，职业道德行为习惯就会自然形成，不用刻意培养训练。

也有人说：我们还没有工作，现在进行职业道德养成训练为时尚早。

请围绕两种不同的观点展开辩论。

3. 社会资源与学生职业素养的培养

学生职业素养的培养不能仅仅依靠学校和学生本身，社会资源的支持也很重要。很多企业都想把毕业生直接投入“使用”，但是发现很困难。企业也逐渐认识到，要想获得职业素养较好的毕业生，企业也应该参与到学生的培养中来。

企业可以通过以下方式参与学生素养的培养：

（1）企业与学校联合培养学生，提供实习基地以及科研实验基地；

（2）企业家、专业人士走进校园，直接提供实践知识、宣传企业文化；

（3）完善社会培训机制，让社会培训机构走入校园，对学生进行专业的入职培训以及职业素质拓展训练等。

总之，学生职业素养的培养是目前教育的重要任务之一，而这一任务的进行需要学生、学校及社会三方面的协同配合努力才能有效。

知行合一

我的成功从电梯口开始

两年前，我到一家国外的化妆品公司参加面试。刚刚步入社会的我，没有丰富的面试经验，也不具备较好的外在条件。面试在市中心的写字楼里，看着出入大厅的靓丽白领，再瞅瞅自己特地从室友那借来的略显肥大的套裙，唉！

下午 2 时 30 分面试，我是提早 15 分钟到达的，面试在大厦的 12 层。

电梯来了，大家鱼贯而入，满满当当地挤了十几个人，刚要关门，一个西装笔挺的人跑了进来，电梯间里立刻响起了刺耳的警告声，超载了。

大家都把目光投向了那个最后进来的人身上，但他丝毫不为所动。顿时，电梯间陷入了尴尬的局面，虽然还有时间等下一班电梯，但谁也不愿意冒这个险，毕竟大家都想给主考人员留个不错的印象。

我站在靠边的位置，自然地走了出去，转过身，在关门的瞬间，不自觉地冲电梯中的人微笑了一下。

考试进行得紧张而顺利，每个人都回家等通知。第三天，我被这家公司正式聘用了。

上班后，我见到了面试那天那个最后跑上电梯的人。当我问他那天面试时的详情，他说，他也只是依照上级老板的意思，在电梯门口等待时机，公司除了要看应聘人与主考人员的交流外，还会参考很多因素，比如：到会场的时间，与周围人的沟通，等等。

他说："许许多多的测试都是在无形中就完成了——面试在你一迈进大楼就已经开始了。"

【思考】

1. 为什么说"面试在你一迈进大楼就已经开始了"？
2. 从本案例中你学到了什么？

第三节 把酒话桑麻——融入团队技巧

从职业学校毕业后，部分中职生步入职场，开始尝试新的生活。职场是我们发展与获取成功体验的重要场所。但学校与职场在活动内容、行为方式、人际氛围等方面有很多不同，可能会导致一些刚走向职场的人不太适应新的环境，甚至影响了职业生涯的顺利发展。有研究表明：智慧、专业技术和经验等因素只占成功的25%，成功的75%取决于良好的人际沟通。中职生在身心方面处于发展的重要阶段，他们渴望友谊，渴望与人交往。良好的人际关系是他们适应新环境的关键因素，对能否迈好职业生涯的第一步非常重要。

一、了解企业文化构成与特点

（一）了解企业文化

企业文化，或称组织文化，是一个组织由其价值观、信念、仪式、符号、处事方式等组成的、特有的文化形象。企业文化以企业为本，是一种管理文化。

企业文化是在一定的条件下，企业生产经营和管理活动中所创造的具有该企业特色的精神财富和物质形态。它包括企业愿景、文化观念、价值观念、企业精神、道德规范、行为准则、历史传统、企业制度、文化环境、企业产品等，其中价值观是企业文化的核心。

（二）企业文化的特征

企业文化是推进企业成功的动力，是企业本质特征的总和，它主要体现出六大特征：

1. 独特性

企业文化具有鲜明的个性和特色，具有相对独立性，每个企业都有其独特的文化淀积，这是由企业的生产经营管理特色、企业传统、企业目标、企业员工素质以及内外环境所决定的。

2. 继承性

企业在一定的时空条件下产生、生存和发展，企业文化是历史的产物。企业文化的继承性体现在三个方面：一是继承优秀的民族文化精华；二是继承企业的文化传统；三是继承外来的企业文化实践和研究成果。

3. 相融性

企业文化的相融性体现在它与企业环境的协调和适应性方面。企业文化反映了时代精神，它必然要与企业的经济环境、政治环境、文化环境以及社区环境相融合。

4. 人本性

企业文化是一种以人为本的文化，最本质的内容就是强调人的理想、道德、价值观、行为规范在企业管理中的核心作用，强调在企业管理中理解员工、尊重员工、关心员工。注重员工的全面发展，用愿景鼓舞员工，用精神凝聚员工，用机制激励员工，用环境培育员工。强调企业和员工利益统一。

5. 整体性

企业文化是一个有机的统一整体，人的发展和企业的发展密不可分，引导企业员工把个人奋斗目标融于企业发展的整体目标之中，追求企业的整体优势和整体意志的实现。

6. 创新性

创新既是时代的呼唤，又是企业文化自身的内在要求。优秀的企业文化往往在继承中创新，随着企业环境和国内外市场的变化而改革发展，引导大家追求卓越。

（三）企业文化的作用

1. 增加企业的凝聚力、向心力

企业文化是一个企业的魂和根。没有文化的企业是走不远的，是壮大不起来的。员工只有在企业文化良好的环境下工作生活，在本职岗位上各尽其能、积极进取，才能形成一个风气正、人心齐、奋勉向上、生动活泼的局面，有了这样高素养员工队伍的企业，一定能适应日益变化的新经济形势，使企业发展壮大起来。

2. 增强员工的归属感

企业文化通过企业价值观的提炼和传播，让一群来自不同地方的人共同追求同一个梦想。优秀的企业文化为员工供应了健康向上、陶冶情操、愉悦身心的精神食粮，能营造出和谐的人际关系与高尚的人文环境。企业内各种文娱活动的开展活跃着员工的业余生活，加强了员工之间的沟通合作和团队意识；企业的激励机制分别从物质、荣誉和个人价值三个方面对员工进行激励，激励着员工奋勉向上、开拓创新、建功立业的信念和斗志；各种学习和培训使员工丰富了知识，增长了才能，更好地在企业里实现个人的价值。

3. 对员工起着内在的约束作用

“企业即人”，企业文化即是企业人的文化，属于思想范畴，是人的价值理念，这种价值理念和思想道德属于同一种范畴。企业文化与社会道德一样，都是一种内在价值理念，都是一种内在约束，即人们在思想理念上的自我约束，因而都是对外在约束的一种补充。企业文化在一定程度上潜移默化地影响着企业员工的思维模式和行为模式，引导和牵引着企业员工保持健康的心态，追求精神的富足，树正气、做堂堂正正的人。

4. 促进企业经济效益的提升

企业文化作为一项高级形态的管理职能，它最终的绩效应当体现在企业的经营业绩上。当企业组织很庞大的时候，企业内部各部门、各组织之间也会有各自的小利益，也会有冲突，存在协调困难的情况，这时候好的企业文化能使各部门工作默契，起到拆除部门壁垒，降低协作成本，减少无谓浪费，把企业整合为一个统一的、协调的、整体的作用，最大限度地提升工作效率。

（四）企业文化的传承和发扬

企业在不断壮大，尤其是快速发展期，企业文化已经形成，但是随着新员工的快速增加，企业文化不可避免地受到影响，来自各个不同企业的人员加入公司，他们有自己的价值观，也带有原来企业的价值观，加入公司后，可能会发生价值观冲突。这时就特别需要企业文化的传承，需要老员工的传帮带来实现文化的传承。

要做好企业文化的传承和发展，首先，在招聘时就要加入价值观的考核，要通过面试来了解候选人的价值观和公司价值观的匹配度，如果有条件的企业，可以做性格测试，了解员工除技能以外的能力和情况。这样从源头保证新进员工和公司文化的一致性。

其次，在文化传承方面，可以考虑企业文化上墙，就是将企业文化做成标语装饰在墙上，通过企业文化的可视化来强化企业文化的影响，让员工时刻谨记企业文化。这样新进入的员工也能时刻看到这些文化提示，逐渐理解并执行这些企业文化。在新员工入职一段时间内，要实行导师制或教练制，通过传帮带的方式来传承企业文化。

最后，在文化发展方面，企业要根据自身组织和外部内部环境的变化，与时俱进，保证企业文化跟上环境和组织的变化，不断创新和发展。现在很多传统行业在互联网的冲击下，业绩下滑，企业文化也受到影响，这时候就要创新，通过组织和文化的创新，来使企业重新走上健康发展的道路。文化只有不断发展，才能帮助企业不断走向成功。

思维启迪

企业文化是影响职场人求职的重要因素。

一、9成以上职场人在求职时，会将“企业文化”作为考虑因素

由于企业文化对工作体验等有较大影响，在求职时，91.9%的受访者会将企业文化作为考虑因素，38.4%的职场人表示将其作为重点考虑因素。中、高层管理人员对企业文化的重视程度更高。其中，96.1%的中层管理人员、94.0%的高层管理人员求职时会考虑企业文化，而基层管理人员和普通员工的比例是93.2%、89.5%。显然，职级越高，管理者相应也越关心自己的价值观等是否与企业一致，能否带领员工推动企业发展。

二、近半数职场人会因不认同企业文化考虑离职或放弃入职

企业文化不仅影响求职，对于职场稳定性也有较大影响，48.5%的职场人会因不认同企业文化而考虑离职或放弃入职，高于“视情况而定”的42.2%，选择“不会”的受访者仅占9.1%。谈及因企业文化而离职或放弃入职的原因，35.4%的受访者选择“加班文化”，其次是“官僚主义”“全天待命”，分别占比29.9%和27.9%。此外，“全员营销”“职场冷漠”“鸡血文化”也是职场人离开的重要原因。而因为“用人歧视”“感恩文化”等离职或放弃入职的占比较低，均不足10%。

三、半数以上职场人通过官网了解企业文化，其次是招聘网站等专业平台

智联招聘数据显示，53.7%的职场人通过企业官网了解企业文化，其次是招聘网站等专业平台，占比36.1%。通过新闻报道了解的占比18.2%，而运用微博、抖音等新媒体平台了解的仅占12.7%。由此可见，企业应当加强完善雇主品牌建设的各个渠道，以更好地宣传企业文化。另外，可以更好地利用招聘网站这一重要渠道，找到志同道合、目标一致的员工。

良好的企业文化能够造就健康向上的职场环境，在提高企业生产经营效率的同时，促进员工健康成长。企业经营者应该将企业文化建设置于更重要的地位，反思目前存在的问题，与时俱进地调整企业文化。尤为重要的是，企业应该重视每一位员工的力量，与员工形成双向奔赴的互动，共建企业文化，通过积极向上的企业文化助推企业与员工共同成长。

【探讨】

分析企业文化对职场人的影响有哪些?

二、掌握职场有效沟通技巧

(一) 有效沟通原则

沟通具有社会性，与其他社会活动一样，都有着必须遵循的规则。只有沟通双方都承认并尊重这些规则时，沟通才能协调、顺利地进行。

1. 主动原则

主动是沟通的核心，主动沟通更容易建立良性关系。《人际沟通》一书中说：“沟通能建立关系。你和别人沟通得越多，你们之间就越有可能建立起良性关系，反之亦然。”主动沟通者和被动沟通者的沟通状况有明显差异。研究表明，主动沟通者更容易与别人建立并维持广泛的人际关系，更可能在人际交往中获得成功。

2. 尊重原则

受尊重是人的高层次需要。俗话说：“你敬我一尺，我敬你一丈。”你不尊重别人，别人也不会尊重你，结果彼此都不沟通、合作，达不到沟通的目的。我国著名文学家夏衍先生可以说是尊重人的模范，他临终前感到十分难受，身边的秘书说：“我去叫大夫。”正待秘书开门欲出时，夏衍艰难地说：“不是叫，是请。”随后便昏迷过去，再也没有醒来。

3. 理解原则

由于人们在社会上所处的地位各异，其人生经历、思想观念、性格爱好、心理需要、行为方式、利益关系等也各不相同，所以在沟通的过程中沟通双方对同一事物常会表现出不同的看法、情感和态度，尤其是在涉及自身利益的问题上，更会表现出从特定地位和立场出发的价值观念与利益追求，因而必定会给沟通带来许多复杂的矛盾和冲突。如果双方缺乏必要的相互理解，各执一端，互不相让，不仅会导致沟通失败，还会影响双方的感情，一切合作与互助也就无从谈起了。

4. 相容原则

在沟通过程中难免会发生分歧，引起争论，有时还牵涉团体或组织的利益。如果事无大小，动辄激昂动怒，以针尖对麦芒，双方的心理距离会越拉越大，正常的沟通就会转化为失去理智的口角，这种后果显然与沟通的目的背道而驰。因此，在沟通过程中，彼此心胸开阔、宽宏大量，把原则性和灵活性结合起来至关重要。只要不是原则性的重大问题，应力求以谦恭容忍、豁达超然的大家风度来对待各项工作中的分歧、误会和矛盾，以谦辞敬语、诙谐幽默、委婉劝导等与人为善的方式来缓解紧张气氛，消除隔阂，这会使沟通更加顺畅并赢得对方的配合与尊重。

案例分析

小南是班上负责考勤的副班长，班主任叮嘱他严把考勤关，遇到旷课的情况一定要马上汇报。一天，小威上电脑课时去球场打篮球了，事后，小威要小南不要将自己旷课的事告诉班主任。小南为难了，他觉得应该如实上报，但又不知道怎么说才能让小威理解他。

【思考】

1. 如果你是小南，应该如何与小威说呢？

2. 在职场上要注意哪些沟通技巧？

知识拓展

有效沟通对建立良好人际关系的重要意义

人际关系与人际沟通密不可分。人际沟通是人际交往的起点，是建立人际关系的基础，良好的沟通能够促进人际关系更加和谐，同时，人际关系良好会促使沟通比较顺畅。反过来，沟通不良就会使人际关系紧张甚至恶化人际关系；不良的人际关系也会增加沟通的困难，形成沟通障碍。

1. 人际沟通是人际关系发展和形成的基础

人际关系是在人际沟通过程中形成和发展起来的，离开了人与人之间交往的沟通行为，人际关系就不能建立和发展。事实上，任何性质、任何类型的人际关系的建立都是人与人之间相互沟通的结果，人际关系的发展与恶化也同样是人与人相互交往的结果。沟通是一切人际关系赖以建立和发展的前提，是形成、发展人际关系的根本途径。

2. 有效沟通是建立良好人际关系的重要保障

有效沟通是建立良好人际关系的重要保障。有效的人际沟通可以把沟通双方的思想、情感、信息进行充分的、全方位的交换，从而达到消除误解与隔阂、增加共识、增进了解、联络感情的效果。和谐、团结、融洽、友爱的人际关系能够使人们在工作中互相尊重、互相关照、互相体贴、互相帮助，充满友情和温暖。沟通的过程使积极的情感体验加深，消极的沟通障碍减少。世界上最美的东西就是人与人之间的情感联络，而人与人之间的情感联络就是通过人际沟通来实现的。

（二）人际沟通技巧

1. 有效沟通的三个要点

（1）要让对方听得进去。我们要考虑：时机合适吗？场所合适吗？气氛合适吗？比如，在企业中，如果老总正在和客户谈话，你跑进去大声说：“老总，不好了，我们的

3 台机器停了 2 台。”你想老总会怎么样？

（2）要让对方乐意去听。要怎样说对方才喜欢听？如何使对方情绪放松？哪些部分对方比较容易接受？我们应该把对方容易接受的先说。如果先说不容易接受的，那么后面容易接受的也不好接受了，因为对方已经拒绝过你，再拒绝你一次也无妨。

（3）要让对方听得合理。我们要先说对对方有利的，再指出彼此互惠的，最后提出一些要求。人们都对自己有利的方面感兴趣，所以先说对对方有利的，最后提出一些要求，对方才容易答应。

2. 如何做到有效沟通

（1）要有同理心。沟通的首要技巧在于是否拥有同理心，即学会从对方的角度考虑问题，这不仅包括理解对方的处境、思维水平、知识素养，同时包括维护对方的自尊，加强对方的自信，请对方说出自己的真实感受。所以，在做任何事情之前，我们都要仔细考虑。试着先将自己的想法放下来，真正设身处地站到对方的立场，仔细地为别人想一想，这时，你将会发现，许多事情的沟通会变得出乎想象的容易。

（2）用心倾听。倾听就是接收口头及非语言信息，确定其含义并对此做出反应的过程。在人际交往过程中，倾听是沟通的基础，是一种美德，是一种尊重，是一种与人为善、心平气和、谦虚谨慎的姿态。多听、多做、少说是一个人成熟的表现。古希腊哲学家苏格拉底曾经说过：“自然赋予人类一张嘴、两只耳朵，也就是要我们多听少说。”

（3）控制情绪。情绪对沟通的影响至关重要，人的情绪状态会左右接收和传送信息的方式，还直接影响信息的接收和理解的方式。例如，如果你觉得情绪激动或紧张，沟通就有可能受阻，因为本应理智的思想可能被这些情绪所蒙蔽，可能以一种比预期更加肯定或否定的状态接收信息。因此，沟通前要调整好自己的情绪，不要让个人的喜怒哀乐影响沟通的过程，避免造成“冲动的惩罚”。

（三）职场沟通策略

1. 与上级沟通的技巧

上下级之间的良好沟通，无论是对个人还是对组织，都具有非常重要的意义。对于下级来说，通过与上级的良好沟通，既能全面、准确地了解相关信息，进而提高工作效能，又可以向领导及时表达自己的思想、观念，有利于自己的发展。需要注意的是，在与上级沟通时，一定要注意选择合适的沟通渠道，确保沟通质量。

（1）坦诚相待，主动沟通。初入职场，最为重要的就是要与人坦诚相待，给人留下坦诚的印象。在与上级沟通时，工作中的事情不要力图保密或隐瞒，而是要以开放而坦率的态度与之交流，这样才能赢得上级的信赖。同时，在实际工作中，任何人都难免会犯错误，其实，犯错误本身并不要紧，重要的是要尽早与上级沟通，以期得到他们的理解和帮助。消极回避不仅不能取得上级的谅解，反而有可能让他们产生误解。

（2）了解内心，适度赞美。下属只有了解了上级的心理，才能开展有效沟通。领导作为社会生活中的个体，有他的性格、爱好，也有他的作风和习惯。作为下属，要善于找出领导的优点和长处，并在适当的时候给予诚实而真挚的赞美。

（3）心怀仰慕，把握尺度。只有对上级怀有仰慕之情才能实现有效沟通。与领导交谈时，要有一个积极乐观的心态，保持充沛的精力，要把握尺度，不能无原则地扯关系、套近乎。对上级交办的事情要慎重，看问题要有自己的立场和观点，不能一味地附和。对于领导者个人的事情，作为下属不要妄加评论。针对领导提出的问题发表评论时，应当很好地掌握分寸。

（4）注意场合，选择时机。领导的心情如何，在很大程度上影响到与之沟通的效果。当领导的工作比较顺利、心情比较轻松的时候，如某些方面取得成功、节日前夕、生日等的时候，心情会比较好，这是与他们进行沟通的好时机。领导心情不好，或者处于苦恼时，最好不要与之沟通。

（5）尊重权威，委婉交谈。领导的权威不容挑战。不论领导是否值得敬佩，下属都必须尊重他。“态度决定一切，忠诚高于一切。”这是绝大多数领导所信奉的，因此，与上级沟通时，要采取委婉的语气，切不可意气用事，更不能放任自己的情绪。总之，下属与上级沟通，要讲究方法、运用技巧。

2. 与同事沟通的技巧

（1）与同事沟通的原则。

1）互相尊重。获得尊重、认同和欣赏，是包括我们自己在内的每个人的需要和期待。古语有云：敬人者，人恒敬之。在职场中要想得到别人的尊重，首先要学会尊重别人，尊重他人的人格、工作、劳动及他们在团队中的地位和作用。只有这样，才能获得他人的尊重。

2）互相坦诚。在人际沟通过程中，真诚是不二法则，与职场同事沟通同样如此。只有襟怀坦荡、以诚相待，才能激起同事心灵和情感上的共鸣，才能收获真诚和信任。不以诚待人、说一套做一套的虚伪之人，即便能讨得同事一时的喜欢，也会慢慢暴露出本来面目，被同事厌恶。

3）互相体谅谦让。同事之间因工作任务聚集到一起，难免会因为经历、性格、价值观、看问题的立场思路等的不同而存在差异、分歧甚至误解和冲突。在产生矛盾时，不要放任自己的情绪感受以扩大冲突，而要通过换位思考等方式理解对方，互相体谅谦让、求同存异。

4）不谈论私事。根据调查，只有不到1%的人能够严守别人的秘密。因此当自己出现失恋、婚变等与私生活有关的事时，注意尽量不要在办公室内交流；对上司、同事有不满和意见，也尽量不要向无关人等倾诉。虽然在办公室互诉心事似乎很富有人情味，能拉近彼此之间的距离，但若界限不清、公私混淆，容易给彼此带来麻烦。

5）不传播“耳语”。所谓“耳语”，即小道消息，是指未经正式或正常途径传播的消息，往往会部分或全部失真，因而并不可靠。当然，在一个单位要杜绝一切小道消息几乎是不可能的，所以，对于小道消息，要尽量做到不打听、不评论、不传播。

6）不当众炫耀。每个人都渴望得到别人的肯定和认同，所以都会尽可能地展现自己好的一面，以维护自己的形象和尊严。但如果当众进行炫耀的话，无论是炫耀地位或者财富，还是炫耀容貌或者才华，都是在无形中贬低别人、凸显自己，容易让人感觉是对别人自尊和自信的挑战，是为了表现自己的优越性，因此，这样很容易引起别人的防御、反感和排斥。这对同事之间关系的维系有弊无利。

7）不直来直去。在沟通过程中，有的人常常想到什么就说什么、口无遮拦，还美其名曰自己心直口快、刀子嘴豆腐心。实际上这样的表达除了能给自己带来一时之快外并无好处，还容易伤害别人，进而也给自己带来烦恼。所以职场同事之间在沟通中切忌直来直去，尤其是在有求于对方或者与对方有不同意见的时候，更不能毫无顾忌地口不择言。

8）大局原则。如果与某些同事存在思想差异、意见分歧或矛盾冲突，也尽可能不要“家丑”外扬，不要对自己的同事评头论足甚至恶意攻击。因为这样做常常会让对方质疑攻击者的人格品性，令人心生厌恶。

（2）与同事沟通的方法。

1）懂得相互欣赏。职场人士都有得到赞许和欣赏的愿望与期待，都希望自己的工作和劳动得到别人的重视和认同，都希望有来自他人恰如其分的评价和鼓励，所以我们要善于发现同事的优点和长处，以及他们在工作中所付出的努力、取得的进步和成绩，并进行肯定和赞美。

2）主动交流和沟通。人际关系要融洽和密切，一定的交流和沟通是必需的，所以在职场中我们要学会利用工作之余的闲暇主动找同事谈谈心、聊聊天或者请教问题，只有主动创造交流和沟通的机会，才能更好地了解彼此、相处融洽。

3）保持适当距离。和同事之间保持良好的关系，并非与同事无话不谈、亲密无间，实际上由于同事之间既存在合作又存在利益竞争，所以很多时候并不适合太过亲密，有时过分亲密和随意反而容易导致隐私的侵犯。同时，太过亲密和随意也有可能逾越彼此的界限，使得工作和私人生活无法清楚分开，反而会带来摩擦和矛盾。

3. 客户沟通的技巧

（1）留下良好的第一印象。

1）仪容整洁。保持整洁的仪容是对客户的尊重，也会让客户对你产生好感。与客户见面，穿着打扮一定要得体大方，男性一般以西装为主，女性则以职业套装为主。身上的配饰不要过于华丽，也不要过于寒酸。

2）言谈得体。进门之前，先按门铃或轻轻敲门，得到允许后，才能进入。看见客户时，点头微笑，谈话过程中始终保持微笑。客户未坐定之前，自己不要先坐。客户起身离席时，要同时起身致意。与客户初次见面时，应先向对方表示打扰的歉意，告辞时，感谢对方的交谈和指点。不与客户发生争执，要让客户感觉到自己是对的。不主动贬低同行人员、公司或产品。保持良好的卫生习惯，举止文雅。

（2）讲究沟通的策略。

1）从感情入手。人是感性的，有时候，人的感情能主宰一个人的行为。在说服客户的时候，我们可以从感情方面入手，进行感情的交流，营造平和、温暖、热情、诚恳的氛围。

2）寻找沟通点。实际上，无论是在心理、感情上，还是在理性上，我们都可以找到与客户的共鸣之处。这就是双方最好的沟通点。比如共同的爱好、兴趣、性格、情感、理想、行业、工作等，甚至是孩子的教育方式。当双方认识到彼此之间的沟通点时，就会情不自禁地拉近与双方的心理距离。

3）步步推进。在与客户沟通时，可以采取激发动机的的步步推进法。

◆ 引起客户的注意；

◆ 明确客户需要什么，把客户引导到他自己的问题上；

◆ 告诉客户怎么解决，拿出具体的解决办法；

◆ 指出两种前途，即预测两种不同的结果；

◆ 说明应采取的行动。

在步步推进的过程中，要一直站在客户的立场上看问题，从对方的利益出发，这样才能快速达到沟通的目的。

4）一定不要争辩。人们总是喜欢与和自己看法一致的人打交道。所以，在与客户沟通时，无论是在谈到看法不一致的问题，或者是面对客户的抱怨、发怒、无道理，甚至是客户明显有错时，你都不要与客户争辩，更不要尖锐地指出其问题，等到合适的时机再处理。

知识拓展

影响有效沟通的因素

有效沟通意味着信息从发送者完整、准确地传递到接收者那里，接收者做出相应的、为信息发送者所期望的反应。沟通在工作生活中就如同人体的血脉，若沟通受阻，就会血管栓塞，导致器官坏死，可见，有效沟通的重要性。影响有效沟通的因素有以下几个方面。

1. 个人认知因素

每个人都有自己的独特认知框架和交流方式。认知框架就是人们认识事物的方法和模式，它主要受个人先前的知识经验、文化背景、社会地位及个人特征的影响。因此，每个人的认知框架是不同的，不同的个体对同样的事物与信息往往会产生不同的看法。

在沟通过程中，信息发送者往往会按照自己的语言习惯、思考方式、表达方式去传递信息，信息接收者则会根据自己的动机、经验及需要，有选择地去接收信息发送者所传达的信息。若信息发送者传递出的信息不能完全为对方所理解时，就会出现“沟通漏斗”效应，即沟通信息的递减规律，如图 6－1 所示。

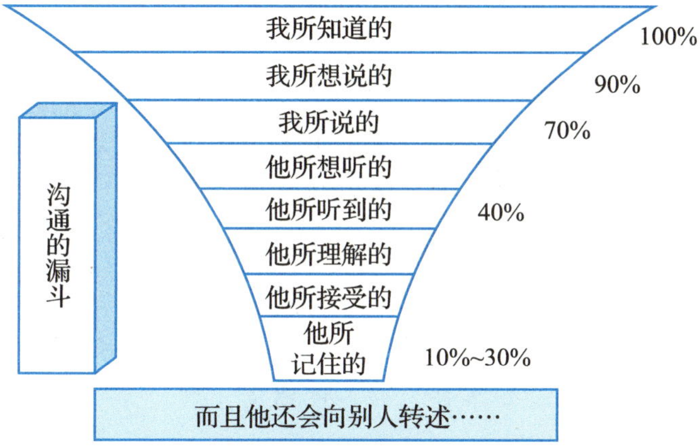

图 6－1 沟通信息的递减规律

2. 符号语义因素

在沟通过程中，常会使用各种语言或非语言符号，如手势、表情符号等。符号通常具有多种含义。由于信息发送者与信息接收者的语言修养、文字表达能力等不同，有时双方会选择含义错误的或有偏差的符号，从而使沟通双方之间产生误解，使得沟通变得困难。

3. 沟通渠道因素

在沟通过程中，要特别注意沟通渠道的选择，避免信息由于沟通渠道过长、中间环节过多等原因而在传递过程中被歪曲或丢失。在职场中，也要注意信息发送者与接收者的地位、部门及背景的不同，若沟通渠道不当，可能会因为存在某些专业术语而构成沟通中的障碍。因此，重要的沟通最好采用比较正式、清晰、准确的书面文件沟通。

4. 组织机构因素

在职场中，职业者客观上有地位和职位的高低，思考问题的角度存在着差异。个人在接受上级传递的信息时，不仅会考虑其表面的含义，有时还会基于上级的喜好进行解读，因此有可能偏离重点，忽视问题的真正所在，导致沟通无效。

知行合一

人际财富圈

一、活动目的

了解自己的人际关系现状。

二、活动时间

10分钟。

三、活动场地

教室。

四、活动步骤

第一步，学生在老师的带领下，完成人际财富图。要求学生在白纸上画3个大小不等的同心圆，根据与自己心理距离的远近，在不同的圆中写上不同人的名字（见图6－2）。其中圆心代表自己，越靠近圆心的人，越代表与学生心理距离近，是学生生活中重视、在意、乐于交往的对象。

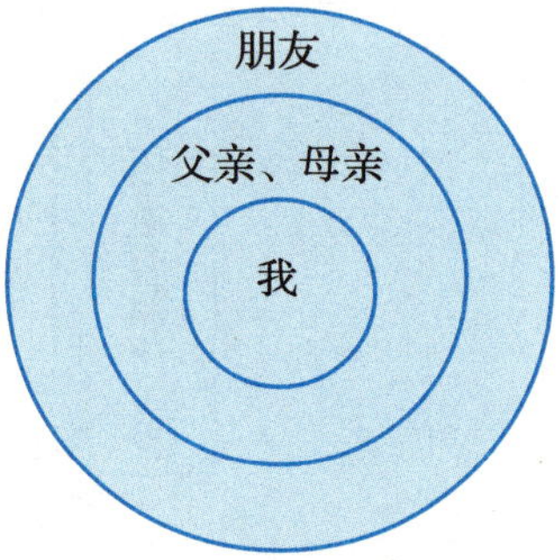

图6－2　人际财富图示例

第二步，引导学生交流、分享自己的人际财富，思考人际财富给自己生活带来的影响，并认真反省自己的人际交往状态、自己在与他人交往过程中的优点和不足，明确努力方向。

老师在活动过程中可根据情况将3层的同心圆扩展至4层、5层。

五、活动总结

指导教师针对活动过程进行总结。

素养之窗

2013年5月4日，习近平总书记在同各界优秀青年代表座谈时指出：广大青年要坚持面向现代化、面向世界、面向未来，增强知识更新的紧迫感，如饥似渴学习，既扎实打牢基础知识又及时更新知识，既刻苦钻研理论又积极掌握技能，不断提高与时代发展和事业要求相适应的素质和能力。青年人正处于学习的黄金时期，应该把学习作为首要任务，作为一种责任、一种精神追求、一种生活方式，树立梦想从学习开始、事业靠本领成就的观念，让勤奋学习成为青春远航的动力，让增长本领成为青春搏击的能量。

第七章 创业教育

学习目标

知识目标

了解创业的含义、特征；

了解创业项目的筛选；

了解创业融资渠道。

能力目标

掌握常用的相关程序；

掌握创业计划书的撰写；

掌握创业风险的应对策略。

素质目标

培养学生积极向上的劳动态度和艰苦奋斗的精神，增强奉献意识；

正确认识和处理社会发展与个人成长的关系，并做出正确价值判断和行为选择，在社会实践中增长才干。

第一节　会当凌绝顶——创业和创业精神

一、了解创业的内涵

创业是随着社会科学技术的进步而逐渐产生和发展起来的一种特殊的实践活动，而市场化进程的加快、就业压力的加大和就业观念的转变，促使学生自主创业活动从无到有，日渐增多。人们开始意识到自主创业对社会发展和学生就业的促进作用，越来越多的专家学者也开始关注和研究学生创业问题。

（一）创业的含义

创业是指某个人发现某种信息、资源、机会或掌握某种技术利用或借用相应的平台或载体，将其发现的信息、资源、机会或掌握的技术，以一定的方式，转化、创造成更多的财富、价值，并实现某种追求或目标的过程。

学生创业，就是学生依靠自己所学的知识和技能，对自己拥有的资源进行优化整合，开办企业，开创事业，从而创造出更大的经济价值或社会价值的一种实践过程。学生是当代社会中思维活跃性较强的一个群体，充满想法和热情、有冲劲，但同时学生群体社会实践经验与能力的欠缺，与创业的成功要素存在矛盾，导致大部分学生创业在初期就夭折。学生在创业过程中将面临众多的机遇与挑战，在创业前期做好科学规划，能让自己更靠近成功创业之门。

（二）创业的特征

创业是一种劳动方式，更是一种复杂的社会劳动。创业者通过发现和识别商业机会，成立活动组织，利用各种资源，提供产品与服务，从而创造价值。创业具有自身显著的基本特征。

1. 创业是创造具有“更多价值的”新事物的过程

创业必须以价值为取向。创业者通过自己的辛勤劳动，以服务或产品为社会做贡献，在实现社会价值和经济价值的同时，也提高和升华了自我价值。所以，创业是否成功取决于创业者是否为社会和自身创造了价值，正是这种创造性劳动使创业者比其他从业者在物质方面和精神方面得到了更多的回报，这也正是创业的魅力所在。

2. 创业需要付出巨大的努力

创业不同于其他社会劳动，它并非只有鲜花与掌声的坦途，在创业的道路上遍布荆棘，甚至可能有前功尽弃的危险。创业的艰难性，需要创业者具有坚韧不拔、毅力非凡的创业精神，还必须付出巨大的和坚持不懈的努力才能确保创业的成功。纵观古今中外无数创业成功案例，无不证明了这一点。

3. 创业具有高风险

人们常说，创业有“三高”，即“高风险、高难度、高不确定性”。创业的艰辛性说明创业过程必然是一个曲折坎坷、充满风险的过程。创业者“白手起家”创办企业，开创事业，必然要经历各种风险，如市场风险、技术风险、资金风险、财务风险、管理风险、产品风险等。这些风险犹如一道道门槛，考验着创业者的智慧、毅力和能力。需要指出的是，市场是无情的，并不是所有的创业活动都能够成功，成功与失败交织在创业活动的过程中。

4. 创业必须把握机遇

机遇，通常被理解为有利的条件和环境。把握机遇是迈向创业成功的起点，也是创业成功的一个重要前提。创业过程也是一个充满竞争的过程，从产品到服务都包含竞争的元素，谁把握机遇，谁就抢占了先机。机遇稍纵即逝，机遇对任何人是平等的，能不能抓住它，主动权在每个人手里。

5. 创业必须以创新为动力

创新是创业活动的最核心要素和本质特征。创业也是一个创新的过程，没有创新，创业就失去了动力。当今时代已经进入知识经济时代，知识创新是创新过程的归宿，只有抱有创新的强烈愿望，才能创造出某种有价值的新颖产品或新型服务，才能得到社会认可，才能在日益激烈的竞争中抢占市场的制高点，把握主动权。

课堂分享

纪录片《富豪谷底求翻身》讲述的是亿万富翁的主人公在一个陌生的城市，用 100 美元、一辆破皮卡、零人脉的条件，挑战 90 天创立一家百万估值的企业。这是一个疯狂的决定，但是主人公最后近乎成功。里面富豪所展现的思维方式、情绪管理以及优秀的合作识人能力，都很值得学习，因为这些才是获取财富的底层逻辑。

【讨论】

观看纪录片《富豪谷底求翻身》后，提炼出从主人公身上学到的 10 条财富密码，共同探讨富豪与普通人之间思维方式的差异。

知识拓展

创业的要素

创业的关键要素包括机会、团队和资源。创业机会是指可以利用的商业机会；创业团队是创业初期，一群能互补、责任共担、愿为共同的创业目标而奋斗的人所组成的特殊群体；创业资源是新创企业创业和运营的必要条件。机会、团队和资源三者之间的关系如下。

（1）商业机会是创业过程中的重要驱动力；创业者或者创业团队是创业过程的主导者；资源是创业成功的必要保证。创业过程始于创业机会，而不是资金、战略、网络、团队或商业计划。开始创业时，商业机会比资金、团队的才干和能力及合适的资源更重要。在创业过程中，资源与商机之间经历着一个从适应到差距再到适应的动态过程。商业计划是使创业者、商机和资源三个要素相互匹配和平衡的规划。

（2）创业过程是商业机会、创业者、资源三个要素匹配和平衡的结果。创业者要善于配置和平衡，借此推进创业过程，包括对商机的理性分析和把握、对风险的认识和规避、对资源的合理利用和配置、对工作团队适应性的认识和分析。

（3）创业是一个连续不断地寻找平衡的行为组合。在三个要素中，绝对的平衡是不存在的，但创业过程要保持发展，必须追求一种动态的平衡。这期间，创业者必须思考的问题包括目前的团队是否能成就组织未来的成长、资源状况和下一阶段成功面临的陷阱。这些问题在不同阶段会以不同的形式出现，它牵涉组织的可持续发展。创业者必须在推进业务的过程中，在模糊和不确定的动态创业环境中培养捕捉商机、整合资源、构建战略和解决问题的能力。

二、了解创业者必须具备的特征

（一）创业者的行为特征

1. 诚实守信

自古以来，诚信作为重要的美德之一，一直被后人传承，可以说小到个人、家庭，大至整个社会、国家，诚信都起着至关重要的作用。《论语·为政》中写道："人而无信，不知其可也。"说的是一个人若失去了信用，便无立足之地。一个人不守诚信，可能会享一时之利，但必失长久之利。因而诚实守信是每一个创业者的第一要义，诚信也日益成为创业者立足之根本、发展之源泉。

2. 勤奋好学

关于勤奋的名言警句很多，踏实勤奋走向成功的典例更是不胜枚举。前辈们告诫我们，一分耕耘，一分收获。这是为什么呢？因为并不是每个人生来就注定会成为天才，生来就一定会成功，就连伟大的发明家爱迪生也是在千百次的失败实验后才发明出钨丝灯泡。成功的人总是不断学习、不断进步的，他们知道，只有用勤奋的钥匙才能打开进阶的大门，只有不断地与时俱进，才能把握机会、创造价值。

3. 吃苦耐劳

如果一个创业者只将创业挂在嘴边，那么他可能是一个失败的创业者。如果他付诸行动，那么他会感受到创业路上的艰辛。创业者敢打敢拼敢吃苦，不轻言放弃便是竞争中的强者。坚忍不拔的毅力会是助他穿梭于河流中的小舟；反之，丢掉这些，他会很容易迷失于沼泽中，半途而废。

4. 随机应变

创业是任重道远的，同时创业路上也布满了荆棘。没有人敢说自己的创业不会出现一点点意外，一切都是在预计的轨道上运行的。一个好的创业者，一定要具备灵活应变的能力以应对企业面临的各种变数，要脚踏实地，从实际出发，保持清醒的头脑来面对不同的挑战，切勿一条道走到黑。

（二）创业者的知识特征

创业者的知识特征对创业起着举足轻重的作用。在商业竞争日益激烈的今天，单凭热情、勇气、经验或只有单一专业知识，要想取得创业成功是很困难的。在这个过程中要明确两个问题：一是即使最简单的创业，也需要一定的文化基础；二是并非学历越高，取得创业成功的概率就越大。创业不是搞学术研究，它需要的是能解决实际问题的知识或能力。

案例

一天，毛驴和白马结伴到山区去。在平川大道上，白马奋起四蹄，扬起尾巴，不一会儿就把毛驴甩到了后边。白马转过头来看了看毛驴，见它摇着两只大耳朵，不紧不慢地走着，非常着急，便朝毛驴大叫起来：“喂，怎么不把脚步迈得紧一点儿？看你那慢吞吞的样子，我们什么时候才能到达目的地呢？你这黑驴子，真是个庸才！”毛驴听了白马的训斥，一不生气，二不泄气，仍然一步一步地向前走着。

毛驴和白马进入山区后，那山路变得又陡又窄，崎岖不平，白马的速度不知不觉地慢了下来，身上的汗水多得像刚洗过澡似的。毛驴却加快了步伐，噔噔噔地赶到了前面。白马看毛驴走起羊肠小道来是那样的轻松，不解地问：“黑毛驴，你为什么走起山路来比我快呢？”毛驴回答说：“因为术有专攻，各有所用。在一定情况下落后的，并不都是庸才啊！”

“术业专攻，各有所用。”在某一方面技不如人，并不表明自己一无是处，所以不必妄自菲薄；同样，别人某些方面不如你，也不能代表他没有别的长处，所以不可骄傲自大。

1. 扎实的基础知识

这类知识主要涉及商业常识、社会常识和管理常识。具体地说，商业常识有助于创业者了解经济发展的基本规律，遵守商业活动的基本规则，维护企业自身的正常运行；社会常识有助于创业者理解自身的社会角色，了解和满足消费者的个性化需求，理解和用好国家的政策，以及维护自己的合法权益；管理常识有助于创业者理解人类的特性和行为方式，了解科学的经营管理知识和方法，提高管理水平。

2. 丰富的社会阅历及实战经历

这类知识主要涉及商业经验、社会经验和管理经验。这里所说的经验是指通过亲身实践所获得的经验，因为创业活动所需要的社会阅历和实战经历，只有通过自己亲身实践、亲身体验，才能真正领会。有些同学说：“我看过很多创业成功者的故事，有很丰富的经验了。”但是过来人都知道，不经过亲身实践，这些成功者的经验是没有办法变成你个人经验的，书读得再多也没有用，因为创业的成功是不可以直接复制的。

3. 精湛的专业知识

这类知识主要涉及与创业活动密切相关的具有较强专业性的知识。创业是开创一番事业。这个事业不管规模如何，都需要从事它的人，比其他人做得更好、更专业，而要做到这一点，创业者必须具备从事这个事业所需要的专业性知识。在创业界有个不成文的规定——“不熟不做”。为什么“不熟不做”？因为各行各业都有一些特殊的地方，如果对它不熟悉，不具备从事这个行当所必须具备的专业知识，就很难把它做好。

（三）创业者的能力特征

党的二十大报告提出，要弘扬企业家精神。对从事创业活动而言，能力比知识和素质更重要。因为知识和素质都是潜在的，它们只有转化为能力才能变成从事创业活动和实现创业目标所必须具备的本领，才能在创业实践中真正发挥作用。创业者所需要的能力虽然是多种多样的，但从总体上说，它主要包括如下五个方面的能力，即机会捕捉能力、决策能力、执行力、经营管理能力、交往协调能力。

1. 机会捕捉能力

创业机会是创业的切入点和出发点，能否发现一个好的创业机会，是创业能否成功最为关键的因素。纵观古今中外的创业成功案例，可以发现绝大多数创业成功者具有非常强的机会捕捉能力。他们能够看到日常生活中被人忽略的细节，并在看似平常的反常现象中抓住问题的关键；他们有爱提问题和重新界定问题的习惯，能够从不同角度看问题，并善于挖掘隐藏在偶然事件中的必然规律。

2. 决策能力

决策能力是创业者根据主客观条件，正确地确定创业的发展方向、目标、战略以及具体选择实施方案的能力。创业者的决策能力，具体包括分析能力和判断能力两项基础能力，能够在错综复杂的现象中，通过分析理清事物之间的联系，判断把握事物的发展方向。从某种意义上说，创业者的决策能力就是良好的分析能力加上果断的判断能力。

3. 执行力

好的决策必须有好的执行才能变成现实。创业者与梦想者的最大区别就在于创业者不但有发现商业机会的眼光，而且能够果断地决策和坚定不移地执行。好的执行力首先是一种行动能力，不能光想、光说，但不去做，而是有了想法就马上去做，心动不如行动。好的执行力还是一种能够克服重重困难、执行到位的能力，遇到困难就放弃不是好的执行力，执行不到位等于没有执行。

4. 经营管理能力

成功的创业者不仅要眼光锐利、决策果断、执行到位，而且还必须善于经营管理。经营管理能力是一种较高层次的综合能力。它涉及人员的选择、使用、组合和优化，也涉及资金聚集、核算、分配和使用等。经营管理也是生产力，它不仅会影响创业活动的效率，甚至会决定创业的成败。

5. 交往协调能力

在社会分工日益细化的今天，创业者很难靠个人的单打独斗取得成功，必须具备交往协调能力。交往协调能力既包括能够妥善处理与政府部门、新闻媒体和客户之间的关系的能力，也包括能够平等地与下属交往和善于协调下属部门各成员之间关系的能力。企业与外界的接触越多，企业的规模越大，对创业者交往协调能力的要求也就越高。

案例分析

企业家故事——“喜茶 HEYTEA”创始人聂云宸

专科毕业创业赚 20 万：

聂云宸出生在江西丰城的一个普通家庭。初中时，他随父母搬迁到广东江门生活。到了广东后学习成绩始终不如人意，最终考进广东科学技术职业学院的人文学院行政管理专业就读。聂云宸走进职校的时候，恰逢国内智能手机的黄金发展期。聂云宸从学校毕业后，开了一家手机店打算卖手机。由于店铺选址不当，光顾的客人寥寥无几。无奈之下，聂云宸只得提供帮客户免费刷机并安装软件的服务，慢慢地光顾手机店的人多了，许多客人刷机后不好意思空手走，都会随手买些手机壳之类的小东西。聂云宸就靠着卖手机配件，在两年的时间内赚了 20 万，积累起人生的第一桶金。

发现商机创立品牌：

随着网络的发展，线上购物成为一种潮流，引走了大批量消费客户，严重影响了线下门店的运营，这时，聂云宸的小店顾客日益稀少，眼看就要关门，他开始考虑转行。无意地观察到许多年轻人手中除了提着购买的商品外，大多数手上还会捧着一杯饮品，于是他开始思考转型饮品业的可行性。2012 年 5 月 12 日，聂云宸关闭了自己的手机店，拿着创业两年攒下的二十万元投入奶茶行业。在广东省江门市九中街开了他的第一家奶茶店——皇茶 ROYALTEA。开店前夕他特意花费几个月的时间专门研究奶茶调料的配比，每天喝下不低于 20 杯奶茶，记录不同比例的口感。开业当天，奶茶的独特加上第二杯半价的活动，销量还算不错，可是促销过后，店面的生意急速下滑，销量最差时一天仅卖出去 3 杯。

改头换面获得成功：

聂云宸在网上四处寻找客户评价，并不断改进配方，偶尔看到人们最爱喝的是芒果味的和芝士味的，所以他就想到把芝士和奶盖加在一起看会不会好喝，果然如他所料，这样搭配在一起得到了顾客极大的热情反响，这一杯就是他的原创芝士茶，同时也借此成功在奶茶行业站稳脚跟。皇茶品牌走红后，引来了无数跟风模仿者，偏偏单独的“皇茶”两字无法注册商标，这无疑让“皇茶”成了山寨的重灾区。再三权衡之下，聂云宸决定更改品牌名称，2016 年注册品牌为“喜茶 HEYTEA”。2016 年，“喜茶 HEYTEA”获得 IDG 资本及天使投资人何伯权 1 亿元的投资。

化解危机：

迅速扩大的商业版图，在给聂云宸带来巨大收益的同时，也给他带来了很大的麻烦，在上海分店开启后，恶意炒作、黄牛现象，再加上各种虚假的加盟信息，给喜茶带来了巨大的负面影响。为此，聂云宸一边通过官方渠道进行公示，一边和美团合作，开启了外卖服务，终于将这些负面信息一一纾解。2018 年 11 月，喜茶作为首个出海的新茶饮品牌，在新加坡开出首店。2021 年 7 月，喜茶完成了一轮 5 亿美元的融资，刷破了中国茶饮界的融资纪录，估值达到了 600 亿元。2022 年，聂云宸以 85 亿元人民币财富，位列 2022 年胡润 U40 青年企业家榜第 18 位。

【思考】

1. 你未来想从事何种职业？
2. 该职业是否实行就业准入？
3. 为了更顺利地入职，我们应该如何做准备？

知行合一

以小组形式，策划采访方案，走访当地创业者，了解其创业历程（创业的原因、启动资金、设备、困难等），采访后以图文或视频等方式制作成 PPT，以小组为单位向全班展示成果。

第二节　欲穷千里目——创业条件和创业能力

一、了解创业需要的条件

（一）创业项目筛选

1. 选择项目的基本步骤

创业项目的确定一般需要经过项目预选、市场调研、商机评估和确定立项这 4 个步骤。如图 7－1 所示。

图 7－1　选择项目的基本步骤

创业者要考虑该创业项目是否具有发展前景，在选择创业项目时，务必把目光放长远，应重点关注一些国家政策鼓励和支持的行业，将有利于在竞争中占得先机。党的二十大报告提出：坚持把发展经济的着力点放在实体经济上，推进新型工业化，加快建设制造强国、质量强国、航天强国、交通强国、网络强国、数字中国。实施产业基础再造工程和重大技术装备攻关工程，支持专精特新企业发展，推动制造业高端化、智能化、绿色化发展。巩固优势产业领先地位，在关系安全发展的领域加快补齐短板，提升战略性资源供应保障能力。推动战略性新兴产业融合集群发展，构建新一代信息技术、人工智能、生物技术、新能源、新材料、高端装备、绿色环保等一批新的增长引擎。构建优质高效的服务业新体系，推动现代服务业同先进制造业、现代农业深度融合。加快发展物联网，建设高效顺畅的流通体系，降低物流成本。加快发展数字经济，促进数字经济和实体经济深度融合，打造具有国际竞争力的数字产业集群。优化基础设施布局、结构、功能和系统集成，构建现代化基础设施体系。这为我们创业时进行项目选择提供了一个方向。

企业是为了解决顾客的问题而存在的，创业项目的选择还应该以市场需求为导向。成功的创业项目，都是建立在解决了社会需求的基础上的。因为人们需要随叫随到的外卖，所以出现了“饿了么”；因为人们需要能辅导作业的 App，所以出现了“作业帮”；因为人们需要碎片化的娱乐时间，所以出现了“抖音”。怎样才能了解顾客的需求呢？做好前期的市场调研是关键。

在市场竞争激烈的今天，创新是企业的生命。在选择创业项目的过程中，我们要具备创新思维，做到“人无我有，人有我优，人优我特”，从而在产品和服务上形成竞争优势。

2. 初选创业项目时的评估练习

（1）如何确定创业项目。

要花时间、做调查、勤思考。这既要用到你的专业知识，又要汲取各行各业专家的意见，目的是了解是否有必要生产新产品，顾客是否会对新产品感兴趣。

做完研究并与专家交流后，需要组织和分析搜集来的资料。为了最大限度地利用调查和分析的结果，你可以画一张知识或应用的矩形表格，作为评估工具协助你拟定、比较各种技术应用。

第一步：你的技术可以用来做什么？

列出某项技术的新功能，并通过头脑风暴整理出可能用到该技术的具体应用场景。

第二步：有哪些备选项？

找出一项应用场景后，列出有哪些其他技术或方法可产生相同或相似的效果。在某些情况下，另外一些选择也能取代你的技术应用而成为解决问题的方法。举例：一个上班族可以在两种品牌的汽车中选择一种——买代步车还是买豪华轿车，也可以选择骑自行车或者使用公共交通工具。所有这些都可被看作是满足同一出行需要的问题解决方案，它们之间存在竞争。

第三步：拟定多种选择、不同产业和各种市场可能性。

通常认为一项新技术的用户来自行业内部，他们会在新产品、新服务或者制造过程中使用该技术。列出可能用到你掌握的新技术的各种行业，每种行业中可能都有几项技术应用场景。

列一张关于知识或应用的矩形表格，标明有发展前景的行业，以及每个行业可能用到的你的技术和现行的其他方法。

第四步：为顾客比较各种应用场景的优点。

你的技术为哪个行业或应用领域的顾客带来了最大的附加值？在满足用户的显著需求和现实可行性方面，你的技术与其他技术相比，优势如何？

一旦明确了一套核心标准，就可以画一张独立的矩形评估表格，如表 7-1 所示。

表 7-1　矩形评估表格（市场应用 1）

参考标准	应用场景 1	应用场景 2	应用场景 5	应用场景 6
生产成本	++	−	0	−
使用方便	+	0	0	+
准确性	+	−−	++	+
耐久性	+	+	−−	+
与周围产品兼容性	++	+	+	+
市场是否已经存在	+	+	−	−
总分	8	0	0	2

给你提议的产品和其他产品打分，可以通过比较，找到得分最高的技术应用行业。使用同一标准去比较各种应用场景，会比较准确，而不是随随便便列出一些优点和缺点。

（2）确定创业项目时的注意事项。

1）先调研后决策。当创业者初选了创业项目之后，不要忘记还有一个重要的环节——市场调研。通过详尽的市场调研之后，就可以对创业项目的市场潜力有一个相当的了解了。然后再结合其他因素，对创业项目进行一次严格的商机评估。

2）先评估再立项。商机评估是项目可行性调研的重要环节——并不是我们喜欢什么，就可以做成什么。任何一个创业项目的成功都不是偶然的。创业者必须考量：我的产品或服务会被市场接受吗？顾客会信赖我的产品吗？市场上是不是早已经存在着很多强劲的竞争对手了？谁在为我的目标顾客提供着同样的产品和服务？

3）方向正确才能创业成功。随着创业者逐步迈入创业的大门，会发现有些事和原来预料的并不一样。许多创业的失败，在创业过程中有一个共同的特点：创业方向不正确。

有了市场调研和商机评估，你就可以做出判断，你的设想是可以获得持久成功的，还是应该尽早放弃。在创业的过程中，最糟糕的感觉就是犹豫不决、惊慌失措。一次成功的市场调研就是事业稳步发展的保障。

4）跟创业者学习创业。企业经营管理咨询并非只有大企业才需要，对所有的创业者来说，向创业导师请教是非常必要的。当然，这位导师一定是有自主创业实践经验的企业家。就像我们学开车，不可能跟一位只知道开车的理论技巧而自己没开过车的人学习一样，创业也跟开车一样，是一个实践的过程。

（3）创业项目商机评估分析。

1）商机评估的内容。

商机评估包括四个主要部分：自身条件评估、市场需求分析、盈利模式探讨和竞争优势研究。

2）自身条件评估。

首先要了解创业过程中必须经历的几个阶段，然后衡量自己的性格、爱好、特点，看自己是否适合创业、是否适合做这个项目。

创业是一个漫长的实践过程，创业之初的你，一定是一个多面手。你的企业是否具有核心技术是生存的关键。你的盈利模式要不断调整，因为你一旦踏上创业的征程，就好比创业的帆船已经起航，已经回不到起点了，必须用坚强的毅力坚持下去，并且为了企业生存要不断学习。是否会分析市场？是否懂得企业管理？是否会策划营销活动？是否看得懂财务报表？创业其实也是一个不断学习、不断提高的过程。

创业也是分阶段的，不同的时期对经营者有不同的要求。当事业取得阶段性的成功时，你一定要清醒。企业的经营成果说明了你的经营能力，使你信心倍增，此时你也许感到“轻舟已过万重山”。但是，你要用平和的心态去面对暂时的成功。有研究证明，成活十年的企业才可以算是创业成功的企业。因为一个企业要建立自己相对稳定的盈利模式，需要对市场进行长时期的研究和适应。是否具有团队协调能力？是否会识人、用人？是否善于发现和预知市场？这些能力其实很大成分是创业者在创业过程中日积月累的一种直觉。因此，只要有勇气和信心，能力会慢慢提高。

3）市场需求分析。

这部分内容既是选择创业项目的关键内容，也是一个创业者必须学会的经营企业的第一步。任何成功的企业都是以市场需求为导向的。任何有市场的产品都是满足顾客某种需求的，所以说，企业的产品最终是由顾客来决定的，没有需求就没有市场前途。图 7－2 为市场需求分析的考虑因素。

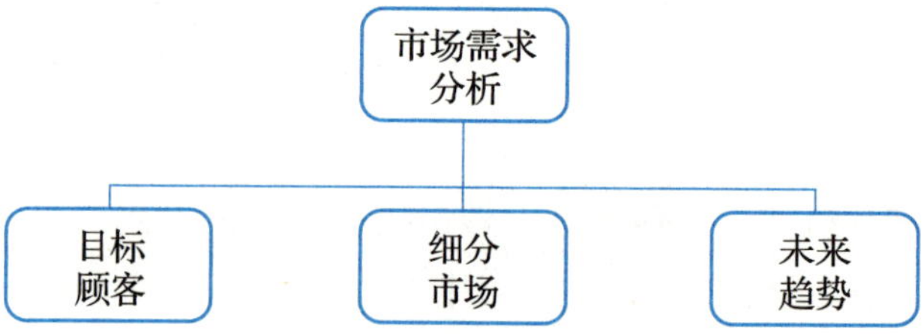

图 7-2　市场需求分析的考虑因素

如何确定目标顾客和细分市场？为了确定你的产品或服务是否有市场需求，首先需要找出你的目标顾客，即你的产品要卖给谁？顾客的利益是你行动的唯一指南。根据地域、文化、年龄、消费者偏好等社会因素来细分市场，要考虑你的目标顾客分布在哪些地区？在消费习惯上有什么异同？是本地顾客还是外地顾客？你的产品销售范围是国内市场还是国际市场？顾客购买你的产品的动机是什么？你的产品的使用时间、频率和方式是怎样的？你的产品如何获得顾客的信赖？表 7-2 为个人目标顾客调查表。

表 7-2　个人目标顾客调查表

标有★号的行是重要的区分标准，必填； 标有☺号的行需要特殊的市场分析，可忽略。	
顾客类型：________	★
地区/范围：________	★
地区范围大小：________	★
人口密度：________	★
年龄：________	★
性别：________	
家庭规模：________	★
婚姻状况：________	★
收入/购买力：________	★
职业类型：________	★
受教育程度：________	★
使用该产品的目的：________	☺
对产品的认识程度：________	☺
对产品的评价：________	☺
预期月销售额：________	

目标群体有多大，将直接决定你的市场有多大。在分析目标群体有多大的时候，要重点思考目标群体的数量有多少？产品是否符合目标群体的特点？目标群体是否具有稳

定性和增长性？这需要我们对现状和未来趋势进行综合分析与把握。表 7－3 的内容对创业者分析目标客户会有帮助。

表 7－3　企业目标客户调查表　　　　日期：

标有★号的行是重要的区分标准，必填； 标有☺号的行需要特殊的市场分析，可忽略。	
1. 顾客类型：________	
2. 行业：________	
规模（销售额）：________	
人数：________	★
驻地/地区：________	★
服务范围：________	★
消费该产品的目的：________	★
购买标准：________	☺
现有供应商：________	★
企业文化特色：________	☺
购买类型：________	
月均订货量：________	
信誉：________	

市场分析需要思考的步骤和问题如表 7－4 所示。

表 7－4　市场分析需要考虑的步骤和问题

序　号	步　骤	问　题
1	信息需要	我应该了解顾客的哪些问题？ 我的销售对象是哪类人？ 目前市场上有哪些同类服务？ 我应该了解竞争对手的哪些情况？ 我应该对公司驻地周围做些什么调查？ 我应该了解本行业的哪些情况？
2	信息渠道	从哪里可以得到信息数据？ 在哪里可以找到创业导师？ 哪些数据库和市场报告分析是对我有用的？
3	顾客情况分析	怎样了解顾客对我的经营项目的反应？
4	竞争情况分析	怎样对竞争对手进行分析？ 调查分析中的哪些结论是对我有用的？

续表

序　号	步　骤	问　题
5	经营场地分析	如何选择合适的经营场地？ 我怎样知道这个场地对我是否适合？
6	总体分析	预计经营项目的市场潜力如何？
7	结论	从市场分析中可以得出什么结论？
8	备注	

创业就意味着你在为自己工作，没有谁可以给你和你的员工发工资。时刻要谨记：顾客是你服务的对象，只有顾客不断购买你的产品或服务，你的企业才可以生存下去。因此，在创业的过程中，有很多繁杂的事情需要你去处理，但是，找到你的目标客户，与老客户建立良好的关系，并且不断赢得新客户，是最重要的一件事。

（4）竞争优势研究。

1）知己知彼，百战不殆。你必须首先找出你的竞争者，然后要像了解你自己一样了解你的竞争者：他们的产品和你的有什么异同？目前他们的市场份额如何？他们都有哪些营销策略？要清楚哪些人在跟你做着同样的事，掌握和分析他们的信息才可以找到自己的生存空间。

2）想顾客之所想。除了向成功的企业家学习之外，绝对以顾客的利益和市场需求为行动指南是你创业中的第二条重要准则。如果你比竞争者想得更周到，做得更完美，你一直致力于做顾客的“贴心人”，那你就可以战胜你的竞争对手，取得出类拔萃、与众不同的成果。

3）急顾客之所急。你还应尽量避免过于看重自己的观点和能力。如果你是一个固执的创业者，往往容易忽视团队的意见，甚至忽略顾客的需求。如果你的产品不符合市场需求，你就会立刻失去竞争的优势，把市场白白送给你的竞争者。

4）市场始终如逆水行舟。如果你不注意研究竞争者，那么突然有一天，你会发现原本属于你的“奶酪”减少了，在不知不觉中被你的竞争者抢去了。经营永远是“不进则退”，市场永远没有停止变化的时刻。

5）找出竞争对手的弱点。至少要找出 10 位和你具有相同客户群体的竞争对手，他们就是和你同分一块市场蛋糕的对手，或者说你要从他们的手里抢过更多的蛋糕，你的企业才会有立足之地。你要分析对手才可以战胜对手。

6）重视创业导师的意见。企业经营管理咨询并非只有大企业才需要，对所有的创业者来说，在创业伊始去请教有创业经验的创业导师是非常必要的。

7）要与顾客“亲密接触”。几乎每一个成功的创业者都能够灵敏地捕捉到顾客的需求和渴望，以及市场最细微的变化，并能快速对需求的变化和发展的趋势做出反应。要掌握市场的第一手资料，就应该亲自去目标客户那里体验一下。例如：如果你想给物流业开发一套软件，你就得想一下，是不是应该到哪个物流公司去实习一下？如果你想给小学生提供服务，你就需要细心观察小学生的生活起居，只有如此，你才可以找到他们真正的需求所在。

把你了解到的竞争对手的情况填入表 7－5，然后进行竞争情况分析。

表 7－5　竞争情况分析表

竞争者名称：

____

1. 产品和服务：

____

____

2. 市场定位/销售对象：

____

____

3. 销售额：__________

4. 利润：__________

5. 员工数量：__________

6. 投资能力：__________　（5—很强；4—强；3—一般；2—弱；1—很弱）

7. 生产负荷：__________　（5　4　3　2　1）

8. 销售范围：______________________________

9. 竞争者实行哪种策略（选择者打√）

A. 市场补缺者

B. 附加促销品（超值服务）

C. 价格领先者

____

____

10. 未来市场和销售对象：______________________________

11. 目前最盈利的产品或服务：

产品	销售额	比例（%）

12. 未来最盈利的产品或服务

续表

产品	销售额	比例（%）

13. 获得成功的方法

方法一：____________________

方法二：____________________

方法三：____________________

14. 竞争者优缺点分析

优点：

____

缺点：

____

15. 竞争者价格

产品销售额	比例（%）

（二）创业资源整合

资源是创业者创业过程中的关键要素，创业资源整合能力的大小决定了创业的成败。资源整合能力的强弱是衡量创业者、企业家能力的主要指标之一，直接影响新创企业的发展壮大。并不是每个创业者都具备这种能力，也并非谁都能轻易学来，它需要创业者经过长时间的积累，而且与创业者的素质、管理能力和企业研发能力等密切相关。

1. 创业资源的开发和整合

（1）人脉资源。

人脉资源是创业过程中的第一资源。各种良好的、健康的人脉资源有助于创业者找到投资、技术、产品和渠道等，整合人脉资源是创业成功的基础条件之一。开发和整合人脉资源要注意以下几方面：

1）长期投资性。创业者应当在平时就注重人脉资源的积累，不要在有需要时才开始建立人脉资源。人脉资源的形成需要很多的时间和精力，这也是一种投资。

2）可维护性和可拓展性。人脉资源是可以通过亲情、友情、合作、交流等进行维护并加以巩固的，但需要经常进行维护，同时在维护中不断发展新的人脉关系。

3）有限性和随机性。每个人一生中认识的人是有限的，而真正能够帮助自己的人更有限。就这点而言，个人的发展受到了人脉资源的限制。同时，创业者并不一定能从所认识的人中获得帮助，有能力的人可能不认识，这在客观上要求创业者要不断认识更多的人。

4）辐射性。辐射性强调人脉资源的传递特性，通过中间人能够调动更多的人脉资源。但要注意，在进行人脉资源的开发与整合时一定要整合健康的人脉资源，要以创业者自身的人格魅力来集聚。因此，创业者自身的人格、品质、素质等需要全面提升。

（2）人才资源。

人才战略应当作为新创企业的重点战略，为此企业应当求才、爱才、育才、重才，用事业发展吸纳高科技人才，用高科技人才牵引高新技术产品开发，从而形成一支支撑企业发展的高素质优秀人才队伍。人才资源的开发与整合应注意以下几个方面：

1）建立完善的激励机制，用奖惩制度去激发员工的潜能，让员工的潜能发挥到极致；

2）建立培训机制，培养人才，让人才在企业中发挥最大潜能；

3）善待员工，这是留住人才的唯一法宝，不仅给予人才精神上的满足，同时也要配以物质利益；

4）要量才而用，尽量挖掘并发挥人才的长处，按照人才的才能和特长安排职务，尽量控制其短处，使人才有价值的被认可感；

5）分工应该尽可能明确，职责划分清晰；

6）通过外部力量协助自己快速找到所需的人才。

（3）信息资源。

信息资源对很多创业者来说是成功的机遇。企业在做决策时，受到来自竞争对手、行业、合作伙伴、客户等内外部环境的影响。这对于创业者来说，只有充分了解和分析企业内外部环境，才能做到有的放矢，抓住成功的机遇。对于信息资源，既要开发与整合好外部资源，即抓住好的机遇；又要开发与管理好内部信息资源，进行信息资源的规划。建立高水平的企业信息网络。

（4）技术资源。

创业初期，创业技术是最关键的资源，它是决定所需创业资本的大小、创业产品的市场竞争力和获利能力的根本因素。一个成功的企业要有好的产品，其产品必须做到专业化，而在同一领域要实现产品的最专业化，技术上一定要领先。对于新创企业而言，在缺乏自身技术资源的情况下，应尽可能地与大中专院校及科研院所合作，实现技术成果的转化。另外，要明确开发与整合技术资源只是起点，其目的是不断进行技术创新，自主研发并拥有自主知识产权，保持技术领先，占领市场并壮大企业。

（5）资产资源。

开发与整合资产资源，不仅仅是解决创业过程中“钱”的问题，更重要的是看战略投资者所能为企业带来的其他资源，如政府背景、行业背景、市场影响力、行业支撑等。但在这个过程中应当特别注意战略投资者要与企业当前阶段的发展目标相吻合。

在开发与整合外部资产资源时，首先，创业企业要对资产资源有整体性了解，对投资者的基本情况如资质情况、业绩情况、提供的增值服务情况等进行全面掌握，再根据企业的实际情况在众多的投资者中选择合适的目标。其次，在谈判的过程中，双方将围绕企业的发展前景、新项目的想象空间、经营计划和如何控制风险等重点问题进行协商。最后，在签订合同时，创业者和投资人需明确两个问题：双方的出资额与股份分配，其中包括对投资企业的技术开发设想和最初研究成果的股份评定；创业企业的人员构成和双方各自担任的职务。

（6）行业资源。

创业企业应对某个行业有充分的了解，同时掌握这个行业的各种网络关系，如业内竞争对手、供货商、经销商、客户、行业管理部门以及科研机构、行业协会、行业展会等，这些对于创业的成功很重要。

另外，同行之间或者产业上下游之间的创业企业应通过策略联盟或股权置换等方式整合资源，使人力资源、研发能力、市场渠道、客户资源等实现优势互补，对内相互支持，对外协同竞争。这种方式往往是由几家创业企业作为核心，同时带动一批创业企业形成利益共同体。

（7）政府资源。

充分开发与整合创业的政府资源，享受政府扶持政策，对于创业企业来说可以达到事半功倍的效果。开发与整合政府资源时，需要及时关注并利用政府的各项优惠政策，包括财政扶持政策、融资政策、税收政策、科技政策、产业政策、中介服务政策、产业扶持政策、对外经济技术合作与交流政策、政府采购政策等。

2. 创业资源的整合过程

创业资源的整合是一个复杂的动态过程，是创业企业对不同来源、不同层次、不同结构、不同内容的资源进行选择、汲取、配置、激活和有机融合，使之更具有柔性、条理性、系统性和价值性，并对原有的资源体系进行重构，摒弃无价值的资源，形成新的核心资源体系。资源的整合过程可以分为四个阶段，即资源扫描、资源控制、资源利用和资源拓展。这四个阶段在时间上并不是完全分离的，而是相互影响、彼此衔接的。

（1）资源扫描。

创业者要知道自己的资源以及企业拥有的最初资源，将已有的资源辨别出来，包括有形资产和无形资产，如人才、技术、设备、品牌等，找到自己的资源优势和不足，同时认清哪些属于战略性资源，哪些属于一般性资源，还要确定资源的数量、质量、使用时间以及使用顺序。

扫描自身已有资源的同时，还要对外部环境进行扫描，及时发现新创企业所需的资源，确定自己所缺的创业资源可以从哪些渠道获得，谁拥有这些重要资源，并对各种资源渠道的获得难易程度进行排序。进而寻找利益交集，对资源拥有者的利益需求进行深度分析，并与自己所拥有的资源进行比较，找到利益契合点。这通常需要创业者具有行业知识和一定的社会关系。创业者在初始创业阶段会利用与自己关系近的资源网络，随着业务的发展会逐步扩充资源网络。

（2）资源控制。

通过资源扫描通常会发现，创业初始阶段，创业者的个人资源禀赋是创业的基础。控制的范围包括创业者自身所拥有的资源、通过交易等形式可获得的资源以及通过社会网络等形式可以控制的资源。创业者自身所拥有的资源在很多情况下存在于创业团队中。在一些行业，创业团队中成员的社会网络资源和技术对于企业的成功至关重要。

（3）资源利用。

在获取和控制大量资源的基础上，新创企业开始运用科学方法对各种类型的资源进行配置，将有价值的资源有机地融合起来，让它们相互匹配、互为补充，充分发挥出这些资源的价值。在配置资源之后，企业新的资源或者说竞争优势就会形成。

（4）资源拓展。

对资源的拓展创造是将以前没有建立起联系的资源建立联系，将新获取的资源和已有的资源进行连接融合，进一步开发潜在的资源为企业所用，又称为再开发，即开拓资源的范围和功能，为下一步的识别、获取、配置和利用资源奠定坚实的基础，这也是企业持续竞争优势的根本来源。

（三）创业融资渠道

如果你想组建一个创业团队，想注册一家公司，就要考虑一个至关重要的问题——你创业的第一桶金从哪里来？长期以来，这个问题困扰着无数创业者。或许对于部分起点高的人而言，他们能够通过各种渠道迅速找到创业的突破口，挣得第一桶金，但对于仅凭满腔热血创业的普通创业者来说，赚取第一桶金几乎难如登天。正如古戏所唱："一文钱买鸡蛋、蛋变鸡、鸡变蛋能变个没完"，而大多数人就差那"一文买蛋钱"。然而，钱是有的，关键是到哪里去找。

1. 自我筹资

总的来说，成功的企业家的创业资金有30%来自自己的积蓄。创业初期团队成员依靠自身的筹资，往往具备了初期项目启动的能力。同时自筹资金也是一种自我承诺，极大地坚定与鼓舞了团队士气。一般来说，学生创业初期所选择的项目及投入都不会太大，所以创业的第一桶金大部分是由几个股东一起凑起来的，单人的资金基本上是自筹的。从萌生创业想法到最终付诸实践，其间总会有机会让你攒下积蓄。“先打工赚钱，再出来创业”也成了许多创业者规划的路径。

案例

彭某是某职业学校安防技术专业的学生。上学期间，他利用周末或节假日到上海市徐汇区的“百脑汇”打工，为客户组装电脑。在装机过程中，他学会了组装计算机的流程并找到了销售电脑的渠道，同时也掌握了一些营销技巧。他率先在打工的店铺打出“整体装机只挣100元”“元部件价格全透明”的广告，消费者看到后纷纷去他所在的店铺装机。一时间，生意好到一个人忙不过来了。

彭某不甘心于一直给别人打工，想开创自己的事业。于是，他用打工积累的钱租了一个摊位，请了几位工人，开启了自己的电脑维修、装机服务。到2019年毕业那年，他的资产已经超过了20万元。他把这些资金作为启动资金，利用自己在学校所学的安防技术专业知识，注册了上海安防技术服务有限公司，截至2022年，彭某的企业的注册资本增资到1 000万元。

积累资金对于创办企业尤为重要。很多成功的创业者，在创业初期都是通过个人积蓄或向亲友借款以筹得创业资金的。本案例中，彭某通过努力工作，积累了一些积蓄，并将其作为启动资金，创办了自己的公司，并取得了创业成功。

2. 向父母、亲朋好友融资

向家人朋友借钱，应该是很多创业者采取的方法。这种方法有优势也有劣势。优势是成功概率高、投资和利息条件更优惠，而且能够更快地拿到钱。劣势是容易出现纠纷，父母可能会插手公司；如果创业失败，可能一辈子会对他们有负罪感。向父母借钱时不要超出他们的损失承受能力。你当然希望可以借到足够创一番事业的钱，但要考虑到，如果你创业失败，可能会给家人带来很大的麻烦。

3. 股东融资

共同参与的所有股东，合伙凑集启动资金。不少人选择合伙创业的方式来减轻创业初期的资金压力，人多力量大，一个人出几万元，启动资金很快就能凑齐。这种方法有优势也有劣势。优势是容易共同前进，达成统一利益共识；劣势是当出现亏损时股东承受不住压力而撤资，会影响士气。

4. 创业贷款申请

针对每年扶持创业政策进行申请，以获得当地政策与资金的扶持。这种方法有优势也有劣势。优势是创业贷款资金使用压力较小，有贴息、免息等政策；劣势是获得扶持的难度较大，申请数量较多。

5. 加入孵化计划，赢取创业基金

每年有大量的社会公益机构，针对创业者开展大赛、论坛，经过评委评定，发放部分资金帮助创业者。这种方法有优势也有劣势。优势是获得的扶持资金可享有免偿或免息政策；劣势是公益机构创业扶持评审周期长。很多城市的创业园区、政府机构有为创业者提供创业基金的政策和孵化器，以及办公场所和初始基金；一些知名创业扶植服务机构、基金也会定期举办创业大赛、Demo 活动。用赢取创业基金的方式筹集创业的“第一桶金”，不失为一个高效、可行的办法。但同时也要求创业者具备足够的实力，从众多申请者中脱颖而出。

6. 天使投资

天使投资往往是一种参与性投资，也称为增值型投资。它是自由投资者或非正式风险投资机构对处于构思状态的原创项目或小型初创企业进行的一次性的前期投资。天使投资人通常是创业者的朋友、亲戚或商业伙伴，由于他们对该创业者的能力和创意深信不疑，因而愿意在业务远未开展之前就投入大笔资金。天使投资的金额一般较小，而且是一次性投入，它对风险企业的审查也并不严格，更多的是基于投资人的主观判断或者是由个人的好恶所决定的。通常天使投资是由一个人投资，并且是见好就收，是个体或者小型的商业行为。天使投资人不但可以带来资金，同时也能带来关系网络。如果他们是知名人士，还可提高公司的信誉。

7. 商业银行贷款

商业银行贷款有个人生产经营贷款、个人创业贷款、个人助业贷款、个人小型设备贷款、个人周转性流动资金贷款、下岗失业人员小额担保贷款和个人临时贷款等类型。

目前各类银行都有针对中小企业的贷款政策，可供初创企业短期借贷使用。很多人认为找银行，金额大了批不下来，再加上对政策、手续不熟悉，觉得审查会很麻烦，投入的时间和精力成本有些不划算。但实际上，很多银行都设有小额担保贷款，在必要时可用于满足企业日常生产经营的资金周转，帮助创业公司突破瓶颈。

8. 众筹募资

众筹源于国外“crowd funding”一词，就是利用众人的力量，集中大家的资金、能力和渠道，为小微企业、艺术家或个人进行某项活动等提供必要的资金援助。创业者可以把自己的产品原型或创意提交到众筹平台上，发起募集资金，由感兴趣的人捐献指定数目的资金（捐助者可以在项目完成后得到一定的回馈，如这个项目制造出来的产品）。众筹平台使任何有创意的人都能够向几乎完全陌生的人筹集资金，消除了从传统投资者和机构融资的许多障碍。现在，有越来越多的国外创业者开始在众筹平台募集资金，国内也出现了很多出色的众筹平台，如天使汇、大家投、点名时间、追梦网等。这些众筹分为股权式众筹、奖励型众筹、捐赠型众筹等不同形式。

9. 担保机构融资（信用担保）

信用担保融资主要由第三方融资机构提供，是一种民间有息贷款，也是解决中小企业资金问题的主要途径。从 20 世纪 20 年代起，许多国家为了支持本国中小企业的发展，先后成立了为中小企业提供融资担保的信用机构。目前，国内中小企业信用担保融资机构已经有很多了。

10. 其他融资方式

其他融资方式包括典当贷款、设备融资租赁、集群融资、供应链融资等。其中，典当贷款的典当期限短则五天，长则半年，到期还可以延期；典当金额少则几百元，多则上千万元，这些双方都可以协商约定。小企业的扩张发展选择典当贷款，不失为一种有效的融资方式。

课堂活动

设计市场调研

1. 全班分成若干小组，每小组 4～6 人。
2. 各小组需为创业确定产品进行市场调研，设计一份调查问卷。
3. 问卷需包含市场环境、市场需求、市场营销因素和市场竞争等内容。

知识拓展

创业融资的方式选择

筹资渠道解决的是资金来源问题，筹资方式则解决通过何种方式取得资金的问题，它们之间存在着一定的对应关系。一定的筹资方式可能只适用于某一特定的筹资渠道，但是，同一渠道的资金往往可采用不同的方式取得，同一筹资方式又往往适用于不同的筹资渠道。因此，企业在筹资时，应实现两者的合理配合。新创企业一般经历种子期、创业期、成长期和成熟期 4 个阶段。不同的阶段，融资数量、融资渠道以及融资方式有着不同的特点，创业者要做到融资方式选择与融资阶段、融资需求及融资渠道相匹配。

1. 种子期

在种子期，创业者往往刚萌生创业的想法，可能只是有了一个创意或者有了一个正在研究的科研项目。在这个阶段，创业者可能还没有注册企业或者刚完成注册，也可能正在进行市场调研，也许还未制订商业计划、还未形成创业团队，还没有自己的产品或服务，还没有实现销售和利润。这个阶段大概要持续 6 个月到 1 年。在种子期，创业者的主要任务就是将创业理想变为创业现实，所需资金主要是用于新技术、新产品的研发或是市场调研，资金需求量不是很大，资金主要来源于创业者自己和家人的积蓄，融资方式主要选择自我融资、亲情融资或众筹融资。

2. 创业期

创业期是创业者创办企业并让企业活下来的阶段。在这个阶段，创业者完成了公司注册，制订了商业计划，组建了创业的核心团队，已经完成产品的研发和市场调研，有了较少的销售或者有了较少的利润；企业要想存活下来就需要大力开拓市场，加大产品宣传力度，有足够的资金保证生产。这个阶段大概需要1～2年的时间。在创业期，创业者需要大量的资金保证企业的建立、生产经营的顺利进行及市场开拓。由于这时企业的生产规模较小，市场占有率不高，管理制度还不够健全，经营风险还较大，机构投资者和金融机构出于稳健经营的考虑往往不会提供大量的资金给企业，因此，此阶段创业者的资金主要来源于个人资产、私人借贷、合伙人或天使投资和风险投资。这时的融资方式可以选择少量的金融机构借款，多选择自我融资、亲情融资、合伙融资、商业信用、典当等。如果创业者可以争取到天使投资的青睐，也可以选择天使投资；如果创业企业是高科技企业，也可以选择风险投资，得到风投在管理和资金上的支持。

3. 成长期

在成长期，企业的生存问题已经基本解决，企业开始实现盈利，销售进一步扩大，企业生产经营面临的主要问题就是进一步占有市场，不断扩大生产经营规模。这就要求创业者有更多的资金投入，这个过程通常持续2～3年。在这个阶段，企业已经步入正轨，资金需求主要是满足企业发展和扩张的需要，资金需要量较大。因为此时企业的经营风险降低，可以增加债务资金投入，发挥财务杠杆作用，提高企业资金的盈利能力。在融资方式的选择上，可以选择金融机构借款、融资租赁、风险投资、商业信用、票据融资等。

4. 成熟期

创业企业在成熟期需要确定企业未来的发展方向，如上市、被并购或独立发展。发展方向不同，融资的渠道与方式就会不同。如果创业企业选择上市，可以采用发行股票的方式或者吸收直接投资的方式融资；如果企业选择被并购，则收购方可能采用杠杆收购的形式。收购方可以目标企业的资产或未来的现金做抵押向银行以优先债形式获得60%左右的收购所需资金，从风险投资公司以可转化债券和优先股形式获得30%左右的夹层资金，以及自己投入10%左右的资金来完成杠杆收购。上市和被并购都会涉及夹层资金，因此，成熟期的融资主要是夹层融资。

二、熟悉创业技能的种类和要求

（一）创业应当具备广泛的创业知识

创业需要储备的知识是多方面的：在管理企业的过程中，需要高效的经营管理知识；在选择项目研发产品的过程中，需要过硬的专业知识和行业知识；在筹集和管理资金的过程中，需要一定的金融知识和理财知识；在经营公司的过程中，还需要税务知识和法律知识等。创业不是单一的工作，创业者要有广泛的知识面，才能应对不同层面的问题，在创业过程中才能游刃有余。作为中职生，应该珍惜在校时光，多利用时间从课堂、书本、网络等多种渠道获取专业知识、管理知识、经营知识、税收知识、法律知识等相关的创业知识，深度武装自己，指导未来的创业活动。

（二）创业应当锻炼优秀的创业能力

1. 创新能力

创新能力是一种可以运用新的思维方式去解决问题的能力。要锻炼创新能力，我们可以尝试突破旧的思维定式，摆脱常规想法的束缚，多联想、多发散、多思考，培养自己对新兴事物的好奇心。

2. 决策能力

创业者作为企业的旗帜，旗帜指引的方向就是团队奋斗的方向，因此，创业者的决策能力是至关重要的。优秀的决策能力能够使创业者结合各种条件，得出最有利的方案，指明企业的发展方向、目标、战略，并能选择最优方案实施。中职生可以通过社会实践，有意识地锻炼自己的调查研究能力，以及发现问题、分析问题、解决问题的能力和逻辑思维能力等。

3. 信息处理能力

信息处理能力和决策能力相辅相成。创业者在创业过程中会接收到各种各样繁杂的信息，会面临各种各样琐碎的事情，要从大量的信息和事件中找到真正有用的信息并加以分析和利用，就必须具备较强的信息处理能力。

4. 交际能力

创业者在经营企业的过程中会和不同的人打交道，如相关部门、新闻媒体、消费者群体等，利用良好的交际能力能够搭建一个四通八达的人际网络，让企业运行得更为顺畅。创业者在企业内部也要和公司各部门、各成员之间相处，而能否妥善处理与他们的关系，将决定整个公司的氛围和凝聚力，交际能力是创业者所必须具备的一项重要的职业素养。

5. 表达能力

投资家巴菲特曾说过："有一种能力你必须具备，不管你喜欢与否，那就是轻松自如地进行公众演讲，这是一种财富，将伴随你 50～60 年，如果你不喜欢，你的损失同样是50～60年!”每一位成功的企业家都是优秀的演说家。在商务谈判、员工动员中都需要发挥表达能力。表达能力也不局限于口头表达，还有书面表达，如起草报告、总结、商务合同等。

具备优秀创业能力的人，在创业历程中更容易站稳脚跟；先天不具备某种创业能力的人，也可以通过有意识的训练和实践来提升自己的创业能力。

（三）创业应当塑造良好的创业心态

没有强大的内心力量就不要轻易尝试创业。一些创业者在创业时总是把注意力放在创业成功后的美好上，往往忽视了创业途中的荆棘和创业失败后的惨淡。巨人集团的史玉柱也曾面临资产为负、债台高筑的时刻；苹果公司的创始人乔布斯也曾被赶出苹果公司，孤立无援。创业之路从来都不是一帆风顺的，因此在创业前一定要做好“承担失败”的心理准备，塑造良好的创业心态，才能坦然面对未来的风雨。良好的创业心态应该包括：“勇气”，即不怕困难、不畏艰险、直面挫折的精神；“见识”，即对机遇的感知、对社会需求的理解、对企业发展规划的认知；“行动”，即能够战胜怠惰、跨越障碍的超强行动力。只有把勇气、见识、行动结合在一起，才能塑造支撑创业的精神力量。

在创业过程中总会困难重重、竞争激烈，我们不可因一时兴起轻易创业，在此之前一定要深思熟虑，做好充分的创业准备。只有做好各方面的准备才能让我们在进行创业时更加从容自信，脚踏实地地一步步迈向成功的殿堂。

课堂活动

设计创业必备思维导图

1. 全班分成若干小组，每小组4～6人；

2. 设计一份创业必备思维导图，包括与创业有关的基本知识、创业的概念、创业者的技能、创业者的精神等。

知行合一

以小组为单位，人数自定，可自编也可根据现实改编，围绕创业者故事的主题演绎一段10分钟以内的小品，内容要合理、积极向上。

第三节　下笔如有神——创业程序及实施

一、了解创业的具体程序

在全面做好创业各项准备工作后，创业者的创业活动就进入了实质意义上的实施阶段，即进入创办自己的企业的实施阶段。创办企业是一项系统工程，整个活动必须在国家法律法规和政策允许的范围内进行，必须按照一定的程序，办理相关手续，使企业获得合法经营的权利。社会企业类型复杂、性质多样，不同类型、性质的企业开办条件、程序也不同。创业者必须详细了解开办企业的条件、类型及程序，这是一个创业者所必备的创业实务知识。

（一）申请设立企业应具备的条件

企业是从事生产、流通、服务等经济活动，以生产或服务满足社会需要，实行自主经营、独立核算、依法设立的一种营利性的经济组织。根据我国相关法律法规的规定，申请设立新企业必须具备一定的条件。

1. 能够提供社会所需要的产品（服务）

新企业必须通过生产经营活动，为社会提供产品或服务，以满足各类消费者的需要，这是企业生产经营的一个宗旨。企业提供的产品或服务，还必须是法律法规允许生产经营或者许可的，且是能够保障质量的。

2. 有确保企业正常运行的必要条件

一个企业正常运转需要具备许多条件，如生产型企业需有原材料、能源、生产经营设备设施、交通运输工具等；服务型企业需有服务场所、设备设施、服务标准等。只有具备了这些基本条件，企业才能正常运行。

3. 有自己的名称和生产经营场所

和自然人必须有自己的名字一样，一个新企业也必须有自己的名称，该名称属于一种法人人身权，不能转让，随法人存在而存在，随法人消亡而消亡。我国《企业名称登记管理规定》对此有详细的规定。另外，新企业还必须有自己生产经营的固定场所，这既是企业生产、经营、服务的基本条件，也是生产、经营、服务的处所。

4. 有符合国家规定的资金

企业是社会的一个经济实体，其正常运行必须有一定数量的资金。如果企业没有一定数量的资金，就成了没有固定资产的“皮包”公司。按照我国相关法律法规规定，从企业注册开始，企业必须有一定数额的资金，不同类型的企业注册资金要求是不同的。

5. 有自己的组织机构

企业是社会的细胞，也是社会的一级组织，其内部必须有一定层级的组织机构，必须有与企业规模相适应的管理幅度和管理层次，才能确保该企业生产经营的有效运行。像《中华人民共和国公司法》（以下简称《公司法》）就对企业的组织机构做明确的规定，如设立有限责任公司，需要设立股东会、董事会、监事会等组织机构。

6. 有明确的经营范围

按照我国法律法规规定，任何一个企业都有自己经营的商品类别、品种及服务项目，它反映企业业务活动的内容和生产经营方向，是企业业务活动范围的法律界限。国家相关职能部门在批准企业成立时，都会对企业的经营范围进行规定，超过企业经营范围的行为是要受到经济处罚的。

（二）企业设立的类型

随着我国社会主义市场经济的确立，多种经济形式并存已成为市场经济的重要特征，企业作为一级社会经济组织也呈现出多样性。所以，创业者在创业时都必须考虑的一个重要问题就是拟创办的企业采取什么类型的企业。学生创业者创办企业均属于私营经济，按照我国相关法律法规的规定，私营经济主要有以下三种企业类型。

1. 个人独资企业

个人独资企业，简称独资企业，是指依照《中华人民共和国个人独资法》在中国境内设立，由一个自然人投资，财产为投资人个人所有，投资人以其个人财产对企业债务承担无限责任的经营实体。个人独资企业，其典型特征是个人出资、个人经营、个人自负盈亏和自担风险。

和其他类型的企业形式不同，个人独资企业最大的一个优势就是设立相对简单。按照《中华人民共和国个人独资法》的规定，创立个人独资企业的条件是投资人是一个自然人；有合法的企业名称；有投资人申报的出资；有固定的生产经营场所和必要的生产经营条件；有必要的从业人员。只要符合上述条件，就可以创办个人独资企业，这比设立有限公司等类型的企业的条件要宽松得多。

2. 合伙企业

合伙企业是指自然人、法人和其他组织依照《中华人民共和国合伙企业法》在中国境内设立的，由两个或两个以上的合伙人订立合伙协议，为经营共同事业，共同出资、合伙经营、共享收益、共担风险的营利性组织。合伙企业包括普通合伙企业和有限合伙企业。

普通合伙企业由普通合伙人组成，合伙人对合伙企业债务承担无限连带责任。

有限合伙企业由普通合伙人和有限合伙人组成，普通合伙人对合伙企业债务承担无限连带责任，有限合伙人以其认缴的出资额为限对合伙企业债务承担责任。

与个人独资企业相比，合伙企业可以从众多的合伙人处筹集资本，投资者人数增加了，这意味着创业资金的投入就增加了，创业资金的基数肯定比个人独资的多。由于创业资金相对雄厚了，创办的企业规模相对较大，竞争实力强了，则企业发展的前景较好。

3. 公司制企业

公司制企业又叫股份制企业，是指由两个以上投资人（自然人或法人）依法出资组建，有独立法人财产，自主经营、自负盈亏的法人企业。公司制企业主要有有限责任公司和股份有限公司两种。有限责任公司是由两个以上、五十个以下的股东共同出资，每个股东以其所认缴的出资额对公司承担有限责任，公司以其全部资产对其债务承担责任的经济组织。有限责任公司包括国有独资公司以及其他有限责任公司。有限责任公司一般简称有限公司。股份有限公司是全部注册资本由等额股份构成并通过发行股票或股权证筹集资本，公司以其全部资产对公司债务承担有限责任的企业法人。股份有限公司一般简称股份公司。

与个人独资企业和合伙企业相比，公司制企业更加符合市场经济发展的需要，属于现代企业类型，其优点如下。

（1）专家管理效率提高。

公司制企业属于现代管理企业类型，实行使用权与经营权分离的原则。出资人聘请专业、专家型高级人员任总经理等职务，由其带领管理团队管理企业，出资人只是起到监督作用，一般不参与企业的管理。由于实行专家化管理，则可最大限度地发挥出管理团队的智慧，减少了人为干扰企业正常生产经营活动情况发生的可能性，提高了管理效率。

（2）筹集资金范围扩大。

由于公司制企业出资人比较多，有限公司最大可达几十个，而股份公司股东人数更多，投资人范围大大增加，筹集的创业资金数量巨大。雄厚的资金既可增加企业生产经营的范围，增强企业的活力，也可以扩大企业生产经营规模，提高企业的市场竞争力，企业的利润也比较大。

（3）组织机构健全。

按照《公司法》相关规定，公司制企业必须有自己的公司章程、组织机构，如股份有限公司除必须制定自己的章程外，还必须成立股东大会、董事会或监事会等机构，实施对企业的监督。健全的组织机构可以确保股东及其他投资人对企业进行监督和指导，对企业合法经营、正常运行起着非常重要的作用。

个人独资企业、合伙企业、公司制企业这三种类型的企业，既有自己独特的优势，也有自己的缺陷。创业者由于是初始创业，不但缺乏创业资金，也缺乏经营管理经验，受多种因素的制约，创业者比较适宜选择个人独资企业这一企业类型作为创业的“试验田”。等到企业有了一定的发展，积累了资金和经验，“羽毛丰满”后，再向公司制类型企业方向发展，这既符合现代企业制度的发展趋势，也是发展壮大企业的一个重要途径。

（三）创办企业的申办程序

创业者在选择好企业类型后，就可以办理企业注册登记了。办理企业注册登记是一个企业获得国家承认、获得合法经营资格的先决条件，也是所有企业开业前必须履行的程序。学生创业者若想开办企业，从事生产经营活动，取得合法经营资格，必须办理注册登记手续。不同类型的企业申办程序并不完全相同，以创办个人独资企业和合伙企业为例，申办程序如下。

1. 工商登记注册

工商登记是政府在对申请人进入市场的条件进行审查的基础上，通过注册登记，确认申请者从事市场经营活动的资格，使其获得实际营业权的各项活动的总称。

按照我国相关法律、法规的规定，国家各级工商局负责企业的工商登记工作，行使企业注册登记审核审批职权。创业者首先到工商局办理注册登记手续。

2. 办理验资报告

创业者开办企业必须有一定的资金，这是一个企业正常运行的物质基础。按照我国相关法律法规规定，除个人独资企业外，创办企业必须履行注册资本验资程序。在我国，会计师事务所具有对企业注册资本、出资情况进行验资的资格。会计师事务所对企业的注册资本、出资情况发表审验意见的书面文件，即验资报告。

3. 申请企业营业执照

企业如果正式运营，必须有营业执照。营业执照是企业法人营业执照的简称，是企业或组织合法经营权的凭证。营业执照的登记事项为：名称、地址、负责人、资金数额、经营范围、经营方式、从业人数、经营期限等。营业执照分正本和副本，二者具有相同的法律效力；正本应当置于公司住所或营业场所的醒目位置，营业执照不得伪造、涂改、出租、出借、转让。

创业者准备企业开业所需要的文件及申请表提交给工商局，申请企业营业执照。符合国家有关规定的，工商局予以颁发营业执照。

4. 刻制公章

公章刻制企业属于国家特殊行业，未经公安机关批准并备案，任何人不得从事公章刻制业务。创业者凭营业执照和公章样模，到县（区）级公安局办理公章刻制手续，经过批准的，到公安局指定的公章刻制企业刻制企业公章、合同专用章、财务章等。

5. 办理企业组织机构代码证

组织机构代码证是国家给每个依法注册、依法登记的机关、企事业单位和社会组织颁发的一个在全国范围内唯一的、始终不变的代码标识，其作用相当于单位的“身份证号”。

按照相关法律法规的规定，组织机构代码证审批工作由国家技术监督局负责。创业者凭企业营业执照、单位公章、法人代表身份证等材料到企业所在地县级技术监督局办理。

6. 办理税务登记证书

税务登记证，也叫税务登记证件，是从事生产、经营的纳税人向生产、经营地或者纳税义务发生地的主管税务机关申报办理税务登记时，所颁发的登记凭证。依法开业的企业必须办理税务登记证书。

创业者凭营业执照、法人身份证、房产证明和租赁协议书、单位公章等材料到企业所在地县级税务局办理税务登记证书，并领购发票。

7. 开设银行账户

银行账户是各单位为办理结算和申请贷款在银行开立的户头，也是单位委托银行办理信贷和转账结算以及现金收付业务的工具。企业为了正常经营必须在银行设立账户。

创业者凭营业执照、税务登记证书、组织机构代码证、法人身份证、单位公章、单位财务章去相关银行开设账户。

创业者按照以上程序办理相关手续，取得营业执照、组织机构代码证、税务登记证书，开设银行账户后，标志一个新企业的诞生，企业就可以正式生产经营了，毕业生的创业历程也就拉开了序幕。

二、学会制订可操作的创业规划书

（一）撰写创业计划书应具备的条件

一个计划既经设定，便会成为人们行动的指南。因此，一个看上去似乎十全十美但却无法实现的计划，就好像是画在墙上的饼，好看却没有办法吃。

要制订既容易实行，效果又好的计划，需要具备哪些条件呢？

第一，要具体。必须明确地表示具体的行动、目的和方针，可以稍具抽象性，但行动却应明白地指出，让负责实行这一计划的人了解自己该如何去做。

第二，要有限期。目标就像一只无形的手，在远方召唤着我们，所以拟定一个计划时，必须顾及时间的设定。

第三，要具备经济性。在费用、人员、资料等方面都要精打细算。

第四，要简洁。如果计划过于繁杂，实行时往往会缺乏弹性。

第五，要有弹性。为了应付条件的变化及偶然因素出现，拟定计划时必须考虑到修改甚至变更部分计划的可能性。

第六，要有优先顺序。对于所实施的项目，要根据它们的重要性，决定先后次序。

第七，要有反馈。对于计划必须及时进行总结与反馈，这样才能检验计划的实施程度如何并及时调整计划的可行性。

（二）创业计划书的结构与内容

1. 创业计划书的基本结构

创业计划书形成了相对固定的格式、规范，也形成了广为采用的基本内容结构。完整的创业计划书一般包括封面、目录、执行摘要、正文和附件等。

（1）封面。封面设计要美观，兼具艺术性，除了项目名称、地址、联系人姓名、联系方式等外，还可以有公司的 Logo。

（2）目录。创业计划书的各主要章节题目。

（3）执行摘要。执行摘要浓缩了创业计划书的精华，涵盖了创业计划书的全部要点，简明扼要、精练、有说服力，让投资者能在最短的时间内评审计划并做出判断。

（4）正文。正文内容包括公司产品或服务介绍、市场分析、竞争分析、管理团队、投资说明、研发计划、生产经营计划、市场营销计划、人力资源计划、财务分析、风险分析、退出策略等。

（5）附件。支持上述信息的文件资料，如详细的报表、团队成员简历等，以及其他需要进一步说明或提供佐证的事实材料。

图 7－3 所示为某个创业计划书的基本结构。

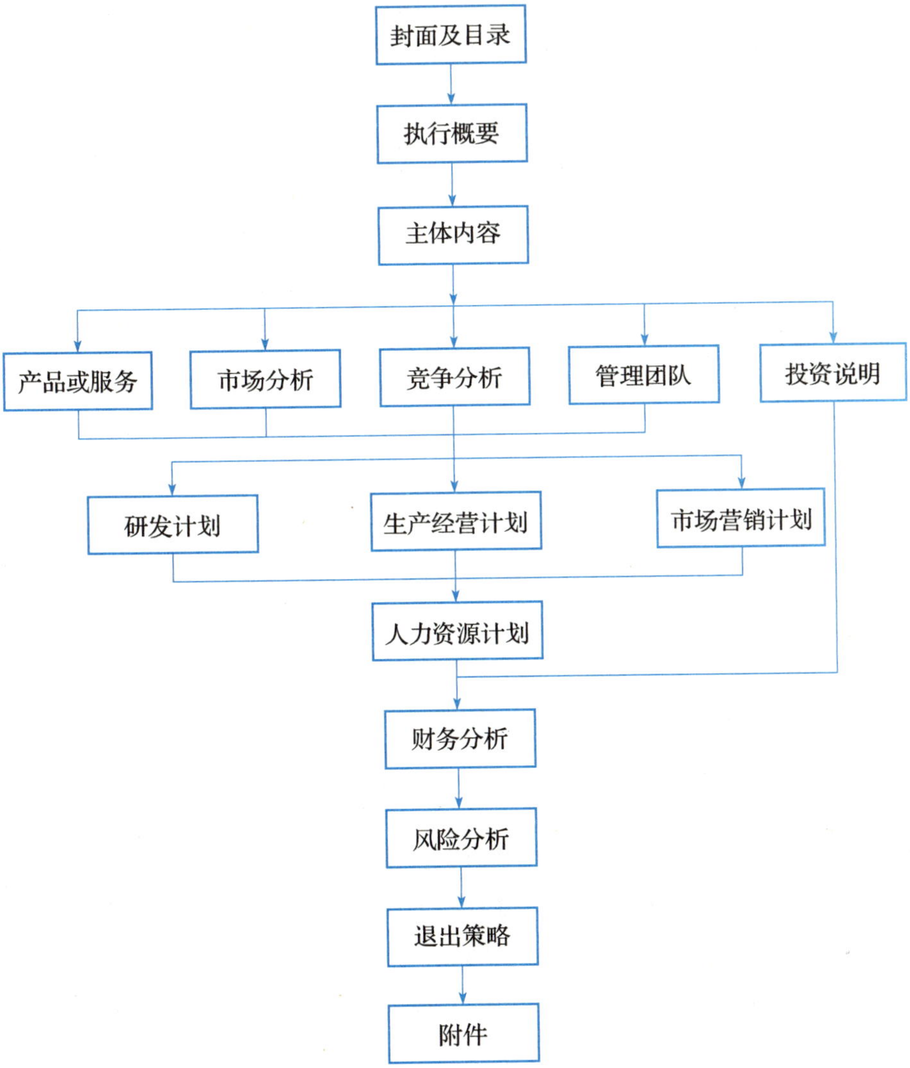

图 7－3 创业计划书的基本结构

2. 创业计划书的核心内容

创业计划书与商业模式不同，商业模式探讨价值的传递和价值创造的可能性，而创业计划书则阐述了创业团队对项目的系统认知和将要怎么执行的具体细节，其核心内容应该包括：产品和服务的新颖性，以及价值、市场发展潜力、核心竞争力。

（1）执行摘要。

执行摘要是创业计划书的精华和浓缩版，能让投资人一目了然地看清创业计划书的要点。摘要应该对以下几个关键问题给予简短回答，即说明我们的项目有哪些亮点，解决了哪些未被解决的问题，未来的市场前景如何，采用什么样的商业模式，项目的竞争优势是什么以及项目为什么会成功。篇幅一般不超过 2 页。

执行摘要要能在短时间内激起别人的兴趣，让他们想去了解更多的信息。因此，在撰写时要深思熟虑，不仅要传达清晰的信息，也要传递创业者的坚韧与激情，让投资人看到项目未来发展的清晰思路。这部分要在计划书完成后撰写。

（2）愿景、使命和核心价值观。

愿景是指企业长期的发展方向、目标、目的、自我设定的社会责任和义务；使命是指企业在社会经济发展中所应担当的角色和责任；核心价值观是指企业在长期的生产经营活动中逐渐形成的，组织成员或群体成员分享的同一价值观念。

利益相关者会关心具体的创业项目和团队，也会关心创业者的理想和抱负，关心企业能创造多大的经济价值，能做出什么样的社会贡献。愿景和使命是创业者的内在动力，会反映未来企业的核心价值观，对企业文化的形成也会起到决定性的作用。

（3）产品和服务。

这部分内容应该解释项目可以提供哪些产品和服务，有什么独特性和创新价值，未来的发展空间有多大，是否具有产生利润的潜力。这就需要讨论项目的背景、所在的行业、目标顾客以及新技术、新材料的使用等．因为正是这些条件才能显示出你现在正努力开发的项目的价值。

同时，这部分内容还应该包括产品和服务的更新迭代计划。已经研发的产品或服务能够满足消费者的需求，而更新和迭代计划的目的是让投资人或者相关方看到创业项目的发展空间和团队的创新精神。

（4）市场分析。

创业计划书的市场分析部分应该有调研数据支撑并进行量化分析，说明创业者已经为该项目的产品或服务做过市场调研，并且有证据显示，当这种产品上市时，会有消费者打算购买它。创业者应该尽最大努力说明人们为什么想购买或使用他们的产品，这是建立在科学预测的基础上进行的数据分析。对经验丰富的投资者来说，是可以判断数据的真实性和科学性的。

（5）竞争分析。

可以通过借用波特五力模型来分析。波特五力模型由迈克尔·波特于20世纪80年代初提出，对竞争影响的五种力量是：当前竞争者、潜在进入者、替代品和与上下游（供应商、购买者）相关方之间的议价能力。通过运用波特五力模型，来构建竞争优势。可以通过解释产品和服务的创新性，与目标市场的动态匹配性，来展示创业团队的知识素养和能力水平。如果创业项目准确识别并捉住了市场机会，结合产品和服务的更新迭代，足以能够创造近期或长期优势。这部分需要说明本企业与现有解决方案存在哪些差异。如果存在竞争者，需要比较产品和技术之间的不同。

（6）项目运营计划。

项目运营计划部分要详细描述产品的开发设计、生产计划、营销计划、人力资源计划和商业模式等。

1）开发设计环节，要明确目前项目中的产品或服务已经进行到什么阶段，是处在产品评估阶段，还是设计阶段，或是已开发、上线，正准备生产。如果正准备生产，那么预期成本以及制造产品或提供服务的时间表是什么。无论处在哪个阶段，都要为后续的量化生产制订一个详细的时间进度列表。

2）生产计划环节，要为产品和服务量化生产做好规划，包括厂址选择、制造流程优化、生产工艺和方法、品质管控以及物料需求计划和外部协作等。对于这些问题，企业进展得越深入，对潜在投资者的吸引力就越大。这不仅是因为企业的发展已经跨越了最初的开办阶段，而且还因为这表明企业的运营方式合理、高效。如果每件事都处于合理状态，便可以确保企业快速向前发展。

3）营销计划环节，主要包括制订销售目标、营销策略，权衡销售目标与利润目标之间的关系。其中销售目标要具体到细分市场；营销策略可以运用“4P”理论，从产品、价格、渠道和促销4个方面制订详细的营销策略；权衡销售目标与利润目标时产品结构要合理，将产品销售目标具体细分到各层次产品，并通过数据列表的形式呈现。

4）人力资源计划环节，要与组织的发展战略相匹配，分析现阶段的人员结构，制订未来人才引进、人员流动、内部晋升、员工培训等人力资源的预测和规划安排，包括人力资源开发和管理的所有内容。

5）商业模式的描述，既是对项目的核心价值、价值传递以及盈利模式的系统思考，也是通过模型对项目进行系统形象的展示和项目运营的整体规划。

（7）团队管理。

团队管理这一部分内容主要对团队成员的学历背景、工作经历以及团队成员分工进行详细描述。具体包括：团队成员个人简历、团队成员职务分工和职责划分、团队成员之间如何能力互补、创业团队的优势和劣势、职责是否划分明确和股权结构等，还要思考除了团队本身外，可以分配或者获取的其他资源有哪些？例如，创业项目可以补充一些其他资源，包括专业老师的研究成果、创业导师的指导经验等。

在评估创业项目时，许多投资人非常关注团队管理，会重点阅读这一部分内容。有些天使投资人甚至认为，宁愿投资具有二流创意的一流团队，也不愿投资具有一流创意的二流团队。由此可以看出，团队成员的能力互补、团队竞争、创新意识、创业精神对于创业成功是极其重要的。

（8）财务规划。

首先，要明确项目的资本构成，包括自筹资金、银行贷款、基金、募集资金等的金额和比例。说明先期投入资金的使用情况，并将详细清单列在附录中。需要融资的，要有投资说明。

其次，提供财务报表，包括现金流量表、利润表和资产负债表。还没有注册成立公司的，可以提供预编制的6个月的报表信息；已经注册成立公司且开始运营的，要提供运营期间的财务报表，并预编制未来1～3年的报表。预编资产负债表可以显示权益负债率、营运资金、存货周转率和其他财务指标是否在可接受限度内，还可以证明对企业的初始和未来投资是不是合理。预编利润表记录销售收入、直接成本、综合费用、财务费用、利润或亏损，提供运营结果的合理规划。预编现金流量表显示预期随时间变化现金流入流出的数量，分析下一步的融资需求和时机以及对营运资金的需求。

最后，要进行盈亏平衡分析，通过分析产品成本、销售量和销售利润这三个变量之间的关系，掌握盈亏变化的临界点。另外，还可以从静态和动态两个角度进行投资回收期分析，这种方法计算比较简单，在一定程度上反映了资金周转的速度。

（9）关键风险。

经营企业会有很多风险，创业计划书除了预测企业良好发展的一面外，还要充分考虑投资计划可能附随的风险或企业发展中面临的不利因素。风险分析的目的是让创业者清晰地认清风险的类型以及存在的可能性，并向投资人说明可采取的风险应对策略。通常风险的类型包括客户接受程度风险、管理风险和竞争风险等。学生创业的风险还包括团队分歧风险、创业认知风险和核心竞争力风险等。

（10）退出策略。

创业企业发展到一定阶段，都存在投资人的退出及投资回报问题。在这一部分需要描述创业者如何被取代，以及投资者退出战略，即他们如何收获资助创业企业所带来的利益。例如，出售业务、与其他企业的合并、IPO，或者重新募集资金，使所有者和投资人能够通过先前的投资获益。

（11）时间表和里程碑。

创业计划书正文的最后部分应该说明主要活动的起止时间、已经取得的成果、计划完成目标、关键里程碑何时达到。从投资者观点看，这个部分表明创业者的确仔细关注了企业的运营，并且已经为企业的未来发展制订了清晰的计划。要选择那些无论是从企业资源还是从所在产业的角度看都有意义的里程碑。

（12）附录。

创业计划书的正文应该相对简短，只要提供所有重要信息即可，许多项目的信息最好包含在单独的附录部分。附录中可以包括创业项目中的比赛获奖证书、专利信息、调查问卷及结果、团队成员完整简历以及财务报表等。

（三）创业计划书的撰写与展示

1. 创业计划书撰写的原则

一份逻辑严密、结构完整、要点突出的创业计划书，可以让创业者系统思考创业的现在和未来，吸引相关方和投资人的关注。尽管创业计划书的用途各有不同，结构也不尽相同，但是在撰写时要遵循一定的原则，具体应该注意以下问题。

（1）突出重点、简明扼要。

从篇幅和内容上看，一份创业计划书少则二十多页，多则上百页，既要把创业故事讲清楚，又要讲得精彩，吸引观众。怎样才能做到这一点呢？实际上，任何创业项目一定是存在创新点的，常见的有新材料、新技术推动的产品和服务的创新、新市场推动的营销形式的创新、价值创造和价值增值形式的变化推动的商业模式创新等。创新是创业的原动力，因此，创业计划书中的创新部分应该重点突出，并简练而睿智地说明创新带来的价值和市场空间，让投资人或者相关方能在短时间内捕捉到项目的亮点，并被项目的价值所吸引。特别是经验丰富又富有远见的风险投资人，没有那么多时间把创业计划书从头读到尾，因此必须在一开始就吸引住他们，引导他们继续读下去，不仅看到项目的价值，还要看到创业者的创新意识和创业精神。

（2）结构完整、脉络清晰。

无论创业计划书的篇幅如何，其结构都应该是完整的，要件应该齐备，而且各部分之间是有逻辑关系的。很多创业团队是分工完成创业计划书的，每个同学撰写一两个部分，这时更应该明确创业计划书各部分之间的逻辑关系，否则很容易出现自相矛盾或者逻辑不清的错误。

（3）数据真实、规划合理。

创业计划本质上是创业者对创业项目未来发展的一种规划，是建立在预测基础上的。创业过程是动态的，创业者面对的是不可完全预知、快速变化、充满不确定性的未来。尤其是市场分析、竞争分析、财务分析部分有大量的数据，有时效性，也会受到信息获取的限制。即使创业活动面临很大不确定性，创业者也应该努力确保商业计划信息的相对真实性。规划是建立在数据分析基础上的，只有数据真实，规划才能更加合理。

数据真实是指市场预测必须建立在对创业环境的现有信息进行分析的基础上。规划合理是指要在数据真实的基础上，使用科学的方法进行数据分析，并合理规划项目的未来发展。规划合理则是体现对真实数据分析的科学性和动态调整。

> **小贴士**
>
> 数据真实性表现在调研问卷的真实性；市场分析数据的真实性；竞争者分析的真实性；财务报表的真实性等多个方面。

2. 创业计划书撰写技巧

根据以上撰写原则，为了使创业计划书呈现出项目特色和优势，并最终获得投资人的青睐，创业者在写作创业计划书时还应掌握一些撰写小技巧，具体表现在以下方面。

（1）适用合理的结构体例。

在结构和体例上，创业项目一般使用符合基本结构要求的创业计划书，做到结构完整、逻辑清晰、数据真实，论述有理有据。让评委和投资人从创业计划书的目录和执行摘要就可以判断创业团队有没有接受过规范化的创业教育和培训。从内容上，要体现创业团队的创业热情，并在创业的道路上不断完善团队管理、项目运营等，做到形式与内容并重。

创业计划的体例看似简单，但仍要努力做到更好。特别是拿给投资人看的创业计划书，是投资人对项目的第一印象，包装不必太精美，但是要规范，可以采用透明的封面和封底来包装计划书。不要过度使用文字处理工具，否则会使创业计划显得不够专业。而一些体例上的用心却可以显示你的细心。例如，设计精美的 Logo 或者徽标，把它放在计划书封面页和每一页的眉题上，这会充分显示你的用心，给投资人留下深刻印象。

（2）内容设计与过程组织。

创业计划书的内容应建立在市场调研或其他间接来源的真实数据的基础上。在编写正文的过程中，涉及市场分析、竞争分析和财务分析部分，可以先组织撰写市场分析、竞争分析这一部分，再结合总体的发展规划和各项运营目标，编写产品开发以及财务分析等信息。

在实践中，创业者经常对财务分析部分花费大部分时间，特别是学生创业项目，团队中如果没有会计学类专业背景的成员，会花费大量时间却不能很好地描述详细的财务计划，反而因此忽略了市场调研，这是不可取的。财务分析应建立在市场预测和竞争分析的基础上，市场分析的内容真实可靠，具有说服力，即使财务分析欠缺一些，投资人和评委也会更青睐有真实数据支撑的项目。

创业计划书的撰写是一个不断完善的过程，随着撰写工作的深入，创业者能够获取的新市场、潜在顾客等相关信息越来越多，或是越来越具体，这时，创业计划书也要做出相应的调整。甚至随着掌握的相关信息越来越多，创业者的个人目标和追求都会随之改变，这些都会影响企业所有权方式、销售预期、盈利预期以及融资方式等方面的决策。所以创业计划书的内容设计是动态的过程，随时都需要进行调整。因此，在这一过程中，需要以坦诚的态度、开放的心态，不断修改和完善。

最后，创业计划书的内容要尽量规避不该有的错误。无论创业计划书的其他部分有多好，都必须绝对避免这些使商业计划注定被拒绝的错误，哪怕只犯了其中一个错误。

小贴士

创业计划书是吸引投资者的第一张名片，在初次撰写的时候，一定想写得真实、完美、动人，但其中也会遇到一些问题需要注意。

（1）创业计划书应层次清晰、主次分明，让投资者能一下子抓住重点，有一个清楚的头绪。

（2）创业计划书不要过于强调技术。投资者不是技术专家，技术是一方面，更重要的是创业者怎样将技术卖出去，也就是企业的商业模式。

（3）创业计划书要体现团队和人的价值。创业团队往往是创业能否成功的关键。

（4）创业计划书中的数据一定要准确，前后一致。

（5）对创业公司自身和投资人应有不同的创业计划书。

（6）大多数创业者的焦点都是在利润方面，而不是现金。创业者要明确一点，平时支出的并不是经营利润，而都是现金，所以，了解现金流是至关重要的。

（7）很少有成功的企业是完全基于全新的商业思路，一个新的商业创意往往比现有的产品更难实现好的销量。所以，不要对自己的商业创意估价过高。

课堂活动

编写创业计划书

要求：内容包含摘要、事业描述、产品/服务、市场、地点、竞争、管理、人事、财务需求与运用、风险、成长与发展。

知行合一

自带一份家中闲置物品，开展校园跳蚤市场活动。通过摆摊、经营、购买等环节，熟悉市场经营过程，培养创业和市场经济意识。

第四节　谋定而后动——创业风险及规避

一、了解创业风险

创业风险是指在一定环境下、一定时间段内影响目标实现的不确定性，或某种损失发生的可能性。创业风险的存在意味着创业目标的实现可能会遇到预料之外的事情。如果我们把创业风险与创业目标联系起来，就可以清楚地看到，其实生活中风险无处不在，只不过有的风险很小，小到我们都不去注意它。要创业就一定要在风险与收益之间进行抉择与权衡，不能为了收益而不顾风险的大小，也不能因害怕风险而放弃目标，要在争取实现目标的前提下，去管理风险、控制风险。在充分认识风险之后，创业者要认真分析自己在创业过程中可能会遇到哪些风险，这些风险中哪些是可以控制的，哪些是不可控制的，哪些是需要极力避免的，哪些是致命的或不可管理的，这些风险一旦出现应该如何应对和化解。特别要注意的是，一定要明白最大的风险是什么，最大的损失可能有多少，自己是否有能力承担并渡过难关。

（一）风险的来源

创业环境的不确定性，创业机会与创业企业的复杂性，创业者、创业团队与创业投资者的能力与实力的有限性都是创业风险的根本来源。创业的过程往往是将某一构想或技术转化为具体的产品或服务的过程，在这个过程中存在着几个基本的、相互联系的缺口。在给定的宏观条件下，创业风险往往就直接来源于以下几个缺口。

1. 融资缺口

融资缺口存在于学术研究和商业支持之间，是研究基金和投资基金之间存在的断层。

（1）研究基金，通常来自个人、政府机构和公司研究机构，不仅支持概念的创建，还支持概念可行性的最初证实。

（2）投资基金，支持将概念转化为有市场的产品原型。这种产品原型有令人满意的性能，创业者对其生产成本有足够的了解并且能够识别其是否有足够的市场。

创业者可以通过研究基金来证明其构想的可行性，但往往没有足够的资金将其化为商品，这给创业者带来一定的风险。通常只有极少数基金愿意鼓励创业者跨越这个缺口。

2. 研究缺口

研究缺口存在于创业者根据自己的兴趣所做的研究判断和依据市场潜力所做的商业判断之间。当一个创业者最初证明一个特定的科学突破或技术突破可能成为商业化产品的基础时，这仅仅是创业者做出的研究判断，在将预想的产品真正转化为商业化产品的过程中，即使其具备有效的性能、低廉的成本和较高的质量，为使产品能从市场竞争中生存下来，仍需要大量复杂且可能耗资巨大的研究工作，从而形成创业风险。而一般创业企业很少会花时间去做这些研究，这就造成了研究的缺口。

3. 信息和信任缺口

信息和信任缺口存在于技术专家和管理者（投资者）之间，也就是说在创业中存在着两种不同类型的人：技术专家和管理者（投资者）。这两种人接受不同的教育，对创业有不同的预期、信息来源和表达方式。

（1）技术专家知道哪些内容在科学上是有趣的，哪些内容在技术层上是可行的，哪些内容根本就是无法实现的。在失败案例中，技术专家要承担的风险一般表现在学术上、声誉上受到影响，以及没有金钱上的回报。

（2）管理者（投资者）通常比较了解将新产品引进市场的程序，但当涉及具体项目的技术部分时，他们不得不相信技术专家，可以说管理者（投资者）是在拿别人的钱冒险。

如果技术专家和管理者（投资者）不能充分信任对方，或者不能进行有效的交流，那么这一缺口将会变得更深，带来更大的风险。

4. 资源缺口

资源与创业者之间的关系就如同颜料和画笔与艺术家之间的关系一样，没有了颜料和画笔，艺术家即使有了构思也无从实现。创业也是如此。没有所需的资源，创业者将一筹莫展，创业也就无从谈起。在大多数情况下，创业者不一定也不可能拥有创业所需的全部资源，这就形成了资源的缺口。如果创业者没有能力弥补相应的资源缺口，则要么创业无法起步，要么在创业中受制于人。

5. 管理缺口

管理缺口是指创业者并不一定是出色的企业家，不一定具备出色的管理才能。这种类型的创业者所进行的创业活动主要有两种：一种是创业者利用新技术进行创业，创业者只是技术方面的专业人才，不具备专业的管理才能，从而形成管理缺口；另一种是创业者有新的创业思路，但不具备战略规划上的才能，或者是不善于管理具体的事务，从而形成管理缺口。

（二）创业风险的形式

创业风险是伴随着创业过程而产生和存在的，对此，创业者必须有清醒的认识。

1. 与财产有关的风险

这里所说的财产是指企业的有形财产，也称为实物财产。对于创业的企业来说，有形财产是初期投资的主要方向和方式，也是最有可能给企业造成最大损失的风险。有形财产可以通过保险方式将部分损失转嫁给保险公司，但保险公司一般赔偿的都是直接损失，而比直接损失更大的间接损失还是要由企业来承担。因此，创业者对所创办的企业的有形财产的管理不能掉以轻心。

2. 与产品和服务有关的责任风险

（1）产品责任风险。主要指生产者、销售者和维修者所提供的产品或服务所导致的风险。在现实生活中，因为产品质量的缺陷而导致消费者的人身财产受到伤害的事情屡见不鲜。由于创业企业的产品往往是一些新产品，安全性和可靠性有待于市场的检验，所以要特别加强对产品安全性的检查，否则可能造成难以弥补的损失。

（2）服务责任风险。对于创办服务企业而言，对顾客或客户产生伤害的原因可能是多种多样的，有的是服务企业直接引起的，有的则是由于顾客的自身原因造成的。对于前一种，企业理所应当赔偿；对于后一种，企业往往也要承担一部分责任。

3. 与人力资源有关的风险

（1）因雇员对企业的不忠诚造成的风险。这类风险在现实生活中随处可见。为了避免这类风险，可以从建立综合的内部控制体系做起，努力完成相对成熟和相对严格的企业管理制度，同时还应当注重企业文化的建设和对员工的素质培养。

（2）因人员的流失造成的风险。员工的流失可能会造成关键技术、商业情报和市场的丢失，而且流失的利益往往都会被同行业的竞争对手所获得，这样就会带来更大的压力和竞争形势。

此类风险大多数是不可避免的，创业者必须引起重视，注意防范。

案例分析

第一次互联网泡沫破灭的前夕，刚刚获得哈佛商学院 MBA 的唐海松创建了亿唐公司，其“梦幻团队”由 5 个哈佛 MBA 和两个芝加哥大学 MBA 组成。凭借诱人的创业方案，亿唐从两家著名美国风险投资人手中拿到两期共 5 000 万美元左右的融资。亿唐想做一个针对中国年轻人的包罗万象的互联网门户。他们自己定义了中国年轻人为“明黄一代”。亿唐网一夜之间横空出世，迅速在各大高校攻城略地，在全国范围快速“烧钱”：除了在北京、广州、深圳三地建立分公司外，亿唐还广招人手，并在各地进行规模浩大的宣传造势活动。随着互联网的寒冬突如其来，亿唐钱烧光了大半，仍然无法盈利。此后的转型也一直没有取得成功，最后亿唐公司只剩下空壳，昔日的“梦幻团队”在公司烧光钱后也纷纷选择出走。

亿唐，曾因“今天你是否有亿唐”的广告效应，被尊为互联网先驱，却在经历过重重挣扎、蜕变后，被成立还不到半年的奇虎网以 1 000 万元收入囊中。

【思考】

1. 亿唐失败的主要原因是什么？
2. 创业有风险，创业者应如何规避风险？

二、掌握规避创业风险的策略

案例

作为网络童装第一品牌，“绿盒子”曾经风光无限。2011年“绿盒子”与迪士尼签订了合作协议。“绿盒子”同时拥有迪士尼线上品牌的设计、生产、销售3项授权。2014年“绿盒子”销售达2.5亿元左右，其中，2014年“绿盒子”“双11”整体销售额超过6 000万元，与“韩都衣舍”“茵曼”等“淘品牌”齐名。2015年，“绿盒子”先后斥巨资赞助《虎妈猫爸》《小爸爸》等电视剧，为剧中主角提供整套服装配饰及搭配指导。然而，这家成立于2010年8月，立足于互联网电商渠道的童装品牌最终陷入了僵局。原来，这起源于“绿盒子”的“脱淘”。尽管组建自己的B2C官网，投入等同于淘宝8～10倍的成本吸纳新客户，但“绿盒子”80%的销售额依然来自淘宝。在B2C尝试失败后，“绿盒子”又将其重点回归做品牌并在电商平台发展，彼时很多传统品牌纷纷“触网”，也开始进军天猫网等第三方平台，电商红利时代逐步走向“下坡路”。和传统品牌相比，“绿盒子”在设计、供应链上有些跟不上。

尽管2014年知名投资人再次注资“绿盒子”，准备在全国范围内设立实体体验店，以先直营后加盟的形式大干一场，然后登陆新三板。但是，2015年8月，愿意参与C轮融资的知名投资人外逃，杳无音信……“绿盒子”开始陷入危机当中。2016年7月6日，“绿盒子”上海徐汇分公司被列入工商部门经营异常名录。2016年12月22日，部分供应商向上海市徐汇区公安局等部门提交请愿书，投诉“绿盒子”拖欠94家企业单位共计9 400万元债款无法清偿。

（一）创业风险的处理方式

一般来说，对于风险需采取一些常用的风险处理方式，用最小的成本达到最大安全保障。风险处理的方式很多，但常用的有以下几种方式。

1. 风险规避

风险规避即选择放弃、停止或拒绝等方式处理面临的风险。例如，采取中止交易、减少交易、放弃交易或离开市场等方式避免风险的发生。这是各种风险处理技术中最简单、最消极的方法。适合采用风险规避策略的情况有以下两种：第一，某种特定风险所致的损失概率和损失程度相当大；第二，采用其他风险处理方法的成本超过其产生的效益。

2. 风险保留

风险保留又称风险接受，是指企业自己承担风险损失。当某种风险不能避免，或因冒风险可获厚利时，由企业自己保留承担的风险，这是最为普遍的风险处理方法。按照处理的顺序和情况可分为主动保留和被动保留两种。风险保留的处理方式包括：第一，将损失摊入经营成本，即将发生的损失计入当期损益；第二，建立意外损失基金；第三，建立专项基金；第四，从外部借入资金。除了筹集资金提高企业自身的抗风险能力以外，企业还可以通过套期保值、设置专业自保公司等方法自留风险。

3. 风险转移

风险转移是企业通过契约、合同、经济、金融工具等形式将损失的财务和法律责任转嫁给他人，达到降低风险发生频率、缩小损失幅度的目的。风险转移的形式有三种：控制型非保险转移、财务型非保险转移和保险转移。第一，控制型非保险转移是通过契约、合同将损失的财务和法律责任转嫁给他人，从而解脱自身的风险威胁，主要有外包、租赁、出售、回租等方式。例如，一家公司在与某建筑承包商签订新建厂房的合同中规定，建筑承包商对完工前厂房的任何损失负赔偿责任。第二，财务性非保险转移就是利用经济处理手段，转移经营风险，主要有保证、再保证、中和、证券化、股份化等方式。第三，保险是转移风险的一种办法，它把风险转移给保险人。保险也是一种分摊风险和意外损失的方法，一旦发生意外损失，保险人就补偿被保险人的损失，这实际上是把少数人遭受的损失分摊给同险种的所有投保人。对创业企业来说，投保是其对企业各类纯粹风险进行管理的最为有效的手段。

4. 风险利用

风险利用是把风险当作机遇，利用运营中的困难，通过风险战略开拓市场，实现更大的战略目的。风险利用是最为积极的风险管理战略，它对于培养经理人风险偏好、建立企业文化有重要的意义。风险利用的方式有配置、多样化、扩张、创造、重新设计、重新组织、价格杠杆、仲裁、重新谈判、影响等。在风险利用策略中还可通过对风险进行分散、分拆及对风险损失进行控制，也可化大风险为小风险，变大损失为小损失，实现风险控制的目的。

5. 损失抑制

损失抑制是指在损失发生时或在损失发生后为缩小损失幅度而采取的各项措施。损失抑制的一种特殊形态是割离，它是指将风险单位割离成很多小的独立单位而达到缩小损失幅度的一种方法。损失抑制常常是在损失幅度高且风险又无法避免或转嫁的情况下采用，如损失发生后的各种自救和损失处理等。

（二）创业风险的应对策略

创业者识别评估风险后，若认为某种风险会给企业带来较大的损失，就会针对该风险采取相应的防范措施。

1. 财务风险的防范

创业者要对创业所需资金进行合理估计，避免筹资不足影响企业的健康成长和后续发展。要学会建立创业企业的信用，提高获得资金的概率。创业者或团队一定要学会在企业的长远发展和目前利益之间进行权衡，设置合理的财务结构，从恰当的渠道获得资金。管理创业企业的现金流，避免出现现金断流带来财务拮据甚至破产清算的局面。

2. 竞争风险的防范

回归到产品本身，产品或服务才是创业者的护城河。关注竞争对手和用户需求，找到竞争对手的弱点，为用户提供独一无二的产品价值。

3. 技术风险的防范

加强对技术创新方案的可行性论证，减少技术开发与技术选择的盲目性，并通过建立灵敏的信息预警系统，及时预防技术风险。通过组建技术联合开发体或建立创新联盟等方式减少技术风险发生的可能性。提高创业企业技术系统的活力。高度重视专利申请、技术标准申请等，通过法律手段减少损失出现的可能性。

4. 市场风险的防范

时刻关注市场变化，善于抓住机会。以市场及消费者的需求为生产的出发点。摸清竞争对手底细，发现其创业思路与弱点。广泛收集市场信息并加以分析比较，制订有效的市场营销策略。对各种成本精打细算，杜绝不必要的费用。以良好诚信的售后服务赢得顾客青睐。

5. 团队风险的防范

谨慎选择创业团队成员。制订团队规范和团队纪律。在创业过程中需用良好的规范和纪律来约束团队的成员，形成团队的共同价值观和愿景。让团队所有成员对于“创业使命”“共同目标”等关键命题达成一个共识，并用这些共识去指导整个团队和每个成员的行为。

课堂分享

1. 如果你要创业，会选择哪一种常用的风险处理方式？

2. 随着创业人员的增多，想要在竞争中占据优势，需要借助团队的力量。我们该怎样挑选创业团队成员呢？

知行合一

创业风险评估小调研

一、活动目标

了解创业风险评估的重要性、内容、方法；

了解创业风险评估的中介机构；

树立创业风险评估意识。

二、活动流程

流程 1：访谈创业成功的学生对风险评估的看法。

（1）确定访谈对象。

____

（2）准备访谈提纲。

____

（3）确定访谈方式，如微信、腾讯会议、电话、邮件、面谈等。

____

（4）做好访谈记录。

____

流程2：上网搜索相关视频，了解社会各界对学生创业风险的看法。

视频1：____________________

视频2：____________________

流程3：查找当地关于创业风险评估的中介机构，并填写表7-6。

表7-6　创业风险评估中介机构情况表

机构名称	服务项目	收费标准	联系电话	地点

三、活动思考

毕业生进行创业，需要注意哪些风险？应采取哪些防范措施？

素养之窗

随着新一轮科技革命和产业变革突飞猛进，世界正在经历产业结构、经济结构与社会环境、人口结构等的深刻调整，各国职业教育不同程度地面临着一些共同挑战和发展机遇。站在新的历史起点上，实现职业教育新的发展，需要准确识变、科学应变、主动求变，坚持创新、协调、绿色、开放、共享的新发展理念，推动教育界、产业界和经济社会发展各相关部门以及国际社会进一步加强交流，持续提高职业教育质量与发展能力。职业教育应当更好地立足于人的全面发展，坚持以人为本，提质增效；应当更好地服务于并融入经济社会发展，坚持以技能为先，深度融通；应当更好地深化国际交流，以合作为要，互利共赢，包容发展。

参考文献

[1] 冯丽萍．中职生就业指导活动指引［M］. 北京：中国人民大学出版社，2022.

[2] 陈桂芳，常小芳．中职生就业指导［M］. 北京：机械工业出版社，2022.

[3] 李肖鸣，孙逸．中职生创业指导［M］. 北京：清华大学出版社，2020.

[4] 蔡中华，杨爱华，樊斌．就业指导与创新创业教育［M］. 北京：人民邮电出版社，2019.

[5] 王玉霞，魏本水，刘桂鹏．中职生就业与创业指导［M］. 成都：四川科学技术出版社，2019.

[6] 李肖鸣．创新创业实训［M］. 北京：清华大学出版社，2018.

[7] 杨筱玲．就业指导与创业教育［M］. 北京：电子工业出版社，2016.